普通高等教育"十一五"国家级规划教材

复旦卓越·21世纪电子商务系列

客户关系管理

吴清 刘嘉 编著

复旦大学出版社

内容提要

本书主要从理论与实践两个层面上，对客户关系管理的基本理论与方法进行了系统的介绍。全书分为两个部分，共十章。第一部分主要介绍CRM的基本理论知识，由一至六章组成，包括CRM的基本理论、定义与内涵、应用系统，以及CRM中的营销、销售与客户服务和数据挖掘与CRM等。第二部分主要介绍CRM系统的实施过程，由七至十章组成，包括CRM项目规划、方案选择，以及项目评估等。

本书是普通高等教育"十一五"国家级规划教材，结构合理，注重理论与实践的结合，内容翔实，收集了大量案例，有助于读者更深入地理解。本书主要作为电子商务专业本科、专科生的基础教材，也可以作为管理类、经济类及其他相关学科的本科选修课教材与参考书，还可供各领域、各行业的实际管理工作者阅读参考。

目录

第一章 CRM概述 ... 1

第一节 客户关系管理起源与发展 ... 1
一、客户关系管理起源 ... 1
二、客户关系管理发展动力 ... 2
三、CRM未来发展趋势 ... 5

第二节 客户、关系与管理概念 ... 7
一、客户 ... 7
二、客户关系 ... 8
三、客户关系的管理 ... 9

第三节 CRM的定义与内涵 ... 10
一、CRM定义 ... 10
二、CRM内涵 ... 12

补充阅读 ... 14

思考题 ... 16

第二章 客户价值及生命周期 ... 17

第一节 客户价值 ... 17
一、客户价值含义 ... 17
二、客户价值管理 ... 19

第二节 客户生命周期 ... 23
一、客户生命周期 ... 23
二、客户生命周期管理 ... 26

补充阅读 ... 29

思考题 ……………………………………………………………………… 32

第三章　CRM 理论演进 …………………………………………………… 33
第一节　关系营销理论 ……………………………………………… 33
一、关系营销的定义 …………………………………………… 33
二、关系营销的特点 …………………………………………… 34
三、关系营销策略 ……………………………………………… 35
第二节　数据库营销理论 …………………………………………… 40
一、数据库营销的定义 ………………………………………… 40
二、数据库营销的过程 ………………………………………… 41
三、数据库营销意义 …………………………………………… 44
第三节　一对一营销理论 …………………………………………… 47
一、"一对一营销"的核心理念 ………………………………… 48
二、"一对一营销"的战略 ……………………………………… 51
　　思考题 ……………………………………………………………………… 55

第四章　CRM 应用系统 …………………………………………………… 56
第一节　CRM 应用系统分类 ……………………………………… 56
第二节　CRM 应用系统结构 ……………………………………… 57
一、CRM 系统体系结构 ……………………………………… 57
二、CRM 网络结构 …………………………………………… 58
第三节　CRM 系统常见模块介绍 ………………………………… 63
一、销售自动化(SFA) ………………………………………… 63
二、营销自动化(marketing automation，MA) ……………… 64
三、客户服务与支持(CSS)管理 ……………………………… 64
四、客户分析(CA)系统 ……………………………………… 64
　　思考题 ……………………………………………………………………… 65

第五章 CRM 中的营销、销售与客户服务 66
第一节 营销与 CRM 66
一、营销管理观念的变迁 66
二、管理营销活动 75
三、CRM 应用系统中的营销管理 79
补充阅读 80
第二节 客户服务与 CRM 83
一、客户服务概述 83
二、呼叫中心 87
三、CRM 应用系统中的客户服务 89
补充阅读 90
第三节 销售与 CRM 92
一、销售自动化 92
二、CRM 中的销售管理 96
补充阅读 97
思考题 101

第六章 数据挖掘与 CRM 102
第一节 数据挖掘 102
一、数据挖掘的基本内涵 102
二、数据挖掘的分析方法 103
三、数据挖掘的常用的经典算法 104
四、数据挖掘的工作流程 106
第二节 数据挖掘在 CRM 中的应用 109
补充阅读 112
思考题 115

第七章 CRM 实施概述 116
第一节 理解 CRM 实施 116

一、CRM 实践的含义 …………………………………… 116
　　二、CRM 实践与 CRM 实施 …………………………… 118
　第二节　CRM 项目实施目标与原则 ……………………… 119
　　一、实施目标 …………………………………………… 119
　　二、CRM 实施的原则 …………………………………… 123
　第三节　CRM 实施要点 …………………………………… 124
　　一、业务驱动 CRM 实施 ……………………………… 124
　　二、人的因素 …………………………………………… 125
　　三、项目小组管理 ……………………………………… 126
　　四、分步实施及持续推广 ……………………………… 127
　　五、数据质量与集成 …………………………………… 127
　补充阅读 …………………………………………………… 128
　思考题 ……………………………………………………… 130

第八章　CRM 项目规划与执行 ………………………………… 131
　第一节　CRM 项目规划 …………………………………… 131
　　一、业务流程规划 ……………………………………… 131
　　二、CRM 实施的复杂度估算 …………………………… 144
　第二节　CRM 项目执行 …………………………………… 147
　　一、建立 CRM 项目团队 ……………………………… 147
　　二、CRM 实施基本环节 ………………………………… 153
　补充阅读 …………………………………………………… 159
　思考题 ……………………………………………………… 171

第九章　CRM 产品方案选择 …………………………………… 172
　第一节　业务功能定义 …………………………………… 173
　第二节　选择技术 ………………………………………… 175
　　一、从宏观角度考虑 …………………………………… 175
　　二、从微观角度考虑 …………………………………… 177

第三节　选择供应商 ··· 179
第四节　是否选择 ASP ··· 181
　一、使用 ASP 的 CRM 优点 ································· 181
　二、使用 ASP 的 CRM 缺点 ································· 184
补充阅读 ··· 185
思考题 ··· 190

第十章　CRM 项目评估 ··· 191
第一节　CRM 的总拥有成本(TCO) ························ 191
　一、TCO 简介 ·· 191
　二、CRM 项目中的 TCO ······································ 193
第二节　CRM 的 ROI 评估 ···································· 197
　一、ROI 定义 ·· 197
　二、CRM 实施的 ROI 分析 ·································· 198
　三、ROI 的要素分析 ··· 199
补充阅读 ··· 203
思考题 ··· 207

参考文献 ··· 208

第一章

CRM 概述

第一节 客户关系管理起源与发展

一、客户关系管理起源

市场营销早已成为推动商业活动前进的发动机,而市场营销学作为一门独立的学科也已经有了近百年的历史,市场营销理论深刻地影响了企业的经营观念,以及人们的生活方式。客户关系管理(customer relationship management,简称 CRM)的理论基础,即来源于西方的市场营销理论。CRM 是随着市场经济的不断深化,市场营销的不断发展更新而诞生的产物。

回顾商业发展的历史,客户关系对我们来说似乎并不陌生。实际上,自人类有商务活动以来,客户关系就一直是商务活动中的一个核心问题,也是商务活动成功与否的关键之一。世界级 CRM 专家 Swift 在 2001 年 NCR 的 Teradata 数据仓库年度大会中,谈到"CRM 在中国已经有 5 000 年的历史了"。在千年以前的中国,那些走街串巷的小商贩们深谙客户关系管理的精髓,他们可以记住周围很多客户的需求与喜好,并依据此来给客户送上合乎他们心意的产品。随着科学的进步与发展,信息技术的发展帮助了这些从业人员,使其更省力地记录更多的客户信息,并能更快地处理它们,同时还可以挖掘出某些有用的隐含信息,来更有效率地服务于更多的客户。

实际上,客户关系管理是在早期数据库营销,以及后来的关系营销及一对一营销等基础之上发展起来的。在 20 世纪 80 年代的数据库营销阶段,企业意识到丰富的客户数据信息能为自己带来丰厚的收益,于是纷纷建立客户数据库,同时进行"接触管理"(contact management),即专门收集整理客户与公司联系的全部信息,并存储在客户数据库中,这就是最早期 CRM 的雏形。到 90 年代后,企业意识到营销的关键在于通过长期引导客户行为,强化企业与客户的联系,建立并有效地管理客户与企业的关系。越来越多的企业意识到,只有"以客户为中心"的发展战略才能顺应当前经济发展的要求。随着各种现代生产管理思想和生产技术的提升,产品同质化的现象越来越严重,毕竟,在技术文明高度发达、网络信息不断更新发展的今天,每个企业都能够快速地利用不断更新的技术知识。通过产品差别来塑造企业的核心竞争力,已经变得越来越困难。Internet 的发展更是使市场营销得到了迅猛的发展。面对全球的产品过剩、产品同质化和产品的多样化,消费者有了更多的选择余地。这就形成了买方市场,也迫使企业的认识从产品价值转到了客户价值,开始意识到客户的个性化需求的重要性。企业的运营只有彻底围绕"以客户为中心"才能满足客户的个性化需求,从而真正地赢得客户。在这样的需求下,CRM 理论得到了进一步发展,并不断走向成熟。总体而言,客户关系管理(CRM)的产生与发展与客户价值选择的变迁、企业战略中心的转移、营销观念的发展和科学技术的进步有着密切的、不可分割的联系。

最终消费者,随着社会物质和财富的不断丰富,其消费价值选择的变迁经历了理性消费时代、感觉消费时代和感情消费时代三个阶段,消费者的价值选择标准也从"好"与"差"转变到"喜欢"与否,再到"满意"与否。

从企业管理的发展历程来看,其管理理念的变迁大致经历了产值中心论、销售中心论、利润中心论和客户中心论四个阶段,如表 1-1 所示。随着市场环境的变化,企业管理理念逐渐从单纯关注内部管理转向内外兼顾,管理的重心从企业内部生产逐渐向企业外部的市场和客户转移。满足客户个性化的需求、提高客户让渡价值以提升客户忠诚度,成为企业经营的新思路。"以客户为中心",成为当今企业管理的核心理念。

表 1-1 企业管理理念的演变过程

演变阶段	企业关注的重点	企业采取的相应活动
产值中心论	产量	扩大生产规模
销售中心论	销售额	大型促销、质量控制
利润中心论	利润	成本控制
客户中心论	客户满意度、忠诚度	客户关系管理

二、客户关系管理发展动力

客户关系管理从它出现的那一刻开始,就得到了许多媒体的关注。国内外的著名软件公司都纷纷推出了以客户关系管理为命名的应用软件。客户关系管理系统的大量涌现也推动了企业对客户关系管理的认识,越来越多的企业开始实施了这些客户关系管理的信息管理系统。综合各种原因,总的来讲,客户关系管理的兴起与下列三方面因素有密切的联系。

1. 需求因素的拉动

20世纪80年代到90年代中期,企业在信息化方面做了大量的工作,取得了很大的经济效益;企业利用各种技术优化内部各种流程,ERP即企业资源计划系统及供应链系统都是为了实现在产、供销环节的自动化,从而提高内部运转效率,减少人为的错误,尤其是对库存管理,使库存的周转期得以大大地缩短,提高了企业内部的整体运转效率。但是当ERP实施完成之后,企业通过这种靠内部集成提高效率的手段也就达到局限。随着市场营销的不断深化,竞争压力也越来越大,企业在产品质量、供货及时性等方面已经没有多少潜力可以挖掘了,必须寻找新的手段以寻求新的竞争优势。对与客户有关的企业经营活动,如在销售、服务和营销活动方面,传统的ERP系统还无法提供一个有效的整合手段,并不能解决这样的问题:① 客户信息分散。在典型的ERP系统中,围绕客户的信息分散在各个模块当中。通过这些零散的信息无法对客户有全面的了解,各部门难以在统一的信息基础上面对客户。② 信息不准确导致营销活动效率低下问题。由于企业内部没有一个专门针对客户信息的采集、存储、处理和输出的有效并能及时更新的客户数据库,客户信息的准确性和完整性得不到保证,营销人员针对客户的营销活动的成功率也自然要大打折扣。③ 销售人员花在一般性事务管理上的时间太多。相对于企业其他部门,没有实施CRM系统企业的销售人员的时间管理和潜在客户管理等往往还处于原始状态,其花费在事务管理上的时间很多,而真正花费在销售上的时间则很有限,这就需要有专门的软件来帮助其提升工作效率,以减少内部资源的浪费。这是CRM应运而生的需求基础。

2. 技术的推动

在80年代末90年代初,客户关系管理观念刚兴起时,由于维系管理、培养客户关系的难度大、成本过高而难以实施,导致客户关系管理仅停留在理论层次上,在商业实践中并不多见。而近年来计算机、通讯技术、网络应用的飞速发展,使得上面的想法不再停留在梦想阶段,越来越高的办公自动化、员工应用计算机能力、企业信息化水平、企业管理水平都有利于客户关系管理的实现。

正如工业革命促进了大规模营销的出现,信息技术的进步推动了客户关系管理的发展,使构筑"一对一的关系"成为可能。运用现代信息技术,如数据仓库技术、知识发现技术和数据挖掘技术等,企业可以根据客户的资料、购买历史等信息来预测客户的未来行为。比如,哪些客户最可能会购买你的产品、哪些客户可能会转向你的竞争对手,并据此采取相应的措施来满足客户的需求,从而很好地发展客户关系。同时,技术进步增强了生产的柔性,使得制造商和服务企业能够定制化地设计产品和服务,满足单个客户而不是群体客户的需求。事实上,这些技术的出现引发了新的营销变革,在这场变革中,选择权又转移到客户手中。未来成功的企业必须能够智能化地运用顾客信息,传送顾客满意的服务方案,实现有效的客户挽留,从而构筑与客户之间的长期关系。因此,理解并管理与客户之间的密切关系也就成为了企业成功与否的关键。

电子商务的开展也正逐渐改变着企业做生意的方式,特别是 Internet 的引入和应用,为人们提供了一个全新的、快速的信息交流平台,信息的传递从传统的电话、传真等单一功能的通信设备变为可适时交互的(包括声音、文字、图像、电脑文件等信息载体)、跨地域的通信交流平台,人类首次可以足不出户地获得分布在全世界各地的各类多媒体信息,并且更重要的是还可以利用个人计算机对这些信息进行有效存储、处理和分析。毫无疑问,信息是我们日常生活工作中唯一可以依靠的决策依据,"知识就是力量"在 Internet 时代被充分地体现出来。如今的企业面对的是更聪明、更主动、更没有牵挂的客户群体。在这场赛跑中,作为一个组织的企业在对 Internet 这种新技术的消化和吸收方面不能滞后于个人。企业如果不及时做出适当的战略性调整,最终将离客户越来越远,从而成为 Internet 时代的牺牲品。企业可以通过 Internet 开展营销活动,向客户销售产品、提供售后服务、收集客户信息,而且成本日渐降低。客户信息是客户关系管理的基础,在这方面,数据仓库、商业智能、知识管理等技术的发展,使收集、整理、加工和利用客户信息的质量大为提高。而通讯成本的下降、计算机电话集成技术(CTI)的产生,大大推动了呼叫中心的发展,使得企业可以由一个统一的平台面对客户。这些技术的发展和广泛应用,促使客户关系管理由概念走向了实用。

3. 经济利益的驱动

经济利益主要是指客户关系管理所能给企业带来的利好。实施客户关系管理,企业可以有效地培养客户忠诚度、实现客户挽留和最大化客户终身价值。采用客户关系管理,企业可以运用客户知识来有效地构筑与客户的长期关系,维持客户忠诚,从而实现较高的投资回报率。同时,较高的客户忠诚度无疑可以提高客户挽留的成功机会。许多研究表明,吸引一个新客户的成本是挽留一个老客户的 5~10 倍,无疑通过维系客户关系来保留老客户是企业的明智之选。同时,随着对营销工作认识的深化,企业愈加认识到客户天生是不平等的,并非所有客户的价值都相等。以下是美国学者杰伊·柯里和亚当·柯里研究分析得出的一些有趣发现:

- 前 20% 的客户带来了 80% 的收益。
- 营销预算中,有相当大的比例是花费在了非目标客户身上。
- 在所有客户中,有 5%~30% 的客户具有在金字塔中升级的潜力。
- 要想让客户在金字塔中向上攀升,客户的满意度十分重要。

● 在客户金字塔中上升两个百分点,可能意味着收益增加 10%以上,以及利润增加 50%以上。

争取一名新客户所花的钱是保持一名老客户的 5～10 倍,这样的发现启示我们,应合理地将更多营销费用分配于老客户和有望成为忠诚客户的客户身上。

此外,失去高价值的客户为企业带来的损失十分惨重,而且客户一旦流失,很难再回来。采用适当的建模技术或数据挖掘分析客户历史数据,识别顾客可能购买的产品类型,从而有效地识别扩大销售的机会,使客户购买的产品种类更广、数量更多,力图在客户生命周期内最大化为公司创造价值。

三、CRM 未来发展趋势

1. CRM 理念的发展

CRM 从其出现至今一直处于发展变化之中。在未来的发展中,一个明显的趋势是 CRM 的关系理念将不断地出现在社会生活的各个领域中。CRM 中的 C,即客户(customer)的内容将随着企业战略眼光的提升而被赋予更广泛的含义,CRM 的关系理念也将不断扩充到各个社会生活领域。越来越多的企业发现自身处于复杂的市场环境中,与企业发生关系的对象(包括现实的和潜在的)都会对企业的发展起着相应的作用。于是,一些企业将客户关系管理提升到全面的企业关系管理层次,将企业与员工、与合作伙伴、与股东、与政府组织等一系列对象的关系均被纳入到关系管理中来,成为 XRM。这样 CRM 则被扩展,并被细分以适应不同群体和应用。XRM(extended relationship management)也已经被提出,称为拓展关系管理,XRM 包含了渠道关系管理、员工关系管理、客户间关系管理和供应商关系管理等更具有方向性的管理。

另一个趋势是,CRM 的关系理念的应用领域也在不断地扩充,已经不仅仅是企业,在很多的公共服务领域、很多的非营利组织也越来越关注"关系管理"的内涵,并使用相应的关系管理工具。

2. CRM 应用系统发展趋势

经过近十年来的发展,CRM 在软件设计和功能模块上已经取得了非常大的进展,各个模块之间的集成也越来越紧密,软件提供商之间的兼并和市场调整也促进了优势技术的互补,Web service 和 XML 技术也更加成熟。在今后的几年,CRM 应用技术将主要有以下发展方向[1]:

(1) 无线移动应用将是主要的发展。无线通讯行业的飞速发展带动相关应用系统的无线应用,CRM 无线应用成为未来 CRM 应用的主要趋势之一。中国目前 13 亿人口,有 4 亿个手机用户,平均每人每年更新一部手机,成为全球手机最大的消费市场。随着 3G 时代的到来将会给无线应用带来更广阔的空间,功能也会越来越强大。

(2) 托管服务 ASP 方面的技术将会得到进一步发展。ASP 自 90 年代出现以来,已经走过了一段漫长的路程,以往限制 ASP CRM 系统能力的一些因素已经正在被改进,应用逐步走向成熟。CSO Insights 的一项调研显示,与预置型相比,托管型 CRM 有不少显著的优势。调查报告中称:超过 38% 的托管型 CRM 用户感觉到绩效有了显著的改善,超过 59% 的托管型 CRM 工具在 3 个月内(甚至更短)就能实施完毕,75.6% 的托管型 CRM 项目都可以在预算范围内完成,超过 66% 的托管型 CRM 用户会成为厂商的回头客,或向其他公司推荐该厂商,而以上的这些数据要远远高于预置型 CRM。托管型 CRM 越来越多地受到中小企业的欢迎。影响托管型 CRM 的诸多因素,如个性化定制、数据安全问题、与企业其他应用的集成问题等都吸引着各厂商投入资源寻找着相应的解决方法。2008 年 4 月 Oracle 推出了托管型 CRM 15 版本,该版本在个性化定制方面提供了创建先进的、具有定制功能的仪表板功能,来满足具体的业务需求和个人机构的特性,并且提供移动 CRM 访问的功能。有理由相信在未来,托管型 CRM 将会在 CRM 市场上占据越来越大的份额。

(3) 智能分析性 CRM 应用将更加深入和贴近企业的业务需要。客户关系管理(CRM)的发展趋势之一就是分析功能的深化,它将扩展企业对客户的理解,为企业战略决策提供重要的数据基础。通过流程型 CRM 的应用,在企业上下将 CRM 的概念和基础数据的采集从无到有地建立了起来。但是,在大量的客户数据积累起来之后,对数据的分析将成为重担。如何利用业务系统,以及渠道系统收集的客户信息进行深层次的分析和挖掘,提升操作型 CRM 系统的业务价值,以便更好地服务于企业业务发展目标,成为很多已经实施操作型 CRM 企业面临的下一个问题。以数据仓库技术、数据挖掘等为基础的分析型 CRM 技术越来越多地被企业所采用,而分析型 CRM 提供商也在不断地改善其功能以贴近越来越多的企业需求。

(4) 加强与各个企业应用系统(ERP/SCM 等)的通用整合能力。CRM 注重改进企业和客户关系,ERP 注重企业的内部作业流程,SCM 注重协调企业和上下游的供应链关系,CRM 与 ERP、SCM 的集成将会更有利于提高企业的核心竞争力。CRM 与 ERP 通过不同途径去实现客户的价值,所以能把企业前台管理与后台管理完全融合在一起的公司才将最终取得成功。CRM 与 SCM 的集成范围一般包括销售管理、采购管理、客户管理等多方面,能使企业更有效地管理供应链,从而实现成本的节约和服务的改善,进而使大规模定制成为可能,实现需求和供应链上的资源的最优化配置,获得长久的竞争优势。

CRM 系统不仅反映企业的业务流程和信息结构,它还需要与内部和外部的业务系统进行集成。也就是说,CRM 应当提供一种集成的客户视图,收集不同种类来源的客户信息,并能够提供对所有应用系统的统一访问。而集成是一项关键而复杂的任务,是企业在实施 CRM 的过程中所遇到的最困难的任务之一,也是导致 CRM 实施失败的一个重要因素。因此,加强与其他系统的集成能力将是未来的 CRM 发展方向。

第二节 客户、关系与管理概念

在了解客户关系管理是什么之前,我们有必要先分别谈客户、关系与管理的各自含义。

一、客户

客户是客户关系管理这个词的核心主体,我们要想全面地了解客户关系管理,必须要清晰地明白客户到底包含了哪些内容。

客户在新华字典上的解释是:顾客,客商,买货的一方。一般意义上,客户指任何接受或可能接受商品或服务的对象。也就是说,对于那些现在还没有购买,但是可能购买的人群,即潜在客户,也可以认为是客户中的一部分,对于此部分顾客关系的管理被称为潜在客户关系管理,也属于客户关系管理的范畴。

从价值链的角度分析,一个特定企业往往处于价值链的中间位置,则居于其后的都是它的客户,价值链的最后环节——企业产品与服务的最终消费者就是企业的最终客户,其余的中间商则是企业的中间客户。因此,企业的一些合作伙伴,如分销商、零售商,以及下游厂商也都属于企业客户,这些合作伙伴也是购买了企业的产品或服务,而且往往他们购买的数量要远高于个人客户,是其非常重要的客户。

最终客户与企业之间的关系不是一种简单的经济关系,两者之间既有直接的交换关系,也有间接的交换关系。客户不仅是从企业简单地获得产品与服务,更重要的是要获得心理上的满足,在客户获得心理满足的同时,客户会给企业以回报,对企业进行心理支持,如给予企业更高的评价、向周围的人群传播成功消费的体验。客户对企业的心理支持越多,企业就越容易获取新客户,而老客户对企业的其他产品的接受程度也就越高,价格承受能力也越强。

企业的客户既可以是自然人也可以是组织,即普通消费者与组织消费者,两类消费者的消费行为在许多方面是不同的,应采取不同的客户关系策略。从企业与客户的接触方式来看,客户可以分为直接客户和间接客户。一些企业采取同价值链的各个环节都接触的策略,于是其中间客户与最终客户都是其直接客户;而另一些企业实施只同特定的中间商接触的策略,于是其他中间商与最终客户都成为其间接客户。

关于客户还有一个问题,在管理学中,经常会提到"内部客户"这样的名词。那么"内部客户"究竟指的是什么,是否也属于客户的范畴之内呢?

一般而言,内部客户和外部客户的区别在于企业同其客户之间关系的紧密程度的不同。企业内部客户,即为处于价值链中下游方向而与企业之间有着紧密联系的客户;外部客户,则是同企业没有深入的联系的客户群,目前企业的中间商与最终消费者都属于外部客户。

当企业同外部客户建立战略联盟,通过资产联结、知识联结等各种方式形成比较稳固的关系时,外部客户就转化为内部客户。成为企业的内部客户的标志是实现企业与其客户共同的目标客户信息与知识的共享,企业与其内部客户实施统一的客户关系管理战略,两者在客户关系管理方面成为一个整体。企业进行客户关系管理的最终目的是实现与企业的最终客户的良好关系,企业应使处于同一价值链上的其他企业达成共识,将中间客户都转化为内部客户,将目标都指向于最终客户,从而实现价值链上运作目标的统一。

另外,在一些场合,"内部客户"也指企业内部的部门或员工,而"外部客户"则指供应链上有业务关系的下游企业,或为之提供产品/服务的客户。在企业内部的各部门,各职级、职能、工序和流程间也同样存在着提供产品和服务的关系,因而也应该存在客户关系管理。在现代企业中,IT部门是最常见的服务部门,它几乎要为所有的部门和业务环节提供服务,那些接受服务的对象显然就是内部客户,客户关系管理显然也应该包含对内部客户关系的管理。

综上所述,我们认为客户是任何接受或可能接受商品或服务的对象。对象不仅仅指最终消费者,处于供应链下游的批发商、零售商是制造商的客户,虽然它不消费这些产品,但也属于客户的范畴;同时客户也不仅仅指外部客户,内部客户也需要企业更多的关注。

二、客户关系

新华字典中对"关系"一词的解释是:人和人或人和事物之间某种性质的联系。在社会学中,"关系"有其特定的含义,关系是随着人类社会的诞生而出现,也随着人类社会的发展而发展,不以人的意志为转移,是客观存在的。只要有人的存在与交往,就存在着关系的发生、发展、结束等变化,人与人的关系具有非常丰富而又复杂的内涵。当然,在传统营销学领域,在企业与客户之间,最常见的关系就是通过购买消费行为而形成的联系。一般而言,客户关系是指在市场中由于消费、买卖等活动而形成的一种关系,产生于客户的购买,终止于产品使用生命周期的结束。一旦建立这样的关系,则意味着双方都必须兑现自己的承诺,即一方提供使对方满意的产品或服务,另一方提供对方满意的货币价值。这是一种互惠互利的关系,由于客户关系的实现,企业提供产品,实现产品的市场价值并获得利润,客户付出货币使其需求得到满足。

另外一种情况,当客户还没有购买企业的产品或服务的时候,客户与企业之间是否存在关系呢？上一部分中,我们谈到了潜在客户,对于这部分可能购买公司产品或服务的客户,他们可能对企业有很好的感觉,但目前还没有发生客户行为。根据关系的定义,我们可以认为潜在客户对企业的好感也是某种性质的联系,只是这种感觉与客户行为相比是非显性的,难以察觉和统计。但是这种感觉对于企业而言是非常重要的,这类潜在客户群体的存在才使得企业可扩大市场份额、增加企业利润成为可能,因此这类客户关系对企业而言也是尤为重要的。

产生客户关系的最终目的是实现客户价值,既包括企业为客户创造的价值,也包括客户为企业创造的价值。客户关系发展到最终将体现为一种情感上的交流,双方发展交易关系,产生人与人之间的交流,进而演化成一种情感,当然情感有好与坏、喜欢与不喜欢、满意与不满意之分。企业必然都期盼有良好的客户关系,希望客户对企业的产品与服务满意、喜欢,进而对企业产生忠诚感,持续不断地购买企业的产品与服务。客户关系有完整的生命周期,从建立关系、发展关系、维护关系到最后关系破裂,企业要关注前三个阶段,尤其是维护关系的阶段,从而避免关系的破裂。

三、客户关系的管理

《世界百科全书》上对管理的解释是：对工商企业、政府机关、人民团体,以及其他各种组织的一切活动的指导。它的目的是要使每一行为或决策有助于实现既定的目标。简单而言,管理就是根据所确定的目标对资源的控制和合理的使用。对于管理的智能,最常见的提法就是计划、组织、领导、控制,有人还认为应该加上创新。那么对于客户关系管理中的管理,则指的是在客户关系生命周期内,对客户关系进行维护、控制,其目标是帮助企业实现其确定的战略目标。

关系,就其本身而言,是客户与企业之间的相互关联,是双方面的、平等的。但是就对关系的管理角度而言,往往是企业处于主动的、管理者的地位,而客户处于被动的、被管理者地位。这是因为企业有其目的性,而客户在选择初期,面对众多的产品时,是可以不必去理会这种关系。而这样的互利关系一旦建立起来,在客户体验到关系的好处之后,客户将会体会到关系的必要性,从而产生愿意维持关系的意愿。当然,这种过程又是和企业对于客户关系的管理过程相联系的。若企业客户关系的管理不善,无法让客户体验到建立关系带来的价值,甚至给顾客带来负面价值的时候,客户将会毫不犹豫地抛弃这段关系。

因此在 CRM 中,管理指的是企业应该积极地面对这种关系,包括在初期竭力去创造关系,随后的发展与维护关系,使得客户与企业的关系向互利双赢的方向转变,进而使得关系永久化。同时,企业应该区别对待不同的顾客关系,优先利用资源去发展与维护那些重要的、"潜在回报率"高的客户关系,以使得企业的资源能合理分配,获得最大的收益。

企业进行客户关系的管理,最终目的是为了创造客户价值。一般而言,对客户关系的管理分为四个步骤或阶段,即识别客户、区别对待客户、与客户进行互动和进行客户化定制,被称为 IDIC 模型。

第三节　CRM 的定义与内涵

一、CRM 定义

由于对于 CRM 的研究还处于探索阶段,因此对于 CRM 的定义还颇具争议。尽管 CRM 经历了短短的二十多年的发展,在 21 世纪的知识经济时代已成为一个广为人知的时髦的商业术语,各种管理咨询公司、软件商和商务网站都对 CRM 表现出极大的热情,众人都对 CRM 提出自己的研究观点,但都仅仅是观点而已,尚未进行系统化的阐述,且学院派的管理学专家也很少对 CRM 展开公开论述,使得对 CRM 的理解不统一。关于 CRM 的定义,不同的研究机构、不同的 CRM 从业者都会从各自角度出发对 CRM 作出自己的定义。自 CRM 出现以来,见到国内外关于 CRM 的定义就有近五十个。这是由于 CRM 研究者的角度、知识结构,特别是他在 CRM 市场上所处的地位或角色不同造成的,也说明了 CRM 的复杂。

下面让我们来比较分析一下比较常见的几个 CRM 定义,以便对 CRM 有个相对全面的了解。

定义一:CRM is a business strategy designed to optimize profitability, revenue and customer satisfaction by organizing the enterprise around customer segments, fostering customer-centric behavior and implementing customer-centric process.

CRM 是企业的一项商业策略,它按照客户的细分情况有效地组织企业资源,培养以客户为中心的经营行为及实施以客户为中心的业务流程,并以此为手段来提高企业的获利能力、收入,以及客户满意度。

此定义是由 Gartner Group 提出的,也是对 CRM 最早的定义之一。Gartner Group 是一家对 IT 业术有专攻的咨询顾问公司,曾经提出过很多专业名词的权威定义,包括对于 ERP 的解释。

该定义明确指出，CRM是企业的商业策略，而并非是某项IT技术，CRM的目的是为了提高企业的获利能力及其他，而非只是提高客户满意度。同时定义还指出了，培养以客户为中心的经营机制是实现CRM的途径。

定义二：CRM is a business strategy to acquire and manage the most valuable customer relationships. CRM requires a customer-centric business philosophy and culture to support effective marketing, sales and service processes. CRM applications can enable effective customer relationship management, provided that an enterprise has the right leadership, strategy and culture.

CRM是企业用来获取并管理其最有价值客户关系的一种商业策略。CRM意味着以客户为中心的商业理念和企业文化，从而使得营销、销售和客户服务更有效率。如果一个企业有正确的领导者、企业策略与企业文化，那么CRM的应用可以保证有效的客户关系管理。

这是来自CRMguru.com的定义。CRMguru.com是网上著名的大型CRM研讨社区，提供中立的产品软件的探讨评论和CRM解决方案指南，CRM Gurus有与CRM相关的不同领域的专家为会员提供服务，目前已经拥有超过100 000名的专业会员。

该定义也同样明确了CRM是企业的商业策略，强调以客户为中心的商业理念。与定义一相比，它还将CRM提高到企业文化的层次，并且同时指出了成功实施CRM取得成效的前提条件，这就是企业要有正确的领导者、策略，以及相应的企业文化。

定义三：CRM is the infrastructure that enables the delineation of and increase in customer value, and the correct means by which to motivate valuable customers to remain loyal — indeed, to buy again.

此定义源于JILL Dyche在 *The CRM Handbook: A Business Guide to Customer Relationship Management* 一书中提出，认为CRM是描绘并提升客户价值的基础架构，通过CRM可以找到正确的方法来保持有价值客户的忠诚度——也就是继续购买。

定义四：CRM是企业的一种机制。企业通过与顾客不断的互动，提供信息和客户交流，以便了解客户并影响客户的行为，进而留住客户，不断增加企业的利润。

该定义来源于NCR公司(National Cash Register Corporation)，它认为在客户关系管理中，管理机制是非常重要的，CRM首先是一种机制，而技术则是实现管理机制的手段。通过实施客户关系管理，能够分析和了解处于动态变化过程中的客户情况，识别不同客户特点，知道应该选择何种产品给何种顾客，以便在合适的时间通过合适的渠道来完成交易。

定义五：CRM 是一种以客户为中心的经营策略，它以信息技术为手段，对业务功能进行重新定位，并对工作流程进行重组。

此定义是 AMT（the association for manufacturing technology）对 CRM 的定义，是从战术的角度更具体地描述了 CRM 在企业内部如何起作用。它指出，信息技术是 CRM 所凭借的手段，CRM 所实现的成果具体表现在：重新设计了工作流程，对企业进行了业务流程的重组，而这一切是以客户为中心的原则来进行的。

提出以上 CRM 定义的，有 IT 厂商、咨询机构、研究学者及协会组织等，各自从事的领域不同，因此对 CRM 定义的出发点与侧重点并不一样。可以对以上 CRM 的定义从管理理念、业务流程和技术支持三个层面上作一个总结，即 CRM 是企业的一种商业策略，它结合了现代信息技术、经营理念和管理思想，是以信息技术为手段，按照以"客户为中心"的原则，对业务流程进行重组和设计，来提高客户满意度和客户价值，最终实现业务操作效率的提高和利润的增长。

二、CRM 内涵

之所以 CRM 定义繁多，概念不甚清晰，还有一个主要的原因在于在传播 CRM 的时候，经常会把 CRM 理念与 CRM 实施策略及 IT 信息技术的概念混为一谈。认为 CRM 是一种商业销售策略、营销策略，一种新的管理技术，或者说是一种新的管理软件，而这些都只是从 CRM 的一个方面来进行研究。CRM 是一个牵涉到企业方方面面的系统工程，从它的某个方面来描述都是不全面的。

为了更清晰地了解 CRM 其内涵，我们可以通过一张图来描述 CRM 的一个全貌。

图 1-1　CRM 内涵

如图 1-1 所示，此图由 CRM 管理理念、CRM 实施途径与 CRM 技术支持组成，这三部分构成 CRM 稳固的三角。

从图中可以看出，CRM 的核心是"以客户为中心"，显然这是 CRM 的精髓所在，体现在 CRM 的方方面面。

CRM 理念主要来自关系营销学，其核心思想可以归纳为："企业根据客户终身贡献利润能力的大小，充分调配可用资源以有效地建立、维护和发展同客户的长期互利合作关系"。客户关系管理的目的是实现客户价值最大化与企业价值最大化之间的平衡。任何企业实施客户关系管理的出发点都是为客户提供更多的价值，实现企业与客户的双赢。为客户创造的价值越多，越有助于提高客户满意度及其忠诚度,从而达到维系客户关系的目的,最终为企业创造更多利润,使得企业收益达到最大化。

三角图中右边线为 CRM 的实施途径,也可以认为是企业实现"以客户为中心"的转变方式,其内涵是通过按照"以客户为中心"的原则对企业组织内部的业务流程进行重组,同时在此基础上应用相应的 CRM 软件系统。CRM 的软件应用系统,是计算机软件人员针对"营销、销售、客户服务、客户交互和客户分析"等面向客户的业务领域而设计出的各种软件功能模块的组合,最大限度地支持 CRM 经营理念在企业范围内的具体实践。CRM 理念通过 CRM 软件具体贯彻到企业。我们必须要了解,企业所购买的某 CRM 软件提供的功能模块不一定都用到,或者也还需要其他软件、平台的集成,同时 CRM 软件也不是一种交付即用的工具,需要根据企业具体的组织情况来实施。而 CRM 的实施也是非常复杂的,要求企业按"以客户为中心"的原则对其原来的一系列流程进行变革和改造,此过程需要企业高层支持、上下通力合作,只有在取得各种支持之后,才能按照一定的步骤,一步一步地进行,从而取得成功。

图中的另外一条边则是 CRM 的技术支持——即信息技术。信息技术是已经成为当代社会进步的推动力之一。对于客户关系管理而言,信息技术也是关键因素之一,如果没有信息技术的发展与应用,CRM 可能还停留在早期关系营销与管理的理论阶段,无法将管理思想真正落实到实际应用中。CRM 系统的实施其实质就是将 CRM 的管理理念通过信息技术的手段集成在软件里,继而应用到企业的日常运作中。信息技术的发展与使用,使得企业能够大量地收集信息、分析信息,并形成知识,也使得这些信息与知识在企业内部进行共享成为现实。通过对客户行为和特性的分析,企业能够形成对客户及其消费倾向、偏好、需求等的完整和统一的认识,同时还能辅助企业识别具有不同特征的客户关系,并针对不同的客户采取不同的策略,提供有个性的服务,从而提升客户价值。技术的应用还同时简化了企业的各项业务功能,促进了企业与客户的动态响应。CRM 应用系统中,集合了许多最新的 IT 技术,它们包括:互联网技术、多媒体技术、数据仓库和数据挖掘、专家系统和人工智能、呼叫中心等。

CRM 的最终目标是提高客户的满意度与忠诚度,实现客户价值与企业收益最大化的平衡。在现实生活中,客户价值和企业收益是一对矛盾体,客户价值的提高意味着企业会增加各方面的支出成本,带来公司短期利润的下降。CRM 则是缓解这种矛盾的有效途径之一,它针对不同客户的需求特征,分别地提供对客户来说效用最大的产品或服务来提高客户的价值,同时缩减销售周期和销售成本,增加企业收入,在为企业扩展市场的同时提高客户价值、客户满意度、客户忠诚度和盈利性。

客户关系管理

 **补充阅读**

杭州银泰移动 CRM 卖百货①

  一场静悄悄的革命正在杭州银泰百货进行。2002 年 10 月,它与浙江移动杭州分公司(以下简称杭州移动)签订了协议,由杭州移动提供移动短信商务平台,银泰百货则使用自己积累的数据库,开始了一系列移动客户关系管理的尝试。

  银泰百货在杭州可谓业界翘楚,商场沿街长度达 160 米,营业面积占 30 000 平方米,各级员工有三千余名;2002 年实现销售额 11.14 亿元,成为浙江发展最快的大型百货商场之一。近几年来,它们一直在关注 IT 技术对传统企业的改造。

  这次的"IT"手术,总共有来自三方的 4 家公司参与。银泰百货对移动客户关系管理表示出了极大兴趣,经过 5 年的积累,银泰百货手上已经积累了几万名 VIP 客户的详细资料,但是,面对如此庞大的数据库,他们也"办法不多"。于是,总经理希望利用 IT 技术来改善客户关系管理。

  其实,浙江移动早已上了个简单的移动商务平台,可是只能实现一些初级的短信群发、短信回收之类的功能,并没有想过将管理观念、营销理念导入。"当初做这个平台时,考虑得比较简单。很多属于短信办公助理,如你常看到的'今天产品大打折',一按鼠标,一下就发送出去。软件装在客户端,如企业内部通知即可发给客户,相当于内部的宽网。应该说这个想法挺好,但是没有从顾客心理出发,没有研究企业需求,所以一直不理想。但也找不到更好的解决办法。"杭州移动的一位技术人员告诉记者。

  移动认为,"我们调查了不下 30 家企业,发现企业真正需要的是双向互动,比方搞个活动,我们不仅要把客户资料收集过来,还要分门别类加以处理,这类人可以做短信打折,那部分客户可以进行短信促销,既有主动信息发送,也有客户上行。而且当这些客户上行后,可以做成一个数据库,这数据库可以作为企业以后进行客户关系管理的一个重要手段。"

一、银泰百货演绎移动 CRM

  2002 年 10 月开始,银泰百货利用移动短信平台开始了一项互动的市场营销活动,活动中与顾客往来交流的各种信息,都会及时反馈到公司的客户关系管

---

① 案例节选自 21 世纪经济报道,http://www.nanfangdaily.com.cn/jj/20070928/。

理系统。

"银泰的流量非常大。以前给VIP客户发一轮信函,不仅需要大量的人手,而且每封邮费就要一块多,成本很高。但通过短信商务平台,直接把产品与客户数据连在一起,不但方便快捷,而且即使每个客户的成本按一毛钱算,费用也节省了90%。而实际上,由于移动公司给了大折扣,实际费用还要低很多。"一位银泰百货的内部人士告诉记者。

目前,杭州银泰每个月都能借助移动短信平台,进行三四次短信促销、调查活动。另外,通过移动短信平台,还可以对收集来的信息进行合理的信息分类,进行数据库营销。最简单的形式就是,商家搞活动对新产品进行促销。

举个简单的例子,如果顾客买了化妆品,打开后按照上面的标签,发个短消息到某地就可以有某种优惠,数据库便可收录她的喜好。当她在3个月将产品用完后,及时消息便会自动找上门来。

专业人士认为,其实对银泰百货这样的零售企业最理想的移动客户关系管理模式,除了短信行销之外,还有一块也极有吸引力正待挖掘,那就是定位系统。比如,当顾客走到商厦附近的时候,系统就能自动根据数据库中收录、分析出的顾客爱好,发一条针对性强的促销信息。事实上,通过现有的技术,这并不难实现。只要顾客的手机开着,他附近的3个基站就能监测到他的位置,并通过一些算法,定位系统就能准确定位,误差不过十几米。

二、杭州移动的算盘

在移动商务的拓展领域,杭州移动扮演一个沉默但积极参与的角色。杭州的移动运营商竞争激烈,价格战打得很厉害,重压之下,移动需要寻求资费之外新的盈利模式。一位专家指出:"现在个人数据的业务盈利模式已经很成熟,移动市场如果还有激动人心的事物发生,一定是在企业数据业务这块。现成的终端硬件设备,短信技术从理论上说也并不复杂,通过简单的应用,就可以节省一块钱的直邮费用。何况,运用短信商务平台,企业可以进行动态零售监控,有针对性地促销,甚至是小额支付平台。"

对于杭州移动来说,更大的驱动力还在于客户资源。如果某个企业推行移动商务平台,则意味着这家企业内部的所有员工都要使用该运营商的服务,移动商务平台成了一个捆绑企业客户的重要手段。

"个人手机的号码可能换就换了,不受约束,而企业客户不大可能轻易改动。尤其是,当企业的管理模式是基于移动商务这个平台之上,员工基本上不可能去换手机。所以,其实这是个很重要的、绝对的经济增长点。"有了银泰的例子,有消息透露,目前杭州移动正在马不停蹄地跑马圈地,力图将移动商务平台渗入各个行业。各行业中,首先受到关注的是保险、证券、出租、IT、中介,这些高流动性行业;其次是零售、汽车、航空等有庞大客户群的行业。"这就是商机所在。杭州是著名的旅游城市,即使是导游对顾客的管理、酒吧的客户关系管理,都是极有潜力的市场。这块蛋糕非常大。"移动的代表这么说。

思 考 题

1. 简述 CRM 的起源与发展动力。
2. 企业管理理念发展经历了哪几个阶段?
3. 结合自己的了解,谈一下 CRM 未来发展趋势。
4. CRM 中的客户、关系及管理应该如何理解?
5. CRM 内涵包括哪几个方面?

第二章

客户价值及生命周期

第一节 客户价值

一、客户价值含义

客户价值的重要性,很早就引起学者的关注。早在20世纪60年代初期,德鲁克就已经提出营销的真正意义在于发现和满足顾客的需求,并持续不断地为顾客创造价值和财富;而巴诺斯认为,创造价值是公司的首要职责和目标,因为客户价值带给公司的回报可以确保公司长期的生存能力。尽管创造客户价值对企业来说异常重要,但由于客户价值内涵的复杂性,学者至今未对客户价值的定义达成统一的认识。目前在使用客户价值的概念时,主要有两个方向:企业为顾客创造并提供的价值和顾客为企业创造的价值。即使用的是两个不同的视角:顾客视角、企业视角。

不同视角下的两个价值的内涵是截然相反的,因此在理解客户价值的时候,首先必须清楚客户价值的方向定位,即客户价值是对谁的价值。客户视角的客户价值指的是企业提供给客户的价值,是顾客在消费过程中期望或感知到的产品和服务所给他带来的价值也称为顾客价值。这是传统意义上的客户价值,也是较早涉入的客户价值研究,是从客户的角度来感知企业所提供产品或服务的价值,在这个领域的研究已经比较成熟。最有代表性的就是菲利普·科特勒提出的顾客让渡价值。他在《营销管理》一书中提出,"顾客让渡价值是指总顾客价值与总顾客成本之差。顾客让渡价值=总顾客价值-总顾客成本。总顾客价值就是顾客期望从某一特定产品或服务中获得的一组利益。而总顾客成本是在评估、获得和使用该产品或服务时引起的顾客的预计费用。"其中,总顾客价值包括了产品价值、服务价值、人员价值和形象价值四个方面,总顾客成本则包括了货币成本、时间成本、精力成本和体力成本等四个方面,如图2-1所示。

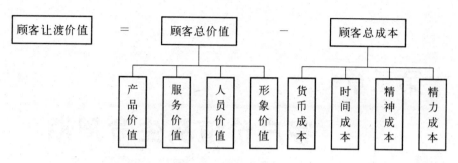

图 2-1 顾客让渡价值

企业视角的客户价值指的是客户提供给企业的价值,指企业把客户看作是企业的一项资产,侧重研究(不同的)顾客及其顾客关系能够给企业带来的价值。很显然,这种客户价值含义若以"顾客资产"为术语将会更加贴切。这种客户资产能够给企业带来的利益,称为企业的客户价值。可以根据客户消费行为和消费特征等变量,测度出客户能够为企业带来的利益或价值。该客户价值衡量了客户对于企业的相对重要性,有利于企业在长期盈利最大化目的下,为客户提供产品、服务和问题解决方案。吸引、保持和发展盈利客户是该研究的目标,客户终身价值是研究的核心。

成功的企业,通过实施客户关系管理来改善企业与顾客之间的关系。以"客户为中心"是 CRM 的基本思想。企业是实施 CRM、实施客户价值管理的主体,因此,更强调从企业的角度出发,思考如何管理客户价值。从经济学角度来看,企业最直接的目标是实现利润最大化。那么显然,客户作为企业最直接的服务对象,能否增强客户的满意度与忠诚度,加强客户与企业之间的黏度,使客户对企业的贡献或价值最大,就成为企业管理中的一个重要因素。

而企业持续关注顾客让渡价值,在实现前文所说的客户对企业价值最大化的过程中是至关重要的。具体而言,企业关注的是客户为企业所能够带来的利益,而要达到这一目的,企业又必须重视客户的让渡价值。通常客户在购买商品和服务以后,就会形成对商品和服务的一系列评价,于是对企业所提供的价值形成一定的感知,当他所感知的价值大于其预先期望的价值时,客户满意度便随之产生,满意的客户不断进行重复购买,且易成为企业的忠诚客户,在较长的一段时期内给企业带来收益和利润。显然,只有企业为客户创造较高的感知价值,才有可能保持较高的客户满意度和忠诚度,从而实现更大的企业的客户价值。这就是要求企业在经营过程中,不断地为顾客提供超越期望的消费感受,即为顾客创造高的顾客让渡价值。高的顾客让渡价值是能够在顾客头脑中造就与众不同的驱动力,使顾客成为忠诚顾客、终身顾客。总之,实现客户对企业的价值是其企业总的目标指导,而顾客的让渡价值则应该属于具体管理过程中为了最终达到总体目标而必须关注与满足的。

在客户关系管理中,客户价值是进行客户分类的基本依据。许多研究都是围绕客户价值进行的,而客户生命周期价值是近年来兴起的研究内容。客户在其生命年数中购买而产生的利润综合称为客户终身价值,也被称为客户生命周期价值(Philip Kotter,1996),它是一个客户在与企业保持关系的整个期间所产生的现金流折现后的累积总和。这里面的意义在于,假如企业能正视客户所能积累的利润,即使一次的交易金额不多,但只要长时间内重复购买,就能创造可观的利润。我们可以把客户生命周期价值理解为:在客户与企业关系开始到结束的整个客户生命周期的循环中,客户对企业的直接贡献和间接贡献的全部价值总和。简言之,就是客户在其整个生命周期过程中为企业所带来的收益总和。

客户生命周期价值最早应用在直接营销领域,原因是客户生命周期价值的预测需要完整的历史交易数据来追踪和理解客户行为,而直接营销领域是最早拥有比较完整客户数据库的一个领域。目前,客户生命周期价值正越来越多地被应用到一般营销领域,因为随着IT技术的迅速发展,许多公司开始拥有愈来愈完整的包括交易数据在内的客户数据,过去不可能实现的对客户行为的追踪和理解现在变得可能和容易。

二、客户价值管理

(一) 客户价值管理内涵

所谓客户价值管理,即根据客户的交易历史数据对客户价值进行统计与分析,挖掘最具价值的现期客户和潜在客户。一方面通过对现期最有价值客户的个性化需求的满足,提高客户满意度和忠诚度,强化客户的保有率,实现缩短销售周期、降低销售成本;另一方面对潜在客户的购买行为与价值取向进行深入分析,使企业发现新的销售机会,拓展市场;同时为产品未来发展方向提供科学决策指导依据,最终实现客户对企业贡献或价值的最大化,使企业在快速变化的市场环境中保持持续发展能力。

对于企业,客户价值管理需要从创造价值和获取价值两方面来理解[31]:

(1) 创造价值。企业为客户创造价值是自身价值实现的前提,并应该将其传给客户。为客户创造并传递的价值以客户让渡价值来表示,它是客户获取的总价与花费的总成本之差。

(2) 获取价值。企业是以盈利为目的的组织,其最终目的是实现自身价值最大化。因此,在为客户创造价值的基础上,为自身获取价值是企业客户价值管理的根本任务。在客户价值管理中,企业获得的最大价值是关系价值,即建立和维持与稳定客户长期关系能为企业带来的价值。关系价值既包括经济价值，又包括社会价值。经济价值主要包括：维持老客户比吸引新客户少得多的成本、沿着客户价值链向前或向后进行关系营销获得的价值等。社会价值主要指，从稳定的长期客户关系中获得包括满意客户的口碑效应和信息传播。

（3）两者的协同效应。价值的创造和获取之间相互依赖、相互制约，其中价值的创造是价值获取的前提和基础。企业只有通过提供优质的产品和服务，不断为客户创造价值，实现客户价值最大化，才能提高其满意度和忠诚度，进而实现企业自身价值。

（二）客户价值管理步骤

一般而言，客户价值管理应该包括客户价值信息的获取与整理、客户价值的分析与评价、区别对待不同价值的客户及客户价值的创造与让渡四个环节。

客户价值管理的第一个重要环节是进行客户价值信息管理，它是分析客户价值的基础，包括客户价值信息的获取与整理。

客户价值管理的第二个重要步骤为客户价值分析与评价。客户价值分析与评价的目的就是通过对客户属性的分析进行客户价值定位，具体就是通过分析客户的当前价值、潜在价值等来确定客户能够给企业带来的利益，在此基础上对客户进行细分，为企业客户价值的创造和让渡打下基础。

客户价值分析在客户价值管理中占有非常重要的地位。在长期的理论研究中，已经发现并不是所有的客户对于企业的价值都是等同的，企业80%的利润是由20%的客户创造出来的。企业无法将精力平均分布在每个客户身上，否则这样的资源配置方式将严重违背企业利益最大化的原则，对客户进行细分势在必行。从现有的或潜在的客户群体中，挑选出为企业带来巨大效益的企业的核心客户，这就是企业进行客户价值分析的重要功能。

企业常用客户的价值分析方法有如下几种。

1. RFM 模型

RFM 分析方法是广泛应用于数据库营销的一种客户细分方式，是指通过客户最近购物间隔、购物的频率、购物的金额或利润等评估某一个客户的价值。RFM 中，每个英文字母代表一种相对容易获得的已成交客户的行为参数。R-recency 指客户上次消费行为发生至今的间隔，间隔越短则 R 越大；F-frequency 指在一段时期内消费行为的频率；M-monetary 指在某一时期内消费的金额。RFM 分析的所有成分都是行为方面的，应用这些容易获得的因素，能够预测客户的消费行为。以最近的行为预测客户的消费行为，比用其他任何一种因素进行预测都更加准确和有效。研究发现，R 值和 F 值越大的客户越有可能与企业达成新的交易，M 越大的客户越有可能再次响应企业的产品或服务。

RFM 模型是数据库营销中广泛采用的客户细分方法。其缺点是分析过程繁琐，细分后的客户群过多，难以针对每个细分客户群采用不同的营销策略；另一个缺点是购买次数与同期总购买额这两个变量存在多重共线性，如一个客户每多一次购买其总购买额也相应增加。

2. 客户价值矩阵分析

客户价值矩阵方法是在对传统的 RFM 方法修正的基础上提出的改进方法。在此客户价值矩阵中，Marcus 提出对传统的 RFM 模型进行修正，用平均购买额代替总购买额，用购买次数与平均购买额构造客户价值矩阵简化细分的结果，如图 2-2 所示。

对于优质型客户，企业要保持他们，他们是企业利润的基础；对于消费型客户、经常型客户，他们是企业发展壮大的保证，企业应该想办法提高消费型客户的购买频率，通过交叉销售和增量购买，提高经常型客户的平均购买额；对于不确定型客户，企业需要慎重识别客户的差别，找出有价值

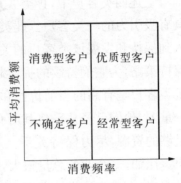

图 2-2 客户价值矩阵之一

的客户，使其向另外三类客户转化，而对于其中的无价值客户不必投入资源进行维护。

3. 依据客户生命周期价值进行客户细分

陈明亮提出以客户当前价值和客户增值潜力作为客户分类指标，把客户分为四类（见图 2-3）。其中，客户当前价值是假定客户现行的购买模式保持不变时，客户未来可望为企业创造的利润总和的现值；客户增值潜力是假定通过采用合适的客户发展策略，使客户的购买行为模式向着有利于增大企业利润的方向发展时，客户未来可望增加企业利润的总和的现值。客户增值潜力取决于增量购买(up-buying)、交叉购买(cross-buying)和推荐新客户(refer a new customer)的可能和大小[3]。

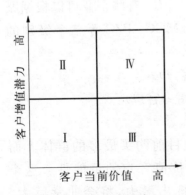

图 2-3 客户价值矩阵之二

对于处于客户分类矩阵中不同象限位置的客户，企业需要根据其各自特点来发展相应的资源配置策略与客户保持策略。针对以上的客户价值分类，陈明亮博士总结了这四类客户的资源配置和保持策略的差异[3]，如表 2-1 所示。

表 2-1 四类客户的资源配置与保持策略

客户类型	客户对公司的价值	资源配置策略	客户保持策略
I	低当前价值,低客户增值潜力	不投入	关系解除
II	低当前价值,高客户增值潜力	适当投入	关系再造
III	高当前价值,低客户增值潜力	重点投入	高水平关系保持
IV	高当前价值,高客户增值潜力	重中之重投入	不遗余力保持、发展客户关系

上述四类客户中,IV类客户对公司最有价值,为公司创造的利润最多,是最具有吸引力的一类客户。此类客户是公司利润的基础,公司需要将主要资源投入到保持和发展该类客户的关系上来,针对每个客户设计和实施一对一的客户保持策略,为它们持续的提供超越其预期的价值,不遗余力地努力保持住他们。III类客户是有高的当前价值和低增值潜力的一类客户。这类客户对公司也是十分重要,他们已经几乎将其所有的业务都交给了本公司,对于他们企业应该投入足够的资源,尽力保持关系。II类客户是低当前价值,但具有高增值潜力的客户。比如,一个业务总量很大,但本公司只能获得其一小部分业务的客户。对这类客户,企业应该投入适当的资源来重塑双方关系,增进客户对公司的信任。I类客户是最没有吸引力的客户,是公司的微利或无利客户,对于这类客户企业可以不投入资源。

4. 通过利润分类法细分客户

本方法的依据是前面所提及的 20/80 规则,在某些行业,甚至是 10% 的客户创造了企业 100% 以上的利润,可惜的是,一部分利润给一些没有盈利的客户给丧失掉了。利润细分法一般把客户群分为三部分,即高价值客户、低价值客户和负价值客户。该方法较为简洁,易于操作。比如,有些企业可以根据顾客对企业的贡献度就可将顾客群体分为 MVC、MGC、BZC 等三个级别的群体。

(1) MVC(most valuable customer,最有价值客户)。

(2) MGC(most growable customer,最具成长潜力客户)。

(3) BZC(below zero customer,负债客户)。

其中,MVC 是最有价值的顾客群体,也就是目前购买最多的群体。而 MGC 是当前价值不高,但是它们存在变成最有价值客户的可能性。这个群体的业务潜力还没有完全发挥出来,一旦发挥出潜力,将会非常巨大。比如,当他们对于信贷消费的接受程度很高的时候,或者宏观经济复苏即将转好,他们的收入大幅度提高时。其他则为 BZC,即负债顾客群体,这个群体得到很多服务,但目前和潜在的回报率都较小。针对不同类别的客户可以采用不同的营销、销售及服务策略,以守住 MVC,并将更多的 MGC 转化为 MVC,并且抛弃那些只占用公司资源而不带来任何价值和利润的 BZC。

在完成客户价值的分析评价后,接着就进入客户价值管理的第三个环节——客户价值的创造与让渡。通常,企业为客户创造的产品或服务价值分为三个层次:基本价值、客户期望价值和超越期望价值[32],而超越期望价值这一层次对企业而言又尤为重要。

(1) 基本价值。

基本价值源于企业向客户提供的核心产品或服务,包括有关核心产品或服务的、有明确定义的特性,是客户价值构成的基本部分。无论企业的基本价值来自有形的核心产品或无形的核心服务,良好的客户服务水平都是客户是否忠诚于企业的重要因素。

(2) 客户期望价值。

期望价值是指客户在特定情况下,希望在企业提供的产品或服务的帮助下实现期望的、超越于产品或服务本身的目的与目标。企业必须在深入了解客户现有与潜在需求的基础上,确定如何满足客户的期望价值,如此可以避免企业在客户并不重视的产品或服务要素上的无效投资行为。

(3) 超越期望价值。

超越期望意味着企业需要通过仔细分析客户的需求及其认知体系,通过额外的努力来使得客户获得意外的惊喜,这才能给客户内心留下非凡的体验,而只有这样的深刻体验才可能触动客户,才有可能带来客户的忠诚,这是影响企业长期发展的重要因素。另外,判断客户是否会忠诚于企业的另一个有效的可行标准是从客户的角度来看,企业是否能提供高于其竞争对手的价值。那么企业在判断自身为客户提供的价值高低时,可以分别从客户与竞争对手两个角度来进行。总而言之,企业只有不断地从客户角度出发,不断地满足其现有的和潜在的需求,才能从根本上真正地赢得客户。

第二节 客户生命周期

一、客户生命周期

与其他事物的发展规律一样,客户与企业从开始建立关系到关系结束有其一般性的随时间变化的发展轨迹,我们称之为客户生命周期。具体来说,客户生命周期是指从一个客户开始对企业进行了解或企业准备对某一客户进行开发开始,直到客户与企业的业务关系完全终止,并且与之相关的事宜完全处理完毕的这段时间。在不同的关系状态下,客户的消费行为呈现出不同的特点,从而导致客户对企业的收益贡献也是不均衡的。客户生命周期阶段的划分是客户生命周期研究的基础,目前这方面已有较多的研究,其中,Dwyer和Schurr的研究最具代表性。他们提出了买卖关系发展的一个五阶段模型,首次明确强调,买卖关系的发展是一个具有明显阶段特征的过程,认为买卖关系的发展一般要经历认知、考察、扩展、承诺和解体五个阶段。陈明亮以Dwyer等人的五阶段模型为基础,将客户关系的发展划分为识别期、形成期、稳定期、退化期四个阶段,称为四阶段模型。识别期是客户关系的孕育期,形成期是客户关系的快速发展期,稳定期是客户关系的成熟期,退化期是客户关系水平发生逆转的时期。识别期、形成期、稳定期客户关系水平依次增高,稳定期是供应商期望达到的理想阶段,但客户关系的发展具有不可跳跃性,客户关系必须越过识别期、形成期才能进入稳定期。在本书中,我们从企业角度出发,使用识别期、发展期、稳定期和衰退期来标志企业与客户关系发展的轨迹。

1. 识别期,关系的探索和试验阶段

在这一阶段,双方考察和测试目标的相容性、对方的诚意、对方的绩效,考虑如果建立长期关系双方潜在的职责、权利和义务。双方相互了解不足、不确定性大是识别期的特征,增进对方了解和降低不确定性是这一阶段的中心目标。在这一阶段中,客户会下一些尝试性的订单,企业与客户开始交流,并建立联系。这一阶段企业面对的大多是潜在客户,需要进行一些调研,确定可以开发的目标客户。此时企业只能获得一些基本的收益,客户对企业利润贡献不大。在关系识别期的营销策略,主要围绕着发掘潜在客户、锁定目标客户、建立客户关系展开。针对不同的客户类型,采取不同的方式说服客户购买,经过一系列的过程,将潜在客户转变为现实客户,建立初步的客户关系,为长期的客户关系价值打下基础。

2. 发展期,关系的快速发展阶段

双方关系能进入这一阶段,表明在识别期中双方相互满意,企业与客户之间的了解和信任不断加深。在这一阶段,客户群体还不够稳定,存在一定的波动性,关系发展仍有可能背离同向趋势。因为此时客户关系还没有固化沉淀,在进行购买的决策时,客户还会花一定的时间对竞争性产品进行评价对比,来自社会、心理因素的影响会对客户的决策产生巨大的作用。这一阶段企业若采取合适的营销策略,逐渐让客户认识到自己有能力提供令客户满意的价值(或利益),这将会使得双方从关系中获得的收益日趋增多,相互依赖的范围和深度也日益增加。在这一阶段中,随着双方了解和信任的不断加深,关系日趋成熟,双方的风险承受意愿增加,由此双方交易不断增加。当企业对目标客户开发成功后,客户已经与企业发生业务往来,且业务在逐步扩大,标志着客户已进入成长期。企业的投入和开发期相比要小得多,主要是发展投入,目的是进一步融洽与客户的关系,提高客户的满意度、忠诚度,进一步扩大交易量。此时,客户已经开始为企业作贡献,企业从客户交易获得的收入已经大于投入,开始盈利。但客户尚未产生交叉购买意图及推荐倾向,所以企业获得的是基本购买收益和增加购买量的收益。在客户关系发展期的营销策略,更应该关注客户价值的提升,实现从客户市场份额的占有到已获得的市场份额的巩固,做大并且提升,进而获得长期客户市场竞争优势。

3. 稳定期,关系发展的最高阶段

从识别期到发展期,客户的基本期望和潜在期望得到了不同程度上的满足,客户关系的水平不断向前推进。客户对产品产生了强烈的喜爱和依赖,对企业满足其基本期望和潜在期望的产品或服务感到满意。更加信任企业将来有能力持续不断地提供比竞争对手更高的价值,不会再积极地搜寻可替代供应商,对竞争对手提供的产品很少关注,即使出现一些不利的竞争局势,客户仍会继续保持重复购买。在这一阶段中,企业与客户的关系处于一种相对稳定的状态,交易数量变动较为温和,双方或含蓄或明确地对持续长期关系作了保证。这一阶段有如下明显特征:

(1) 双方对对方提供的价值高度满意;
(2) 为能长期维持稳定的关系,双方都做了大量有形和无形投入;
(3) 大量的交易。

因此,在这一时期双方的交互依赖水平达到整个关系发展过程中的最高点,双方关系处于一种相对稳定状态。此时企业的投入较少,客户为企业作出较大的贡献。在这一阶段,客户忠诚度增加,开始出现交叉购买及推荐行为。除了获得基本购买收益和增加购买收益外,企业还可以获得交叉销售收益及推荐收益,其中推荐收益表现为新客户开发成本的节约。客户影响力越大,推荐收益越多。

4. 衰退期,关系发展过程中关系水平逆转的阶段

关系的退化并不总是发生在稳定期后的第四阶段,实际上,在任何一阶段关系都可能退化。退化期的主要特征有:交易量下降;一方或双方正在考虑结束关系,甚至重新物色候选关系伙伴(供应商或客户),开始交流结束关系的意图等。当客户与企业的业务交易量逐渐下降或急剧下降,客户自身的总业务量并未下降时,说明客户已进入衰退期。客户关系进入衰退期的原因很多,若想要恢复与客户之间的关系重新建立客户忠诚,首先必须对客户流失的原因进行分析。客户是由于偏好转移,还是竞争对手吸引、替代品诱惑、企业本

身过失等原因之中的某种原因造成的关系衰退。由于顾客偏好转移或企业本身放弃的客户,对其很难或不值得恢复建立客户忠诚,企业则可以选择逐渐放弃这些客户。而对于由竞争对手吸引或是本身过失导致流失的客户,才是企业进行关系投入重建客户忠诚的对象。对待这类客户企业首先要调查客户流失的内在原因,可同流失客户进行个别沟通或对话,明确客户关系进入衰退期的真正原因。也就是说,要了解在此阶段客户的基本需求和潜在需求,从而针对性地采取措施,重新开始客户关系的二次开发。当企业的客户不再与企业发生业务关系,且企业与客户之间的债权债务关系已经理清时,意味着客户生命周期的完全终止。企业能获得的收益与关系衰退的速度有很大的相关性。客户关系衰退越快,企业获得的收益降低越快。一般说来,由于关系的连续性和惯性作用,交易数量的减少是逐步发生的。在这一阶段的企业,平均收益可近似地看成为基本购买收益[3]。

二、客户生命周期管理

客户生命周期管理是一种全新的营销理念。主要是研究客户在其生命周期中的不同阶段,即识别期、发展期、稳定期、衰退期等四个阶段的特征,企业有针对性地对其进行动态变化的管理,实施相应的客户策略的过程。典型的客户全生命周期管理围绕四个阶段客户关系的特征,采取时间序列上的连续、动态的管理。在客户生命周期的不同阶段,客户的有效数据是不一样的,随着时间的推移,客户数据不断地更新,其生命周期可能从一个阶段进入另一个不同的阶段,我们需要将客户资料进行动态的关联,提炼出生命周期中的有效资料。这样的管理方式按时间序列收集客户信息,并从中分析出有价值的客户知识,对客户进行动态的客户细分和长期的规划,实施闭环的客户管理。在整个客户生命周期中,企业对客户实施全程的跟踪管理,来达到客户长期价值的最大化,并通过持续不断的信息互动,为客户创造优异的消费体验,达到两者的双赢。

图 2-4 显示了客户全生命周期管理的一般流程。

从图中可知,有关客户关系管理的各个时期大概包括了以下几方面内容。

1. 识别期

从市场中发掘潜在客户,并根据企业设定的细分规则,进行初步识别和细分,得到企业的目标客户。采用不同的方式说服客户购买企业产品与服务,实施相应的营销策略,与目标客户建立起关系,使之成为企业的真正客户。不符合初步细分标准的客户,可以将他们视为潜在的客户资源,进行客户资源储备。这一阶段的营销目标是:发掘可能建立关系的潜在客户。只有当客户主观感知价值大于比较水平时,即客户的基本期望得到满足,而潜在期望得到部分或全部满足时,才会驱动客户不断地重复购买。这种初步的信任允许客户关系向发展期发展。

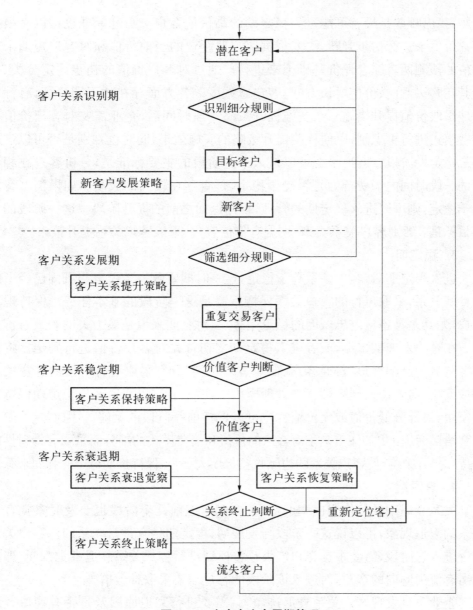

图 2-4 客户全生命周期管理

资料来源：舒华英，齐佳音. 电信客户全生命周期管理[M]. 北京：北京邮电大学出版社，2004.

2. 发展期

这一阶段可以看作为"试用期"，在这期间企业将接受新客户多方面的检验，同时也要考察新客户的价值、消费模式等指标，发展期是双向考察、相互认知的磨合阶段。该阶段企业的主要任务是提升客户价值和加强与客户的纽带关系，将"试用客户"转换为稳定的忠诚客户。同时，为了向稳定期输送合格的客户，在这一阶段还必须对客户进行筛选和过滤。

筛选标准可以是企业根据以往销售经验，或者对客户数据分析得出的分类准则,找出哪些是最有可能进入稳定期的高价值客户。筛选标准也可以是根据客户价值来进行初步判断,主要根据客户对企业的当前价值和对客户短期未来价值的预测两者综合评价基础上来进行。通过对客户价值的初步评定分类,找出其在购买倾向、价值增长空间、客户忠诚度等各方面存在的不同特征,有针对性地采取价值提升措施。在实施提升策略一段时间后,企业需要对客户价值和消费模式进行再识别,以便检验提升策略的实施效果,同时也判别是否可以进入客户稳定期阶段。客户是否可以进入下一阶段的主要标准是,分析客户在相当长的一段时间内消费行为是否趋于稳定,是否存在较大的波动。如果消费行为趋于稳定,则可以进入稳定期的管理,否则返回之前的提升阶段。这一阶段的营销目标是:甄别客户关系类型,发掘有价值客户,采取客户关系提升策略。

3. 稳定期

进入稳定期后,客户关系趋于稳定,这一时期要致力于稳定和巩固已经形成的良好关系,采取可行的客户关系保持策略是这一阶段的基本任务。保持现有客户,尤其是具备一定忠诚度的稳定型客户,对企业来说是最为关键和最有价值的。在客户发展期末端,或者进入稳定期之初首先对客户价值进行判定。将稳定客户分为高端客户、普通客户、低端客户三类,分别采取有针对性的客户关系保持策略,前者进入到高端客户管理模块中,后两者进入普通客户稳定期保持策略模块,对部分低价值或无价值客户可以保持前一阶段的策略。因此,这一阶段的营销目标是:更加注重基于对客户的价值和消费模式的细分而采取有针对性的保持和提升策略,使客户关系的边际收益长期大于零,保持长期稳定的利润来源。

4. 衰退期

关系衰退期虽然作为模型的最后一部分,但前几个阶段也要及时察觉客户关系的衰退现象,可以说这一阶段与发展期、稳定期是有紧密联系的。客户关系是否进入该阶段,需要根据客户流失预警模型进行客户关系衰退察觉判断,即识别出有流失倾向的客户,对进入该阶段的客户需要采取补救措施。

企业一旦发现客户关系衰退迹象,就需要进行衰退原因及是否有挽留客户要求的判定。若客户关系价值仍然有存在的必要的,则采取关系恢复策略,重新定位客户类型,采取相应的生命阶段策略。若客户关系价值已经没有存在必要的,则终止客户关系,采取客户关系终止策略。流失客户自动进入潜在客户库,开始新的客户关系循环。这一阶段的主要营销目标是:发现衰退迹象,判断客户关系是否值得维持,采取终止策略或恢复策略。

整个客户生命周期内,企业从某一客户处获得的收益流的净现值称为客户全生命周期利润。根据浙江大学陈明亮博士的研究,在客户生命周期不同阶段客户将决定利润的高低变化,随着客户关系保持时间的增长,企业获得的利润也会随之增加。客户关系的发展要经历不同的阶段,每一阶段代表不同的客户关系水平。我们可以用交易额和利润代表客户关系水平,从而描绘典型客户生命周期的变化趋势,如图2-5所示。

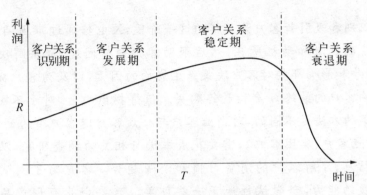

图2-5 客户生命周期曲线

资料来源:陈明亮.客户关系管理理论与软件[M].浙江:浙江大学出版社,2004.

由于如下原因,客户利润随客户保持时间长度的增加而提高:① 保持现有客户比获取新客户的成本低得多(一般可节约4~6倍);② 长期客户趋向于购买公司更多的产品、对价格更不敏感;③ 被保持的忠诚客户主动为公司传递好的口碑、推荐新的客户等。因此,一个典型的客户利润曲线呈倒U形:在识别期总体很小且上升缓慢,发展期以较快速度增长,稳定期继续增长但增长速度减慢,衰退期快速下降。

理想的客户生命周期管理的目的是尽可能地缩短识别期和发展期,而延长稳定期的时间,因为只有稳定期的客户关系才能为企业带来更多的利润。同时,我们也可以看出,客户生命周期管理的目标不仅仅是延续客户关系时间长度,更重要的是维系关系的质量,使得高质量关系尽可能长时间地存在才是准确的目标。企业若想最大化客户的生命周期价值,就必须进行有效的投入,不断地提升客户关系的水平,并尽最大可能将其维持在最高的水平。

 **补充阅读**

X电信客户关系全生命周期的服务营销策略[①]

X电信通过建立客户关系管理(CRM)系统,在对客户各方面的信息进行详尽、客观、动态、全程的掌握分析之后,准确地区分客户关系所处的全生命周期阶

---

① 阅读材料改编自周可喜"基于客户关系全生命周期管理的湖南电信服务营销策略研究",中南大学,2005。

段特征,从而采取相应的服务营销策略。

一、客户关系识别期的服务营销策略

在以识别和吸引新客户为目标的这一阶段,X电信通过市场调查,感知客户需求产生的刺激和动机所在,然后帮助客户分析问题、提供解决方案的建议,通过引导和影响那些对客户决策产生影响的因素,以及为客户提供广泛的信息来影响客户的最终评价和最终购买。值得指出的是,对于不同类型的客户信息采集的方法是不同的,对商业客户与公众客户以客户群为研究对象;对大客户(重点客户、集团客户),需要花成本进行相关的调查研究,以发现个性化的需求信息,了解客户的消费习惯和消费趋势。客户为了测试企业的工作绩效或履约能力,会尝试性地下一些订单。只要企业有形产品的性价比高于同行业的平均水平,客户一般会感到满意。客户满意感觉来自于主观价值与期望价值的吻合。满意是购买后客户感知价值评估过程的开始,也是客户与X电信之间关系的开始。而针对这一时期客户的潜在期望,X电信可以实施频繁市场营销。即通过数量折扣、功能折扣等方式进行,目的是让客户在竞争的情况下主动第二次直至重复使用X电信的服务。频繁市场营销可使客户每重复购买一次就能够得到更大的优惠。在客户重复购买的情况下,客户才可逐步积累对X电信的认识和评价,使企业在关系延续的情况下再度吸引客户。

另外企业通过调研分析,初次确定重点客户,向其提供特殊待遇来进行销售诱导。例如,吸引客户成为客户俱乐部的会员等,使重点客户感受到X电信的关爱,享受到X电信提供的客户意料之外的有价值的附加产品。当客户主观感知价值大于比较水平时,客户就会不断地购买,这有助于客户关系向发展期发展。

二、客户关系发展期的服务营销策略

在这一阶段,客户群体稳定性较差,客户的波动性较大,关系发展仍有可能背离同向趋势。因为此时客户关系还没有固化沉淀,竞争对手也会采取各种各样的促销组合与X电信抢夺客户。

因此,在客户关系发展期的营销策略,主要体现在满足客户的基本需求,推出好的"商品"服务,提高服务价值、售前售中售后服务,以及X电信的品牌和形象,并为客户提供好的服务支持。具体策略表现在如下几个方面。

(1)基础产品和服务:为所有的客户提供高质量的基础通信服务是对电信运营商的最低要求,对于不同价值的客户设定不同等级的服务质量,优先级仍然是X电信理应考虑的策略之一。

(2)品牌形象树立:由于服务质量日益无差异化,当前运营商间的竞争更多地体现为品牌之间的较量,对新客户更需要灌输和传达业务品牌所代表的理念。

(3) 业务创新与引导:当前运营之间的竞争方式,除了价格战外,主要体现在业务创新能力的较量,因此业务创新是实现价值创造的关键和最有效的手段。对于 X 电信来说,可以开拓以宽带为重点的数据和互联网新业务,也可以开发基于互联网的内容和应用业务,如网络游戏、电子商务、会议电视、网络电视、远程教育、内容管理服务等。

(4) 个性化服务与及时响应:对高价值客户提供的个性化服务应尽量向通信服务领域以外的方面拓展。比如,可以增加特约商户的数量和行业种类,为客户提供出行的接机、登机和食宿安排等服务,航空、酒店、娱乐、餐饮等更多的社会资源也应该成为个性服务的一个内容,这样,客户才能感受到真正的"与众不同"。

三、客户关系稳定期的服务营销策略

在此阶段,顾客对 X 电信已经非常了解和熟悉,而 X 电信的产品和服务也是顾客生活不可或缺的部分,因而顾客对 X 电信有一种潜在的归属感:希望成为 X 电信的一部分,而且自我对 X 电信重要价值能得到承认。要满足顾客的这种心理,应采取客户组织化策略:将客户视为企业的一部分,让他们参与到 X 电信活动中来,听取顾客对 X 电信各方面工作的建议并给予奖励,让顾客有成就感、有参与感,使顾客和 X 电信真正成为一家人,使顾客的潜在期望得以满足。在另外一方面,对于企业类用户,也可以参与到客户的业务活动中,通过双向联系使 X 电信与客户之间的关系更为紧密。还可通过自身的优势为客户的发展提供帮助,如向客户投资、解决渠道问题等。其他还可以采用以下一些措施:比如,针对忠诚度代价,可设计一些忠诚度奖励方案。如果客户从 X 电信网流失,则会造成一些损失;而如果继续留在 X 电信网,则会得到相应的奖励,如对老客户实施让渡利润、增大老客户的消费者剩余,对于已在网一定时间的老客户给予在话费或其他方面的优惠。在网时间越长,则优惠力度越大,从而牢牢地锁定客户。总之,客户关系稳定期是客户需求稳定、客户关系最牢靠、客户利润获取最大,是 X 电信最大化客户终身价值的有利时期。

四、客户关系衰退期的服务营销策略

客户关系衰退期管理策略指的是客户进入衰退期,针对客户的不同衰退原因,采取不同的策略,或恢复、或完善、或应对、或放弃,以此来充分挖掘客户潜力,实现企业收益最大化,并尽可能地降低不满意客户给 X 电信带来的不良影响。对应的策略为四种,即急救策略、完善策略、应对策略和放弃策略。

(1) 急救策略:对高度重视客户所采取的策略。因为原因的频发性高,应该高度重视,而且原因的可控性也很高,X电信完全可以通过自身的努力,扭转局面,恢复衰退客户关系到稳定状态。

(2) 应对策略:对足够重视客户所采取的策略。因为原因的频发性比较高,应该引起足够的重视,但是可能性比较低。所以,应对策略应该在努力减少不利于X电信的影响向外扩散的同时,帮助企业由被动局面转化为主动局面,尽量将不可控因素转化为可控因素,在以后的竞争局面中赢得主动。

(3) 完善策略:对适当重视客户所采取的策略。因为其频发性比较低,一方面需要这些原因进行完善,避免由于对这些原因的忽视在日后导致越来越多的客户流失;另一方面,通过一定的完善策略可以降低这些原因在客户中的影响。完善策略的制定需要保证这些因素处于可控范围内,并且对X电信的发展起到有力的促进作用。

(4) 放弃策略:对顺其自然客户所采取的策略。因为其频发性低,重视程度可以降低;而且可控性也低,企业努力之后改变的效果也不会很大。所以,不妨采取放弃策略,以免浪费人力、物力和财力。当然,在实施放弃策略时,应该很好地选择时机,这样,在放弃这些客户的同时,也把客户不满意的情绪很好地终结在这些客户之中,不再向外散播。

X电信在客户全生命周期的各个阶段,应坚持以客户的需求为中心,不仅要满足客户的现实需要,而且要掌握他们的潜在需求。在细分市场和客户的基础上,针对客户群的需求,制定差异化的服务标准;针对客户关系所处的不同阶段状态,采取相应的服务营销策略。对大客户,要在提供综合应用解决方案上下工夫;对商业客户,要在采用组合套餐式综合服务上下工夫;对公众客户,要在推行标准化服务上下工夫。

思 考 题

1. 客户价值的含义指的是什么?可以从哪两个角度来理解,之间的关系如何?
2. 企业在进行客户价值管理时,一般步骤是怎样的?
3. 客户生命周期价值的含义?
4. 客户生命周期可以分为几个阶段?各个阶段的特点是什么?

第三章

CRM 理论演进

CRM一词自20世纪90年代中期出现以来,随着网络技术的发展越来越被人们所熟知。从管理学的角度来考察,客户关系管理应该起源于市场营销理论。我们知道,CRM作为企业长期的一项商业策略,是通过建立、发展维系客户关系来提高客户价值,并为企业带来持续利润,那么这与同样以满足客户需求和实现企业经营目标为宗旨的现代营销理论之间是如何联系的呢?

美国营销协会(American Marketing Association)对营销的定义是这样的:营销是企业计划和执行4P(产品/服务、价格、促销、渠道)策略的一个商业过程,旨在既赢得和满足客户,又能实现企业经营目标的成功交易。

这是一个非常宽泛的、框架性的定义。定义指出,所有满足4P特性的、同时又以赢得和满足客户为目标的企业经营策略,都应该归纳到营销范畴中来。从我们对CRM以上的分析来看,CRM所包含的管理理念完全符合营销的含义,毫无疑问,它是属于营销理论下的一个分支。实际上,在CRM产生之前,市场营销理论中就有一些分支,它们的思想与CRM理念有着不可割裂的联系,在某种程度上我们可以说CRM理念是在以下这些理论的基础上,借助信息技术而发展起来的。下面我们分别简单描述一下这些相关的市场营销理论。

第一节 关系营销理论

关系营销(relationship marketing, RM)是适应当今世界发展的一种营销方式,20世纪80年代被提出之后,给理论界与企业界均带来了深远的影响,被称为"未来所有营销的关键"。

一、关系营销的定义

在商品同质化、顾客需求差异化的现代社会里,企业与客户的地位随着市场竞争激烈程度的增加发生着转变。在从卖方市场向买方市场转变过程中,为了吸引新顾客,企业常常使出浑身解数,力求抢到先机。但在获得了新顾客同时,很多企业却忽略了对老顾客的重视,对已经完成交易的客户的需求漫不经心,甚至不闻不问,导致其流失。在企业花费了大量时间、精力在新客户身上之后,却发现业绩并未能令人满意。因此对于企业来说,为了在残酷的市场中站稳脚跟、立于不败之地,赢得顾客并不是企业营销活动的终结,而仅仅是企业漫长营销活动的开始罢了。

一般认为,1983年Leonard L. Berry最先提出关系营销的概念,并站在服务业的角度,对其进行了定义。即认为关系营销就是"提供多种服务组合,吸引、维持以及增强顾客关系"。1997年,欧洲学者Gronroos提出了广义角度的关系营销。即"识别、建立、维持、加强,以及在必要时结束与顾客及其他利益相关者的关系,以实现各方的经济目标和其他目标的过程,这个过程是靠双方不断做出承诺和履行承诺来完成的"。其中,与其他利益相关者的关系包括企业与供应商、中间商、竞争者、政府、社区等的关系。这样,关系营销的市场范围就从顾客市场扩展到了供应商市场、内部市场、竞争者市场、分销商市场等,被西方舆论界视为"对传统营销的一场革命",也被看作是21世纪市场营销的一大发展趋势。虽然关系营销也还没有一个被普遍接受的定义,但是学者基本都认为关系营销的核心是建立和发展长期关系,通过长期关系来优化关系方之间的交换。在这里,我们可以对关系营销定义作一个简单的理解,即把营销活动看成是一个企业与消费者、供应商、分销商、竞争者、政府机构及其他相关者互动,并建立起长期、信任和互惠关系的过程。关系营销是企业与客户因长期交往而在相互信任的基础上,使得客户能长期地对企业保持忠诚度,企业能够维持有盈利的业务,从而在竞争激烈的市场上取得成功。

二、关系营销的特点

我们通过将关系营销与传统的交易营销进行对比,从中来发现关系营销的特点。

交易营销是早期传统营销理念的表现,它指的是以产品作为中心,采用4Ps营销组合为手段,着眼于单次交易活动收益的最大化。在传统的营销中,顾客是作为企业交易关系的对立面,企业更看重在此次交易过程中企业的实际收益。

而关系营销理念则是以长期关系为导向,采取关系方法(relationship approach),注重新价值的创造和双方关系中的交互作用,以构建企业持久竞争优势。关系营销视线更长远,视顾客为永久的伙伴,希望与之建立互利互惠的伙伴关系,以期在企业与顾客结成的稳固关系中长期收益。若认为传统营销的核心是获得新顾客的话,那么关系营销的核心则是企业在获得新顾客的同时,保持住老顾客。

交易营销与关系营销的区别,可以归纳为表3-1所示内容。

表3-1 交易营销与关系营销的比较

概念 方面	交 易 营 销	关 系 营 销
营销目标	追求单项交易利润最大化	追求与对方互利关系最佳化
企业的出发点	近期利益	远期利益
企业的关注重点	关注一次性交易	关注保持客户
对价格手段的应用	主要的竞争手段	非主要的竞争手段
客户服务	较少强调客户服务、客户承诺与联系	高度重视客户服务、客户承诺与联系
客户转移成本	低	高
市场风险	高	低

与交易营销相比,关系营销特征可以归纳为以下几方面。

1. 双向沟通

在关系营销中,沟通是双向的,企业需要多花时间与精力听对方的意见与想法。企业只有通过广泛的信息交流与共享,才能赢得各利益相关者的支持与合作。

2. 合作

企业关系一般而言可以分为两种状态,即合作与对立。在关系营销中,企业明白在激烈竞争的市场上只有通过合作才能实现双赢。

3. 双赢

关系营销通过合作来增加关系双方的利益,而不是通过损害对方的利益来增加自己的利益。

4. 亲密

情感因素在关系稳定发展中起着非常重要的作用。因此,关系营销会强调在营销过程中给客户更多的情感上的满足,而不仅仅是物质利益上的互惠。

5. 控制

关系营销要求企业能对关系有控制能力,能准确把握,并可以左右关系的走向。一般而言,企业会有专门的部门可以跟踪企业各方利益相关者的反馈,了解他们对企业产品、服务的态度变化,并能及时采取相应措施来消除关系中的不稳定因素,以及不利于关系双方利益共同增长的因素。

三、关系营销策略

企业最关心的问题是如何将新顾客转为企业长期合作的伙伴。企业为客户提供的价值是建立、发展和维护客户关系的基础。如果企业能够持续不断地为客户提供额外的价值,即企业所提供的产品和服务所带来的利益高于客户所付出的成本,那么企业就可以吸引新的客户,同时也能增进与老客户之间的合作关系。至于企业如何为客户提供额外价值,这就是关系营销策略所关注的内容。从目前商业实践来看,企业在为客户提供价值方面有很多种手段,这里我们可以借鉴美国学者贝瑞(Berry)和帕拉苏拉曼(Parasuraman)归纳的三个层次的策略手段。企业可以通过以下不同级别的客户关系营销手段来加强与顾客联系,使其成为企业的忠实客户。

1. 一级关系营销——财务层次营销

一级关系营销也可被称为财务层次营销,是最低层次的关系营销。它维持客户关系主要是运用财务方面的手段,通过价格调整来刺激目标市场客户的财务利益,同时增加企业收益。频繁市场营销计划,即是一级关系营销中比较具有代表性的一类。所谓频繁市场营销计划,指的是对那些频繁购买,以及按稳定数量进行购买的顾客给予财务奖励的营销计划。美国航空公司是首批实行频繁市场营销计划的公司之一。80年代,它决定对它的顾客提供免费里程信用服务。近年来,国内的各大航空公司也纷纷推出类似的里程累计和里程奖励计划。比如中国南方航空公司,是国内最大的航空公司之一,已全面推出其常旅客里程累积奖励计划——南航明珠俱乐部,这是目前国内规模最大、增长速度最快的常客奖励计划之一。当客户的里程额累积到20 000公里后,将有机会使用里程积分直接兑换免票或免费升舱服务,所获得的里程可以转赠给他人使用。同时,南航与多家商户达成合作意向,除了乘坐南航航班能够累积里程外,用香港中银信用卡消费、入住香格里拉酒店也能累积里程,很快去百货公司购物、租车等也同样能累积您的飞行里程。另外,还会定期推出优惠"套餐"——乘坐特定的航班,里程加倍。

除了航空公司,酒店行业也是采用这种计划比较频繁的行业之一。全球有名的连锁酒店集团 Starwood Hotels & Resorts(www.spg.com)、Hilton(www.hilton.com)、Intercontinental Hotels and Resorts(www.ichotelsgroup.com)等都推出各具特色的常年积分优惠活动。比如,Starwood Hotels & Resorts 集团,共拥有725家连锁酒店旅馆,覆盖超过八十多个国家。当常住顾客在积累了一定的分数,成为白金卡会员后,那么无论你在任意一家连锁酒店预订房间的价钱是多少,都可以用优惠点数来预订,并且都可以免费升级到它们最好的房间,包括高级套间。频繁市场营销计划也可以在企业之间联合进行。比如,Starwood Hotels & Resorts 集团与很多航空公司之间存在协议,可以将客户的酒店常住优惠计划转成累积里程点数。

一级关系营销的另一种常见的形式是,对不满意的顾客承诺给予相应的补偿。企业对客户提供对产品和服务标准的承诺,如果顾客对企业的产品或服务不满意,企业将承诺给予顾客合理的价格赔偿。

总之,财务层次的营销是一种低层次的营销,无法与竞争者真正拉开差距,因为这一层次的营销策略非常容易被模仿,而一旦竞争者成功模仿,顾客将很容易流失。所以我们说,财务层次的营销可以刺激消费者的购买,却很难培养起消费者对企业的忠诚度。同时,如果企业频繁地使用此市场营销策略,也会给企业带来额外的成本负担。因此,企业在竞争对手也采取类似的策略时,必须在经营策略上进行进一步的深入,需要在一级关系营销的基础上与客户建立二级关系营销和三级关系营销,这样可以有效增加客户的转移成本,培养客户的忠诚度。

2. 二级关系营销——社交层次营销

二级关系营销也可被称为社交层次营销。二级关系营销通过了解单个顾客的需要和愿望,为他们提供更个性化与人性化的服务,来增加公司与顾客之间的联系。与一级关系营销——财务层次营销相比,该方法不仅为顾客提供了财务利益,还增加了他们的社会利益。在二级关系营销里,与顾客建立良好的社交关系比向顾客提供价格刺激更为重要。

二级关系营销策略的主要表现形式是建立顾客组织。企业以某种方式将顾客纳入到特定组织中来,使企业与顾客保持更为紧密的联系,从而实现对顾客的有效控制。一般而言,建立顾客组织包括两种形式:有形的顾客组织和无形的顾客组织。

有形的顾客组织是企业通过建立顾客俱乐部来与顾客保持长久的联系。企业可以通过会员俱乐部,更好地为消费者服务,满足消费者的个性化需求,实现与消费者的零距离。国内著名的家电企业海尔公司,于 2000 年 1 月建立了海尔俱乐部,这是海尔集团为满足消费者个性化需求,而建立的一个与海尔用户共同追求国际化生活品质,分享新资源、新科技的亲情化组织。在海尔俱乐部内,会员可以享受很多权益和贴切的亲情服务:能体验最新的家电时尚,感受海尔家电的国际品质,享受俱乐部定期电话回访或信访,还可以享受到俱乐部异业结盟带来的衣、食、住、行等方面的优惠服务,同时还能享受海尔家电保修期延长服务等。到 2006 年 6 月底,已超过 54 万会员加入到海尔俱乐部大家庭中。著名的化妆品公司雅芳也有自己的会员俱乐部。参加雅芳会员俱乐部可以获得新会员礼物,获赠雅芳公司专门为女性客户介绍最新时尚流行资讯的《女人开讲》杂志,可以优先获得新产品试用装,会员积分到一定程度可以有丰富礼物赠送,同时还会有专门的会员尊享产品,为俱乐部会员提供优惠价格,以及能够参加各种趣味游戏、征稿活动及抽奖活动,并有机会获邀参加各种沙龙活动、美容讲座,掌握护肤扮靓技巧等。通过一系列的优惠活动,以及极具互动性的活动使得雅芳公司与众多雅芳用户的关系更进一步。

无形的顾客组织是企业利用数据库建立顾客档案来与顾客保持长久的联系。比如,全球有名的亚马逊网上商店,利用其庞大的客户数据库资源记录顾客的偏好和购买习惯,并依据此来为顾客提供更个性化的有针对性的服务。在亚马逊书店的网站上,每一位购买者都必须登记注册,建立自己独一无二的用户名。每一个用户名对应的数据库中都记录了个人信息,如代号、年龄等,并保存在亚马逊庞大的客户数据库中。当消费者在亚马逊购物选中一本书时,窗口会主动列出同类书供你参考;任何人只要在亚马逊网络书店买过一次商品,亚马逊就会记住购物者的相关资料;再次购买时,只需用鼠标点一下欲购之物,网络系统就会帮你完成之后的手续,其中包括消费者的收件资料,甚至刷卡付费也可由网络系统代劳,顾客只需点一下"确认"按钮。为了帮助读者选书、购书,亚马逊推出一个有形的会员俱乐部,利用其会员与用户之间的互动,提供一种名为"虚拟导购"的服务。这项服务通过征集对某些书籍十分精通的客户来对书籍进行整理和推荐,这一切都是在网站上完成的,这些被选中的客户如果把书卖给了其他客户,就可以从亚马逊那里分得销售额3%~7%的利润。目前,亚马逊已经拥有2万个左右这样的"虚拟导购"客户。

数据库这个无形的组织不仅可以帮助企业掌握消费者的消费习惯与偏好,同时还可以有效地警示顾客异常的购买行为,以及可能的客户流失。比如,美国的特惠润滑油公司的数据库系统,当在顾客超过113天(这是该公司经过长期试验得出的顾客平均换油周期)没有再次使用该公司的产品和服务时,会自动地跳出提醒通知,提醒企业是否应该采取相应的措施。

在数据库系统的支持下,企业可以加强与顾客的联系,让顾客感觉到企业花费了时间精力来理解自己的兴趣、爱好,时刻关心着自己、重视自己,有贴心的感觉,从而产生对企业的忠诚感。

显然,社交层次的营销比财务层次的营销进了一步。当竞争对手也在采用相似的财务层次营销策略的时候,社交层次营销就可以有效地帮助企业来保留顾客。当然,在面临非常激烈的价格战的时候,社交层次的营销也可能成效甚微,因为该层次的营销策略也只能支持价格的小幅度变动。当与竞争对手的价格差距较大的时候,要想继续保持与顾客的关系,就必须通过提供竞争对手所不能提供的一些深层次的服务来吸引客户,如对一些小型的客户提供特殊的技术支持服务、资金援助等。因此,企业还需要在二级关系营销的基础上,与顾客建立三级关系营销,与顾客结成稳定的结构纽带联系,使得能够长久地留住顾客。

3. 三级关系营销——结构层次营销

这里所说的结构层次的营销,指的是企业在向交易伙伴提供财务利益和社会利益的同时,还为交易伙伴提供其他的一些有价值的服务,而这些服务一般无法从其他竞争企业获得,同时还透过客户与企业之间的长期互动,使得企业能传递更个性化与差异化的服务和价值给客户,这样就可以使得企业与交易伙伴结成结构纽带,并带来长期稳定的关系。一般而言,这类服务的提供是建立在企业的核心竞争力基础之上,通常是以技术为基础来帮助客户提高效率与产出,而不是仅仅依靠企业销售,或者服务人员交际的态度和技巧。这里企业的核心竞争能力是指,企业组织能持续有效地调控资源以适应外部环境、领先竞争对手,以创造超额顾客价值来保持竞争优势的、作为核心地位的关键能力。对企业而言,其核心竞争能力是既不能被其他企业所复制,也不能被模仿,是独一无二的。能体现核心竞争力的可能是品牌、产品、组织结构、企业文化、分销渠道、独特资源、资本优势、开发能力等,也可能是战略策划能力、组织惯例、企业文化、资本运作能力等,最有可能是其一或其中几种的协同。通过企业的核心竞争能力与客户建立起良好的结构性关系,将能提高客户转向竞争者的机会成本,同时也增加客户脱离竞争者而转向本企业的利益。特别是在面临非常激烈的价格竞争时,结构性关系能为维系客户关系提供非价格的动力,解决了前两级营销策略只能支撑价格的小幅度变动的问题。

结构层次营销主要是企业建立起与交易伙伴之间的结构性纽带。根据交易伙伴的不同,它可以分为企业与顾客(或客户)的结构性纽带和企业与企业的结构性纽带。

企业与顾客(或客户)的结构性纽带,是企业通过向顾客或客户提供独特的服务来建立起双方结构性的关系。比如在厂家—代理商—经销商的销售体系中,厂家和代理商除了向经销商提供商品之外,还可以来帮助销售网络中的经销商,特别是可以针对一些实力较弱的成员的问题,帮助其提高管理水平。比如,可以帮助其做相应地区的市场需求分析,帮助经销商更合理地计划进货时间和存货数量,以及进货种类搭配等;同时,还可以及时向他们提供有关产品的各种信息等等。

企业与企业之间的结构性纽带关系,则指的是两个企业在企业运作过程中,通过在产品研究开发、设计制造、销售,以及人员等其中某方面或多方面相互协作,结成紧密合作的伙伴关系,谋求双方的共同发展。比如,著名的德国企业西门子公司每年销售额高达 500 亿美元,在世界各地的供应商总数超过 120 000 个,其中有 20 000 个被认为是"第一选择供应商",西门子与其建立了结构纽带关系。这种关系的确立基于两个原则,供应商的竞争优势(主要根据产品和技术的复杂度,以及寻找替代供应商的难度)和供应商对公司利润的影响,目的是促进共同发展。通过互派工作人员,对双方企业的工作流程和信息系统进行相应的改进和适应调整,西门子与"第一选择供应商"建立了密切的、长期战略合作伙伴关系,双方也取得了共同的发展和进步。

以上所述即为关系营销策略的三个推进层次,其各自的特点如表3-2所示,这三种营销策略可以在企业的实际运营中根据情况灵活使用。通过以上这三种营销手段,可以使得顾客成为企业的长期合作伙伴,从而在激烈的市场竞争中取得胜利。

表3-2 关系营销的层次

策略层次	个性化程度	主要的营销组合要素	持久竞争优势的潜力
财务层次	低	价格	低
社交层次	中	与客户的沟通	中
结构层次	高	服务的传递	高

第二节 数据库营销理论

一、数据库营销的定义

数据库营销(database marketing,DBM)是随着时代的发展、科学技术的进步,将数据库技术与市场营销结合之后形成的。90年代中期,美国的一家营销公司的调查显示:56%的被调查的制造商和零售商已建立或正在建立数据库,10%计划这样做,85%认为为了迎接21世纪的竞争他们需要数据库营销。数据库营销作为一种正在蓬勃发展的营销方式,包含了关系营销的理念,与现代信息技术包括网络技术结合,充分利用计算机信息管理系统来建设与利用客户数据库,主要为客户提供全方位持续的服务,来与客户建立长期稳定的关系。数据库营销在西方发达国家的企业里已相当普及,数据库营销作为市场营销的一种形式,正越来越受到企业管理者的青睐,在维系顾客、提高销售额中扮演着越来越重要的角色。

从美国的发展历史看,数据库营销在80年代前,主要应用在直销领域,如直接邮寄、目录营销、电话营销和电视营销等。进入80年代,随着计算机能力的增强和数据库技术的进步,加上大众市场的饱和导致竞争的加剧,不少非直销领域的营销者也纷纷在商战中采用数据库营销的观念和技术。在早期的市场营销中,营销者大多将数据库营销仅仅看作是一种直销工具,在具体应用数据库营销时,也仅仅将其限于促销范围。在现代市场营销中,越来越多的经营者已经发现数据库营销在企业的营销决策和战略发展方面也都起着不可忽视的作用。数据库营销是在直接营销理念上发展起来的,应用数据库技术对客户进行管理,是企业获取竞争优势的重要手段。

根据菲利普·科特勒(Philip Kotler)的定义，数据库营销是指营销者建立、维持和利用顾客数据库和其他数据库(产品、供应商、批发商和零售商)，以进行接触和成交的过程。其具体过程，即企业通过对相应数据库内的信息进行处理，来预测客户有多大可能去购买某种产品，并且利用这些信息来给产品进行精确定位，有针对性地制作营销信息以达到说服客户去购买产品的目的。

通过数据库的建立和分析，可以帮助企业准确了解用户信息，确定企业目标消费群，并给予客户更加个性化的服务支持和营销设计，从而提高企业营销效率。数据库营销为每一位目标客户提供了即时的、可测定和度量的反馈机会，使得客户从被动接受转为"信息双向交流"。若没有数据库营销，企业的营销工作仅仅停留在理论上，而不是根植于客观实际。因为没有数据库，企业对市场的了解往往是经验，而不是实际。企业总是自以为自己了解市场，其实并非如此。数据库营销以客户的满意度与忠诚度作为营销目标，通过维持客户关系来实现客户终身价值的最大化，为"一对一的客户关系管理"提供坚实的基础。

二、数据库营销的过程

数据库营销在实际应用中，表现为利用计算机强大的数据存储与处理能力，建立各类包含有用信息的数据库，在此基础上，对信息进行加工处理，主要目的是识别出最有价值的客户，以此为目标市场，向他们提供有针对性的产品和服务，来提高客户的满意度与忠诚度。

数据库营销作为一个过程，显然应该包括建立数据库、维持数据库和利用数据库这三个基本步骤。通过营销数据库收集和管理大量的信息可以给我们呈现出顾客的"基本状态"，但仅仅建立了数据库而不去利用它，也还不能算是数据库营销。我们通过营销数据库可以进行消费者分析、确定目标市场、产品决策、价格测试，以及跟踪市场领导者和进行销售管理等。数据库是协助规划整体营销计划，以及计划、控制和衡量传播活动的有力工具。

一般而言，数据库营销的整个过程如图3-1所示。

与传统的一般营销过程不同，数据库营销中客户数据的采集及维护等都是在个体水平层次进行的，这里的个体可以是单个顾客、单个家庭或单个公司实体，他们已经不再是"匿名顾客"，而是一个个被记录个体特征信息的对象。

1. 建立客户数据库

数据库是数据库营销的基础。早期的营销数据库中，主要内容是直销行业中的企业为进行直接营销而收集的顾客与潜在顾客的姓名、地址等基本资料。

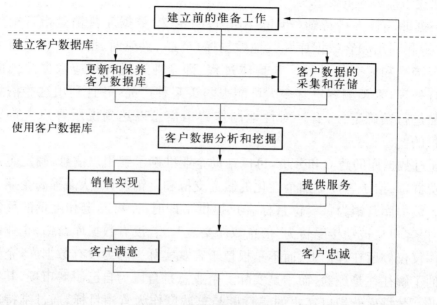

图 3-1 数据库营销过程

后来,随着市场竞争的日益激烈,越来越多其他行业开始使用营销数据库,并将之发展成市场研究工具,数据库中的内容也由早期简单的客户数据发展到包含市场资料、人口统计资料、销售趋势资料,以及竞争资料等各方面与企业经营发展密切相关的全部信息。

因此,数据库营销中的数据库不仅仅是单纯的顾客名单,而是一个关于市场状况的综合数据集合。当然,对于不同的企业,各自的数据库构成也不一样。一些小企业,他们的数据库可能只是一些顾客资料,而大型企业的数据库的内容则更为丰富和全面。但对于所有企业而言,它们都应该对营销数据库进行及时的更新和维护,如补充新的信息、清除无效与不良信息,或者调整数据库结构等,使得数据库有足够的灵活性和准确性以适应营销者的需要。

(1) 一般而言,客户数据的来源可以分为企业内部数据与外部数据两类:

① 企业内部数据。主要包括:客户基本资料、客户交易历史记录、产品销售资料、客户投诉建议记录、客户订单进展情况等。比如,对于一家目录直销公司而言,客户的基本资料与交易历史记录至少需要包含如下信息:

- 会员编号。
- 会员个人身份信息。
- 会员来源:朋友介绍、广告,或者其他等。
- 至少有一笔订单的季数。
- 付款方式:个人支票、信用卡,或者两者都有。

- 从几份产品目录中购物。
- 最近一次购物至今的天数。
- 购买产品的数量。
- 几年前的每季（或每月）的消费金额。
- ……

② 企业外部数据。主要包括：市场信息及行业动态资料、竞争对手信息、客户财务信息、国家相应产业政策和规章制度，以及其他相关的第三方信息。

当然，对于大多数行业而言，要获取准确的行业信息数据，以及竞争对手的详细交易数据是非常困难的。比如，你手机通讯服务提供商可以准确知晓你的移动通讯习惯，但是对于您在固定电话上的通讯习惯，以及网络信息访问习惯等一无所知。但是，对于某一些特殊的行业存在可以获得详细企业外部资料的可能。比如在美国，早期航空业是属于高度管制的行业，每家航空公司都需要把航班的详细信息资料提交给政府，包括乘客里程数、每航班的负载系数等。同时，政府还会详细记载整数航班的完整线路，公众可以通过查询获得这些资料。因此在竞争开始之处，航空业内各企业可以获取完整、可靠的产业绩效信息，而这些信息是大部分其他产业所缺乏的。航空公司可以利用这些数据来查找不能直航必须倒 2～3 次飞机的城市组合，开发新的航线，也可以与行业平均绩效对比来衡量自己的绩效等。

在目录直销行业中，也存在较丰富的外部数据。在美国，有一家名为 Abacus 的企业合作商店，它拥有非常丰富的美国目录直销行业交易数据，这些资料来源于它的 1 100 家会员公司，这些公司涵盖了美国大部分的邮购业务。这些会员公司将自己顾客的相关资料、顾客的商品订购记录等上传给 Abacus 公司，Abacus 公司就可将所有会员提供的资料进行整理综合，从而可以分析出整个目录直销行业顾客消费习惯的全貌。当然，这些会员公司也有权利可以申请获得相应的数据资料。比如，会员可以将预期的顾客列表发送给 Abacus，申请找出这些顾客最近使用目录订购物品的频率，但是这些订单来源于哪家会员企业这类信息是保密的[16]。

(2) 在建立客户数据库的时候，一般应该尽力遵守以下原则[35]：

① 应该可能多地预期客户购买产品的情况，以及其购买后的反应。

② 详细策划数据库的组成部分，但每一部分都应该保持一定的弹性，以满足以后可能发生的变化。

③ 不要因试图一次性建立一个详细的、完备的数据库而不断推迟建立数据库的时间，最好是先建立一个小型的数据库，虽然不是很全面，但可以获得客户数据库管理的经验。

④ 让尽可能多的部门和人员参与到客户数据库建设的工作中来。

2. 使用客户数据库

从数据处理的角度看,数据库营销作为一个系统,由人(数据库管理人员和营销人员)、数据(行业变量、客户群体社会统计变量、每个顾客的个体变量、心理变量,以及购买历史等行为变量)、技术(计算机及其操作系统、数据处理技术等)这三大要素构成。其中数据处理的技术(即图 3-1 中使用客户数据库部分的客户数据分析和挖掘技术)可分为验证驱动型和发现驱动型两类。前者主要指数据分析技术,包括数据库查询、检索与报表、多维分析、统计分析等技术;后者则属于数据发掘技术,用于从数据库中提取有价值的数据或发现原来不知道的知识,包括数据细分或聚类、关联发现或联系分析、模式发现或识别等技术。对数据库营销来说,发现驱动型技术可能更重要,能够帮助营销人员发现和认识隐含在数据背后的有用信息。

营销数据库对企业各级营销决策都有很大的使用价值。通过上述的数据处理技术,可以利用客户数据库来帮助企业选择适当的消费者,有针对性地进行沟通,提高反馈率,增加销量。也可以利用客户数据库成为反击竞争者的武器,数据库可以反映出与竞争者有联系的顾客特征,进而分析竞争者的优劣势,改进营销策略,提供比竞争者更好的产品和服务,拉近与顾客的关系。利用数据库可以及时记录营销效果的反馈,用来利用分析市场活动的短期和长期效果,并提出改进方法。

三、数据库营销意义

数据库营销是符合现代营销观念的一种营销形式,它可以帮助企业实现多方面的需求,提升企业的核心竞争力。

1. 宏观方面——市场分析与实时反应

(1) 数据库营销能让营销者获得准确的市场定位与预测。通过对客户数据库中各种原始数据,以及顾客年龄、性别、人口统计数据和其他类似因素进行数据分析,能够对顾客购买某一具体货物可能性作出预测;也可以根据数据库中的客户特征信息有针对性地制定营销策略,并对市场、销售、服务一线人员提供的关于消费者在产品质量或功能上的反馈信息进行分析,根据消费者需求来决定产品的特征,并帮助制定合适的价格。可以比较不同地区市场销售业绩,通过外部数据来找出数字背后的原因,挖掘市场潜力。

比如,超市营业者可以利用数据库记录每位会员顾客的详细购物资料,并将该会员顾客的人口统计数据资料和过去购物资料相结合,进行数据分析。这样,营销者能迅速知道不同类型的消费者对新上架的某种商品或新推出的营销方案有何不同的反应。

数据库营销能帮助向特定顾客交叉促销(cross-selling)特殊的产品或服务,以获得准确的客户定位。例如,美国的西尔斯公司对每位购买家电的顾客保留详细的交易记录,包括其是否购买相关维修合同的信息。那么西尔斯就可以根据这些信息,向那些未购买家电厂商提供的维修服务合同顾客来推销自己特殊的维修服务合同。同时,西尔斯的其他从事保险、房地产中介的子公司也可以利用这些资料进行交叉推销。当然,从事房产中介的子公司也可将其销售资料用于家电产品的促销。一般而言,刚购换新房的顾客总是需要相应的家电产品,这样的家庭一定会对家电广告信息的反应率更高,这就使得西尔斯的家电促销将更有针对性。

(2) 数据库营销能够更准确地识别顾客的需求和数量,从而可以对产品市场定位和预测作出准确的判断,为"大量定做"(mass customization)奠定基础。客户数据库可以精确了解每一位的年龄、性别、爱好特征和历次交易记录等信息,以及市场、销售、服务一线人员提供的关于消费者在产品质量或功能上的反馈信息,这些都是建立在个体层次之上的。所以,营销者可以从产品特征和数量上准确地确定目标客户的需求,进而进行"大量定做"来满足顾客的个性需求。这样既可以享受大量生产带来的规模效益,又可以最大限度地降低库存、降低经营风险。

《幸福》杂志 1997 年 11 月刊曾报导过总部位于美国康涅狄格(Connecticut)的 Customfoot 公司,利用数据库营销实施"大量定做"策略,效果卓越。顾客在公司的 6 家连锁鞋店里,可以任意选择鞋样、颜色和皮革,店内专业配备的电子扫描仪可以精确测出顾客左、右两脚的形状与大小。这些顾客的个性化信息通过网络传输至中央数据库,经过整理分析后再传输至公司设在意大利佛罗伦萨的办事处。最后这些订单会再分别下发给意大利 6 家专门为世界顶尖品牌加工的鞋厂制作。顾客一般在 3 周内就可以取到自己参与设计的、完全符合自己需求的个性化皮鞋。

(3) 数据库营销可以帮助营销者发现新的市场机会,并能搜集到新产品、新服务的设想。营销者可以针对特定的顾客进行长期观察与跟踪,深入了解个体层次上顾客的需求,从已有的顾客数据中发现新的销售机会,增加效益。

美国大型的连锁超市 WalMart 很早就使用了柜员机,收集了大量的消费数据。NCR 在对沃尔玛连锁超市的数据进行分析之后,发现一组很有趣的数据:客户购买尿布的支持度为 5%(即每 100 个人中有 5 个会买尿布),但购买尿布同时又购买啤酒的信赖度高达 80%(即这 5 个人中有 4 个同时购买了啤酒)。尿布和啤酒,这让许多行销专家们跌破眼镜。在一片质疑和反对声中,WalMart 还是决定尝试一下,将尿布和啤酒摆放在一起,结果令人大喜过望——两个产品都销量大增。原来在有婴幼儿的家庭里,一般母亲会留在家中照顾孩子,父亲出去购买东西。父亲去一趟商店肯定不会只买包尿布,他一定也会购买一些他自己想要的东西,比如啤酒。如果这个父亲买不到他自己想要的东西,那么下次他就不会再来这个店;反之,他就会成为常客。婴幼儿用品竟然和男士用品的销售有关,这个发现为商家带来了大量的利润,但是如果没有数据库系统,人们将很难从浩如烟海却又杂乱无章的数据中,发现啤酒和尿布的销售间的联系。

另外,在新产品研发方面,数据营销可以通过与顾客的互动中获取发现解决顾客问题的新产品的思路。比如,著名的通用电气公司就要求它的设计工程师直接与最终消费者交谈,以获得有关新的家用电子产品的设想[55]。

2. 微观功能——充分了解每一位顾客

在数据库营销过程中,企业的市场分析和营销决策是在个体水平上计划和实施的,因而它是在一对一的基础上展开的营销。因此,营销者能与众多单个目标化的顾客进行直接联系和沟通,也能够迅速对与各个顾客接触的有效性进行评价,并及时调整。

(1)数据库营销能帮我们发现有价值的准顾客和最有价值的顾客。从商业实践来看,能够真正给一个企业带来丰厚利润的顾客一般只占所有顾客总数的20%左右。这些最佳顾客的盈利率是最高的,因而企业需要对他们保持足够的警惕,以防止竞争对手对他们发动攻击。然而,大部分企业的营销策略是尽可能多地获取顾客,却花很少的精力去保护自己的重点顾客和剔除不良顾客。利用营销数据库可以增强我们微观观察数据的能力,通过顾客区分统计技术,分析每位顾客对企业业务构成的贡献,计算每位顾客的盈利率,了解哪些是企业的重点客户,在维持这部分客户的基础上,抢夺竞争者的最佳顾客,并大力培养自己极具潜力的顾客,去除自己的劣质顾客。

(2)营销数据库的运用能帮助营销者提高客户服务的效率,保持与顾客良好的关系。客户服务已经逐渐成为越来越激烈的商业竞争中取胜的关键因素之一。对于营销者而言,已有的顾客基本资料加上交易信息及客户服务的过程中形成的数据,是取得高效与满意的客户服务的关键。美国通用电气公司的营销数据库中,包括所有顾客的居住地域、人口统计和心理统计特点,以及购买电器历史等信息。这些数据资料,对通用电气为消费者提供有效的售前、售中和售后服务提供了强有力的支持。持续良好的客户服务,使得营销者可以与客户建立长期友好的关系纽带。

(3)数据库营销可帮助营销者保留忠诚顾客,增强顾客对企业及产品的忠诚,促使顾客重复购买。现在很多的百货商场都推出 VIP 卡优惠活动,营销者通过专门设计的贵宾卡数据营销系统来增强重点客户的忠诚。

著名的洲际酒店(InterContinental Hotels)也为经常入住的商务成员建立了详细的顾客个人数据库,包括顾客对客房类型(吸烟、非吸烟)、床型(双人、单人)和楼层的偏好,以及其他细节,如特别的饮料或水果等,以便更体贴和周全地为客人服务,提高客人的回住率。

可以看出,数据库营销对于企业的营销决策与战略方面有着非常重要的作用。随着信息技术的发展与全面应用,企业应用信息技术的成本将越来越低,技术对企业营销效果的贡献率也会越来越高。面对激烈的市场竞争,越来越多的经营者将会全面导入数据库营销,数据库营销也将会成为企业营销决策中一个非常重要的组成部分。

数据库营销缩短了商业企业与客户之间的距离,有利于培养和识别客户忠诚,与客户建立长期关系,也为开发关系营销和"一对一"营销创造了条件。

第三节 一对一营销理论

"一对一营销"[36]的思想是由博士 Don. Peppers 和 Martha Rogers 在他们的畅销书《一对一的未来:与客户逐一建立关系》中提出的。"一对一营销"自提出以来,一直受到商界热烈的推崇,随后网络信息技术的快速发展也大大提高了"一对一"思想的应用,可以说,一对一营销是现代市场营销学实践的重大突破。

大众营销是开发出一种产品后努力去为之寻觅顾客,而一对一营销则是培育出一位顾客后努力为其搜寻产品,这是两者的本质区别。一对一营销是满足顾客个性化需求的活动,要求一切从顾客需要出发,通过设立"顾客库",与库中每一位顾客建立良好关系,开展差异性服务。从理论上讲,每一位客户的需求都具有唯一性。从市场的角度看,每一个客户都是一个细分的市场。如何有针对性地向客户提供产品和服务,如何把握客户的需求,并以最快的速度作出响应,即如何吸引并保持客户是一对一营销的核心。例如,一家干洗店不是千方百计地寻觅城中尽可能多的干洗顾客,而是要从现有的每一位顾客中获取更多的生意,确保为他们每一个人永远地做好所有的干洗、修改、特种洗涤等各项服务,同时赢取忠诚客户推荐来的生意。

"一对一营销"的核心思想是:以"客户份额"为中心,重点开展与客户互动对话,以及为客户提供"定制化"的服务和产品。"一对一营销"的企业从关注市场占有率到关注个体客户的"客户份额"上来,重点关注本企业产品在客户所拥有的所有该类产品中的份额,并努力提升对这个份额的比例。

Don. Peppers 和 Martha Rogers 指出:一对一的营销发生在你与客户互动的时候。当客户告诉你他需要什么时,你根据客户的需求来改变自己的行为,这就被称为"一对一营销"。"一对一营销"就是企业根据客户的特殊需求来相应调整自己的经营行为,它要求企业与每一个客户建立一种学习型关系。一对一营销目前正在以各种方式影响着全世界的每一家企业、每一个行业,美国航空、第一联合银行、通用电气、戴尔、惠普、甲骨文等众多的知名公司都正在逐步运用这种营销模式。

一、"一对一营销"的核心理念

1. 客户占有率(customer share)

"一对一营销"的核心是以"客户占有率"为中心,通过与每个客户的互动对话,与客户逐一建立持久、长远的"双赢"关系,为客户提供定制化的产品。目标是在同一时间向一个客户推销最多的产品,而不是将一种产品同时推销给最多的客户。

Don. Peppers和Martha Rogers认为,企业应该采用新的营销思维模式,将营销的焦点从市场占有率(mark share)转换到客户占有率上来。客户占有率也就是指一个客户的"钱包占有率"(share of wallet, SOW),即企业在一个客户的同类消费品中所占份额的多少。SOW是衡量客户忠诚度的一个重要指标,客户份额越大,企业对该客户的占有率也就越高,客户对企业也就越忠诚。占据了客户份额的企业也就真正地得到了客户的芳心,拥有了客户的忠诚度,则不管市场风云如何变幻,企业也可以在某种程度上立于不败之地。"一对一营销"鼓励企业建立客户的基础,认为企业应该思考如何增加单个顾客的营业额(也就是在一对一的基础上提升对单个客户的占有),而不是竭力追求增加市场的占有率,只考虑如何将更多的资金与精力投放在市场上以获得营业额的提升。一般大众市场推广的做法是开发一种产品,然后试图为该产品找到客户。但一对一营销则是以客户为中心,开发一个客户,然后试图为该客户寻找适合的产品。因为提升已有客户消费金额所需的成本往往是低于新开发一个客户的成本,因此提升客户占有率是有助于提升公司的利润。同时,当企业致力提高现有客户的消费金额同时,也正在与客户建立一种更长远和稳固的客户关系,而这有助于提升客户的终身占有率,亦即"终身钱包占有率"。

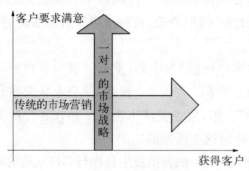

图3-2 追求市场份额和追求客户份额的营销战略比较

资料来源:Peppers D, Rogers M. 客户关系管理[M]. 郑先炳,邓运盛译. 北京:金融出版社,2006.

对于追求市场份额和追求客户份额的不同企业,它们的竞争方向与目标是不一样的,可以如图3-2所示。

对于传统的以追求市场份额为竞争目标的企业而言,其发展的方向就是去获取更多的客户,占据更多的市场份额,即不停地拓宽水平线,争取更多的客户。而以客户份额为竞争目标的企业,其发展方向是保留客户的时间更长,并让他们发展壮大,购买更多的企业产品与服务。

传统的市场营销型公司会把客户

视为对手,公司与客户之间的关系是"零和游戏",只要顾客多得了利益,那么企业就会失去相应的利润。在本质上,客户与公司之间的利益是对立的。而以客户为中心的企业,会把交易对象放在一个更长期限的关系中来考虑,那么实施"一对一"的企业如果考虑到它与客户的关系在长期范围内是有利可图的,那么即便在某一笔单次的交易中有损失,它也会愿意达成交易。实施市场份额战略的公司与实施客户战略的公司行为的不同点,如表3-3所示。

表3-3 市场份额战略与客户份额战略的比较

市场份额战略	客户份额战略
产品经理(或品牌经理)一次对尽可能多的客户推销一种产品	客户经理一次对一个客户推销尽可能多的产品
通过产品的不同来与同业竞争者区分开来	通过客户的不同来与同业竞争者区分开来
把产品卖给客户	同客户一起工作,一起努力创造
持续地去寻找新客户	持续寻找已经拥有的客户继续开展新业务合作的机会
利用大众媒体来建设品牌,宣传品牌和发布产品	通过互动式的交流来了解单个客户的需求,同每个客户进行交流

资料来源:Peppers D, Rogers M. 客户关系管理[M]. 郑先炳,邓运盛译. 北京:金融出版社,2006.

2. 客户的保有和开发

"一对一营销"理论认为,开发一个新客户所花费的成本要远高于保持一个现有客户的成本,前者约是后者的5倍左右。从目前的经验来看,大部分企业每年平均有25%左右的客户会流失。若企业能将客户流失率降低,利润将会有惊人幅度的上涨。因为如果企业能够让已有的顾客消费得更多,那么企业就可以享有更长期、更高额的利润收益。同一位顾客,只要再多向你购买一件商品,这一单位商品的利润就会有成倍的增长,在一个忠诚客户的身上所花费的营销成本是远远低于新客户的,这样也就使得最后一单位商品的成本利润比大大降低。

3. 与客户沟通

"一对一营销"中非常重要的一个观念就是,你不仅要了解客户的总体情况,同时还要更深入数字背后去了解每一位顾客具体的感受与需求。对于企业而言,重要的不是对所有客户了解多少,而是在于对单个顾客的了解程度。这种了解是通过双向的交流与沟通。就像交朋友一样,认识之后,持续地交往与交流才能让这种关系得以保持并加深。从这样深入的互动中,可以帮助企业了解到比一般市场调查能获得更多的信息,也有利于帮助与客户建立信任与忠诚的关系。

目前的技术手段可以让我们充分做到这一点。互联网、呼叫中心及其他IT技术平台都使我们很容易地做到与"顾客互动"。与顾客互动最关键的一点是让客户参与你的销售、生产及服务的过程。

大家经常谈及戴尔公司,它是真正在业界实现"一对一"思想最为彻底的公司之一。它的 Premier Page 的成功运作,能充分说明"与顾客互动对话"的可操作性与良好的效果。戴尔是最早为它的客户在自己的网站上建立了"一对一"界面的企业之一,顾客登入到这个系统,里面的资料就好像为它专门准备的,其实也的确是专门为它准备的。里面有该顾客与戴尔发生过交易的所有信息、戴尔曾经给过顾客的报价、售后服务信息,更有专门的直销价格与推荐机器。这种直销价格针对不同的客户是不同的,给你的价格只有你在自己的 Premier Page 中才能看到。所推荐的机器也可能是不一样的,因为戴尔为顾客公司的不同的喜好、不同的 IT 架构作不同的推荐。同样,顾客可以在这个 Page 里配置自己想要的机型、发布自己的需求与对戴尔产品及服务的意见与建议。不仅仅是这个 Premier Page 本身,顾客也可以透过 800 电话、传真、电子邮件与戴尔进行对话,戴尔设在厦门的客户服务中心有专门的内部销售代表负责与不同顾客保持这种交流。在此模式中,客户全程地参与到戴尔的生产、销售及服务的各个环节,客户不再是企业的外人[56]。

4. 学习型关系

"一对一营销"鼓励企业与每个客户进行交互式对话,在对话中,客户会指出自己所需要的产品或服务,而企业则为他们提供所需要的东西。所谓学习型关系,是指企业每一次与客户的交往都使企业对该客户增长一份了解,客户不断地提出需求,企业就不断地按此需求改善产品和服务,从而使企业不断地提高让该客户满意的能力。客户在这种合作关系中会提供意见,并具体详细说明自己的要求,这亦是客户对企业进行教育的过程。与对企业最有价值的"金牌客户"建立学习型关系尤为重要。与客户建立学习型关系的时间越长,客户离开的成本就越大。客户需求变化得越快,客户就越珍惜与企业的这种学习型关系。客户向企业表达的需求获得的满足越多,那么客户就会越不愿意购买企业竞争者的产品或服务,来对竞争者进行重新培训。客户与企业的一对一交流得越深入,就越能帮助企业在进入壁垒上设置屏障,阻止竞争者进入,以保护企业在客户身上所作的投资。企业与客户之间的学习关系就是与客户的一次次的交流,随着交流的加深,企业与客户之间的关系也就"愈加聪明",这也就是所谓的"干中学",这种学习关系是一对一企业策略的中心动力。与客户保持长期的学习型关系,企业不仅可以留住客户,而且还能够扩大盈利空间。

一般而言,企业与客户建立学习型关系主要有四个重要的步骤:

(1) 通过与客户的互动与反馈,探索客户的需求。

(2) 为客户提供按客户需求定制的商品或服务,并且记住这些商品的特征。

(3) 继续与顾客进行互动,并寻求其深度反馈以便更深入了解客户的个人需求。

(4) 根据客户的反馈不断修正客户需求,并尽力满足客户以留住客户。

5. 客户定制

客户定制(customization)不仅涉及销售模式的调整,也涉及生产、库存、采购、财务结算等企业生产链条中的方方面面。因此,客户定制往往被看作是"一对一营销"中最难实现,也是最重要的一部分。

Don. Peppers 和 Martha Rogers 认为,客户可以通过以下的一些方式来实现"客户定制",这些在实现起来并不需要对现有的产品和生产模式作很大的变动。比如通过捆绑销售,改变产品配置、包装大小,提供指定送货时间地点服务,辅助售后服务,以及提供不同支付方式等。

二、"一对一营销"的战略

Don. Peppers 和 Martha Rogers 将"一对一营销"的战略流程分为以下四个阶段[36]。

1. 客户识别

企业在启动"一对一营销"之前,需要与大量的顾客通过各种渠道进行接触,尽可能了解顾客。在前期了解客户阶段对顾客信息的收集、整理和储存时,企业应当摒弃陈旧、原始的采用笔记、口述、电话、纸质文档、传真等手段进行顾客信息的收集、整理和储存的方式。否则,宝贵的顾客信息就会因为人为的原因使记忆模糊、遗忘、遗失、错记、漏记等而浪费掉。企业应建立顾客资料数据库,和市场信息分析处理中心进行信息的整理、分析和储存,而各销售组织则尽量地采用录像、录音、数码快照、电子邮件、个人数据传输设备等方式进行工作。在对他们充分了解的基础上,进行价值分析和识别,这为企业以后能区别对待客户做好准备。企业不仅仅要知道客户的基本资料,更重要的是,要把握每一个接触点,了解他们的习惯偏好等更深层次的信息,而不是仅仅只局限于一份问卷。

2. 区分不同的客户

绝大多数公司都不会把产品或服务仅供给某一个客户,而是提供给一个客户群。在这个客户群内不同的客户对企业带来的利润是不同的。1897 年,意大利经济学家帕累托发现了著名的"80/20 定律"。100 年后,美国的理查德·考齐推出了《80/20 法则》一书,详尽地解释了这条实用的法则。他指出:在因和果、投入和产出、努力和收获之间本来就存在着不平衡的关系。典型的情况是 80%的收获来自 20%的努力,80%的利润来自 20%的客户。当然,80/20 法则并不是精确的数学式,但是它的可贵之处在于:在不精确之中寻找到了一条精确的平衡关系。根据这个法则,在公司的客户群里,一小部分是带来利润的关键客户,一部分是不赚不亏的一般客户,还有一部分是赔钱的不合适客户。识别客户的目的,最主要在于每一次我们和客户联系的时候可以认出每一个客户,并且把那些不同的数据、不同的特征联系起来,构成我们对于每一个客户的完整印象,了解客户与其他客户相比是怎样的不同,这有助于企业把它的资源分配给那些能够为企业带来最大价值的客户,也有助于企业实施专门的客户化战略,为满足单个用户的各种不同需求而设计出不同的产品与服务。将客户细分,对于了解客户偏好,更有力地服务客户是非常关键的一步。

在第二章中的客户价值管理中,已经介绍了目前普遍使用的根据客户价值区分客户的几类方法,它们也是目前行之有效的区分客户的方法。

3. 保持与客户的积极、良性的接触

与客户互动的主要原因在于可以从客户那儿直接获取更多的信息,进而向该客户提供任何竞争对手所不能提供的服务,因为他们不拥有这些信息。管理单个的客户是很困难的事情,也是一个持续的过程,这需要客户和企业双方都深入地参与其中,并且都相互了解对方。为了达到这种关系,企业就必须尽可能地去接近其客户。它要求企业必须做到以其竞争对手无法做到的方式了解客户,而要了解客户,要理解一个客户,要从客户那儿得到信息,唯一可行的办法,就是同他进行互动———一对一的互动。

Peppers认为:"和顾客每一次的互动,都是一个学习的机会。"企业与每个客户进行交互式对话,在对话中,客户会指出自己所需要的产品或服务,而企业则为他们提供所需要的东西。企业应该把握住每一次和消费者对话的机会,以循序渐进的方式建立"学习关系"。而要做到真正地与顾客互动对话,必须符合下列五条原则:

互动中的双方都已经清楚地被对方所识别。

交谈的每一方都必须参与,任何一方都必须有办法与另一方沟通。

交谈的每一方都愿意参与谈话。也就是说,一对一交谈的主题,必须对企业和客户双方都有利益。

交谈可由任一方主导。也就是说,对话的主题可以按照任何一方的选择来进行和发展。

企业与个体客户的交谈,将影响企业对这位客户的行为,也会影响客户对企业的行为。

向顾客提供任何类型的对话工具,都使得企业能够同每一个客户建立更加深厚、更有盈利能力、更少竞争压力的相互关系。计算机产业及信息技术的高速发展,为企业与客户提供了越来越多的沟通选择,如现在有些企业通过网络站点向他们的目标客户传输及获取最新、最有用的信息,较之利用客户拜访中心大大提高了效率。此外,还要积极开拓各种"自助式"接触渠道,如利用互联网上的交互代替人工的重复工作。当然,传统的沟通途径,如人员沟通、客户俱乐部等的沟通功效仍不能忽视。

对于互动,从客户的角度而言,企业应将电话、传真、Web、无线接入等多种交流渠道进行高度集成,使企业的客户无论通过何种渠道、何种地点、何种时间,都能够以自己喜欢的方式通畅地与企业进行交流。比如,一个客户前两周发邮件过来订购公司的产品,今天又打电话过来,询问他的订单的详细情况,那么我们的企业都必须能够迅速和有效地对该客户的所有问题作出回应,而不管这种互动是以什么方式开始、什么方式进行的。同时,企业也必须能够利用这多种联系渠道的协同对客户作及时的反应,并提供准确、一致及最新的消息。交流渠道的集成,形成了企业与客户沟通的统一平台,使客户避免了向企业的不同部门、不同人员重复相同信息的麻烦,从而使客户的问题或抱怨能更快地和更有效地得以解决,即提高了员工与客户接触的效率和客户反馈率。

为提高与客户接触的效率,需要及时充分地更新客户信息,加强对客户需求的深度透视,形成精确的"客户知识视图"。若每次与顾客交流之前,不清楚已经与顾客交流了哪些内容、在何时发生,那么必然会发生重复交流内容的现象,浪费企业与客户精力。因此,企业服务人员需要充分了解上次的个性化交流或联系是在何时、何地发生,已经进行到哪里,那么此次的交流就从这个"断点"开始,不管上次联系是发生在昨天晚上还是前一个月,不管是在某一特定的场所还是在网上,从而连出一条绵延不断的客户信息链。企业对客户了解的信息越多,那么该客户叛逃到其竞争对手那里的难度也就越大,其成本也越高。

当然,这种互动在企业实践应用中还有一些问题必须要注意。例如,当企业拥有了一套功能强大的一对一的网络营销工具的时候,就必须要小心思考应该通过怎样合适的方法向客户要求取得他们的个人信息。首先,不要在一开始就要求客户提供所有的信息,在这样一个市场和客户都在急速变迁的时代中,学习型关系的建立是需要一段时间的。其次,要让客户有自主选择权,客户能自由选择填写自己愿意提供的信息,这样可以获得客户的信赖。再次,要尽力让客户觉得他们因为提供给企业个人信息而能够获得一定的益处,也就是说,让客户觉得他们所提供的信息与他们所获得反馈服务是等值的。最后,要有一套保护客户隐私的政策,这能增加顾客在这样的学习型关系中的信心与安全感,也有助于企业长期维持这样的学习型关系。若企业可以让顾客很方便地提供个人信息资料,那么企业就会有更大的几率去深入地了解顾客,也就有更大的可能促使客户能再次与企业发生交易。在互联网信息技术如此发达的今天,我们可以充分地利用网络,以及其他交互式媒体让顾客非常便利地与企业分享自己的想法,而不仅仅是通过营销人员或销售代表或客户服务支持人员与客户进行面对面的交流与沟通。比如,你可以通过为客户提供一些有吸引力的因素,让他们成为学习型关系中的一员。这些有吸引力的要素可以是免费的电子邮箱、免费的服务、折扣,或者其他优惠等[6]。

在保持有效良性的接触交流方面,企业可以通过如下的活动来进行:① 可以自己扮作企业顾客,尝试在多种业务场景下,给自己的客户联系部门进行电话或其他渠道的沟通,来检验企业是否能有效地记录客户信息反馈,并检验得到满意解答的难易程度;② 可以尝试给竞争对手的客户联系部门打电话,来比较服务水平的差异;③ 将与每一位顾客的联系都视为一次销售机会,为之提供特价、促销,或者使用产品等信息;④ 对企业内部其他记录客户信息的来源进行跟踪,以提高响应顾客的效率。

同时,也可以通过一些方式来与客户进行个性化的交流,如起草专门的信件、有特殊的问候、负责联系人员或领导的签名,而不是批量发送的邮件。也可以根据客户的特点,选择最合适的联系方式,并能及时地将各种渠道的客户信息进行整合。我们与渠道客户的沟通交流平台和措施选择,视该客户的级别与价值而定,可以是数字化、网络化的,也可能是电信化的和人工化的。譬如,宝洁公司对于他们的全球最大客户沃尔玛,一大批的管理人员都在阿肯色州的最大现场办公室工作,因为这里与他们的顶级顾客沃尔玛相邻,在办公室里,一套巨大的网络平台系统与沃尔玛连接,24小时不停地工作,沃尔玛的存货情况、即时的产品需求、补货数量、时间、顾客的意见都以最快的速度传输到宝洁公司办公室,使得宝洁公司能够随机应变,快速地根据市场变化调整策略。

对于级别较低的渠道客户宝洁公司则采用电话、传真、普通互联网络、邮寄、人员等方式进行沟通和了解。宝洁公司还会要求各分销商人员,或者定期派出市场人员渗透到其他各类终端进行沟通,在帮助销售的同时随时向总部反馈来自渠道客户和当地市场的信息。

思科公司专门与市场渠道成员建立了内部的互动沟通的平台,每个渠道成员都可以和思科总部链接,他们可以随时进入公司网络,读取最新信息,反馈意见、提出建议、要求,甚至抱怨等;他们还可以通过网络与其他同是思科渠道客户的商家沟通交流,交换信息。思科公司会根据渠道客户的反馈调整合作策略,努力地实现与渠道客户的"无缝对接"关系,有效地推动市场的拓展。

与渠道客户沟通交流相比,企业与最终顾客的交流面更广,沟通的接触点也就更多,企业就必须通过多种方式尽可能地挖掘企业的产品、服务、广告宣传途径中与顾客的接触点,在一些重要的接触点上设置与顾客的反馈沟通的装置[57]。

4. 提供个性化产品或服务

在经历了前三个阶段,企业知道了顾客所想之后,就要进入为顾客量身定制产品和服务的环节了。企业最终目标就是要针对不同的客户提出的特殊需求来调整自己的营销过程,甚至可能包括调整前期的设计、生产制造等过程,以提供个性化的产品和服务。这也是一对一营销中极其重要的一环,被称为"响应顾客需求"。企业如何来对产品和服务进行个性化的调整与改进是一个非常复杂的过程,需要不断地学习和摸索。当企业的各个相关部门在接受客户的"培训"、向客户的"学习"过程中,形成了一些行之有效的调整产品和服务的具体方法,那么这将成为企业核心竞争力的一个重要组成部分。

企业的对策可能是大批量定做,也可能是小批量的定做,既可能大范围的定做,也可能是小范围的定做。通常这种定做流程包括预先做出一种产品的数种或数百种模块,然后把正确的模块组合在一起以满足个体客户需求。

譬如,著名的李维斯(Levis)牛仔服即是如此。顾客来到商店里选购款式和布料,然后现场的售货员会为你量尺寸,并立即输入电脑数据库,这个数据库与李维斯的设计部门、工厂和市场营销及客户服务部门紧密链接,你只需坐等片刻,或者是第二天取货即可,无论是大小、尺寸、款式风格都如你所想。甚至会应你的要求在领口或袖口绣上你的姓名,或者其他你喜欢的图案。其实李维斯也并非就真的为每一个顾客都单独制造,就如我们前面所说的那样,工厂会按照各种尺寸、大小款式、风格制造出大批的模块,接到前方的顾客数据之后,即现场拼接就行了。而顾客获得的感受就不一样了,因为"你是专门为我生产的"。

更高价值的商品,如奔驰和劳斯莱斯就是为按照顾客们对于豪华、气派、安全、个性等要求而定做的各类风格各异的轿车。

当然定做还包括了产品包装、顾客偏好的附加特色、商品的物流运送、结账方式,甚至是对销售人员选择的需求都包括在内。总之,根据不同价值、不同需求的顾客的喜好设计定制他们想要的产品和服务,凸显专门化、个性化特征,满足顾客的价值感和尊崇感,即是一对一定制的目的[57]。

上述四个阶段中的前两个即"客户识别"和"区分不同的客户",属于企业的"内部分析";而后两个阶段则重在"外部行动"。企业应逐步实现由内到外的一对一营销。

思 考 题

1. 关系营销含义是什么?与交易营销相比,其特点是什么?
2. 关系营销策略有哪几个层次?结合自己所熟悉的商业现象进行分析。
3. 一般数据库营销过程分为几个步骤?数据库营销意义如何?
4. 客户占有率含义是什么?实施市场份额战略的公司与实施客户战略的公司行为有什么不同点?

第四章

CRM 应用系统

第一节 CRM 应用系统分类

美国著名 IT 研究机构 Meta Group 公司认为 CRM 可以分为三类,这一分类基本得到业界的一致认可。

这是基于 CRM 系统功能侧重不同来进行分类的,一般情况下,人们称这三类 CRM 系统分为运营型、协作型和分析型。

运营型 CRM 可以帮助我们实现营销、销售、服务等环节的流程自动化,达到利用 IT 技术来提高我们的运营效率、降低运作成本的目的。运营型 CRM 主要包括销售、市场和服务三个过程的流程化、规范化、自动化和一体化。在销售方面,包括销售信息管理、销售过程、定制销售过程、监控销售、预测销售、信息分析等,如客户与联系人管理、销售机会管理、待办事宜与工作流、产品的报价和配置渠道、销售管理、合同制定和管理网上订购、销售的预测和统计报表、竞争对手的跟踪、合作伙伴的信息、漏斗报告成本分析和销售预测。在市场营销方面,提供市场营销活动信息管理、计划预算、项目追踪成本明细、回应管理、效果评估等功能,帮助企业管理者清楚了解所有市场营销活动的成效与投资回报,如市场预算和收入跟踪管理、市场活动管理、活动反响跟踪、促销内容管理、市场宣传资料、工作流自动化、任务管理市场、衡量指标时间表管理、电话促销管理、邮件促销管理、Web 促销管理。

运营型 CRM 收集大量的客户信息、市场活动信息和客户服务的信息,并且使得销售市场服务一体化、规范化和流程化。但是对于大量的客户信息将如何处理,如何从数据中得到信息,从信息中得到知识,对决策和政策制定加以指导,则是分析型 CRM 着重解决的问题。

协作型 CRM 全方位地为客户交互服务和收集客户信息,实现多种客户交流渠道,如 Call Center、面对面交流、Internet/Web、Email/Fax 等集成起来,使各种渠道融会贯通以保证企业和客户都能得到完整准确和一致的信息。

在 CRM 从无到有的过程中,运营型及协作型的软件产品对整个产业起到了非常重要的作用。通过以上两类 CRM 系统应用,我们主要解决的是围绕客户信息进行的各个部门的协同工作,以及各个部门内部的工作效率问题,其中最重要的解决了以下的问题:如何收集客户信息?谁来收集客户信息?收集什么样的客户信息?与某个客户相关的所有信息是否是整合的?每一个与客户打交道的人员是否都了解公司其他人与客户的联络?对不同的客户是否能够提供不同的服务?

对于多数已经和正在考虑应用 CRM 的企业来说,这是不可或缺的步骤,通过运营型与协作型 CRM 的应用,企业将 CRM 的概念和基础数据的采集从无到有地建立了起来。但是,在大量的客户数据很快积累起来之后,对数据的分析将成为重担。因此,企业需要专门的工具来对已经获得的客户数据进行分析,这就是分析型 CRM 的功能。

分析型 CRM,也叫做 BI(商业智能),是在以上两种系统功能的基础上,提供商业智能,最终使得我们将宝贵的客户信息转变为客户知识,将企业原有的客户信息管理系统提升到客户知识管理系统的高度,从而为企业的经营决策提供可靠的量化依据。

分析型 CRM 一般需要用到一些数据管理和数据分析工具,如数据仓库 OLAP 和数据挖掘等。把合适的产品和服务通过合适的渠道,在适当的时候提供给适当的客户,这是 CRM 的核心。分析型的 CRM 是一种处理大容量的客户数据的工具,为了获得可靠的信息支持策略和作战商业决策,为了给客户提供更好的服务以赢得客户的忠诚,首先必须了解客户的效益率,通过客户的各种背景数据和其过去交易行为数据,建立合适的客户终身价值模型。按照客户的终身价值对客户进行分类,预测其未来的趋势,了解每类客户能为公司带来多少效益,从而能针对客户的实际需求制定相应的营销战略,开发出相应的产品和服务,对不同类型的客户提供他们最需要的服务和产品,公司才能优化利用其有限的资源,集中服务于所挑选的客户群体。这也是业界经常谈的"大规模定制"及"一对一营销"模式的核心思想。一般地,分析型 CRM 还会提供以下的分析与应用:客户群体分类分析和行为特征分析、大客户效益分析和预测、客户背景分析、客户满意度分析、交叉销售分析、产品及服务使用分析、客户信用分析、客户流失分析、欺诈发现、市场分类分析、市场竞争分析、客户服务中心优化等。

第二节 CRM 应用系统结构

一、CRM 系统体系结构

CRM 系统应能实现对客户销售、市场、支持和服务的全面管理,能实现客户基本数据的记录、跟踪，客户订单的流程追踪，客户市场的划分和趋势研究，以及客户支持服务情况的分析，并能在一定程度上实现业务流程的自动化。此外，进行数据挖掘和在线联机分析以提供决策支持，也是CRM的功能之一。

一般来说，整个CRM分为三个层次：界面层、功能层和支持层，如图4-1所示。

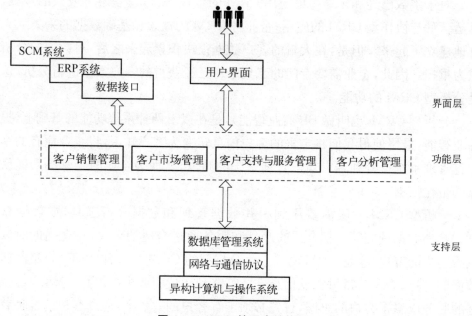

图4-1　CRM的层次结构图

资料来源：丁秋林，力士奇. 客户关系管理[M]. 北京：清华大学出版社，2002.

界面层是CRM系统向用户或客户进行交互、获取或输出信息的接口，通过提供直观的、简便易用的界面，用户或客户可以方便地提出要求，得到所需的信息。

功能层由执行CRM基本功能的各个分系统构成，各分系统又包含若干业务，这些业务可构成业务层。业务层之间既有顺序的，又有并列的。分系统包括客户销售管理分系统、客户市场管理分系统、客户支持与服务管理分系统，以及客户分析分系统。

支持层则是指CRM系统所用到的数据库管理系统、操作系统、网络通信协议等，是保证整个CRM系统正常运作的基础[7]。

二、CRM网络结构

CRM系统是建立在Internet和Intranet等Web技术基础之上，根据客户关系数据的特性（分散性、动态性、复杂性），从企业的实际环境（生产集中、市场分散）出发，其网络体系一般采用的是浏览器/服务器（B/S）模式和客户机/服务器（C/S）模式的结合。对于处于企业内部的部门和用户，可以采用C/S模式，提高信息安全性。对于处于企业外部的部门和用户,如办事处、销售人员、外地服务处等,可视情况采用 C/S 或 B/S 模式,充分利用 Internet/Intranet 的便捷,实现随时随地对客户的服务。

1. C/S 结构

C/S 结构,即 client/server(客户端/服务器)结构,是大家熟知的软件系统体系结构。相对于早期软件大多采用的主机/终端体系结构,C/S 通过将复杂的网络应用用户交互界面 GUI 和业务应用处理与数据库访问及处理相分离,使得任务合理分配到 client 端和 server 端,降低了系统的通讯开销,可以充分利用两端硬件环境的优势。C/S 结构中,服务器与客户端之间通过消息传递机制进行对话,服务器接受客户端发送的请求后,进行相应的业务处理,将结果传送回客户端。C/S 结构系统应用开发简单,且具有较多功能强大的前台开发工具。但是因为应用处理留在客户端,使得在处理复杂应用时,客户端应用程序显得复杂肥大,限制了对业务处理逻辑变化的适应和扩展能力。当访问数据量增大、业务处理复杂,客户端与后台数据库服务器数据交换频繁时,易造成网络瓶颈。

为了解决这类问题,出现了采用三层 C/S 架构,将大量的数据库 I/O 操作集中于应用服务器,可以有效降低广域网的数据传输量,这样客户端不必安装数据库中间件,并可以简化系统的安装部署。业务逻辑集中于应用服务器,优点是,如果要进行修改,仅需要更新服务器端的组件即可,易于维护。当使用者数增加时,可扩充应用服务器的数量,提高系统的扩充性。

2. B/S 结构

随着 Internet/Intranet 技术的不断发展,尤其是基于 Web 的信息发布和检索技术,导致了整个应用系统的体系结构从 C/S 的主从结构向灵活的多级分布结构的重大演变。浏览器/服务器(B/S)体系结构,大大简化了客户端,服务器集中了所有的应用逻辑,开发、维护等几乎所有工作都集中在服务器端。同时,当企业对网络应用进行升级时,只需要更新服务器端的软件,而不必要更换客户端软件,减轻了系统维护与升级的成本和工作量,使得用户的总成本降低。

brower-server 架构,整个系统可以分为四层的结构:client(客户端)—presentation(表示层)—application(应用服务层)—database(数据服务层),这四层分别由浏览器(browser)—Web 服务器(Web server)—应用服务器(application server)—数据库服务器(database server)构成。B/S 结构以其强大的可扩展性、部署灵活性,逐渐成为了企业级应用程序的技术主流。

B/S 结构特点:在客户端使用标准的客户端软件——浏览器,大多数的个人操作系统已经包括浏览器程序,而不需要单独安装,这大大降低了客户端软件的安装、维护工作量。对一个稍微大一点单位来说,系统管理人员如果需要在几百甚至上千部电脑之间来回奔跑,效率和工作量是可想而知的,但 B/S 架构的软件只需要管理服务器就行了,所有的客户端只是浏览器,根本不需要做任何的维护。无论用户的规模有多大,有多少分支机构都不会增加任何维护升级的工作量,所有的操作只需要针对服务器进行;如果服务器和管理端是异地部署,只需要把服务器连接专网,就可以实现远程维护、升级和共享。而整个系统的业务数据均存放在单独的数据库服务器中,一般在服务器与客户端之间会设有防火墙软件,可以有效地保护企业数据的安全性。而客户端与 Web 服务器进行通讯时,采用的是 HTTP 协议,可以有效地实现移动办公,以及分布式的管理。在 B/S 的四层结构中,表示层与应用服务器层及数据库层分离,这样有助于实现系统的可扩展性。若系统需要支持更新的移动设备,如手机、PDA 等,只需要在表示层进行相应的调整扩充即可。若系统的业务逻辑发生变化,需要调整,则只需要在应用服务层进行维护。

越来越多的 CRM 采用 B/S 结构,如国内非常有名的 CRM 软件——Turbo CRM 采用的就是典型的 brower-server 架构,如图 4-2 所示。

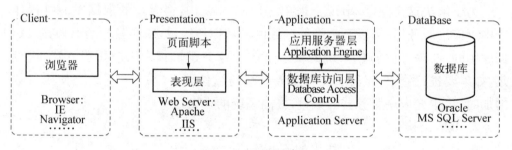

图 4-2 B/S 架构图

C/S 与 B/S 的区别:

与 C/S 结构相比,B/S 结构可以有效解决 C/S 结构面临的大量问题。C/S 因为采用 Intranet 技术,适用于局域网环境,可连接用户数有限,当用户数量增多时,性能会明显下降;并且,C/S 程序要求客户端与服务器在相同区域范围,客户端都要单独安装应用程序,同时客户端的软件需要针对不同的操作系统开发不同版本的软件。而 B/S 建立在广域网上,支持的用户数量更多,面向不同的用户群、分散地域,与操作系统平台关系最小,客户端与服务器端可以采用完全不同的操作系统,不需要单独安装客户端软件。

但 B/S 也有其自身的弱点。比如,在 B/S 结构中,只有少部分事务逻辑在前端(browser)实现,应用服务器运行数据负荷较重,一旦发生服务器"崩溃"等问题,后果不堪设想。在安全性方面,B/S 建立在广域网之上,对安全的控制能力相对弱,面向的是不可知的用户群;C/S 一般面向相对固定的用户群,对信息

第四章　CRM 应用系统

安全的控制能力很强。因此一般高度机密的信息系统采用 C/S 结构适宜,可以通过 B/S 发布部分可公开信息。

3. ASP 模式结构

ASP 即 application service provider(应用服务提供商),基于 ASP 模式的所有产品其实是一种业务租赁的形式。ASP 模式的 CRM 亦称为托管型 CRM。在 ASP 模式下,强调的是应用系统的应用而不是所有权,客户不再拥有应用程序,也不需要负责对程序内外部维护。客户在签订合同后,就可以通过浏览器连接到位于远端的、集中式服务器上的应用程序,然后在本地显示处理应用程序计算产生的结果。一般 ASP 服务商会通过一定的技术和措施保证每家企业数据的安全性和保密性。相对于传统项目型 CRM,它具有进入门槛低、成本低、风险小、易实施、不需维护软硬件等的特点,很好地解决了众多中小企业所面临的问题。

ASP 模式下的 CRM,本质上仍然为 B/S 结构,ASP 服务提供商会在提供服务的区域范围内设置多个 Web 服务器。使用 ASP 模式的 CRM 客户可以根据地理位置不同,选择访问本地最近的 Web 服务器,而数据库服务器集中在中心机房,其中 Web 服务器及数据库服务器均由服务商提供维护服务。

应用 ASP 模式 CRM 的一个案例[①]

XToolsCRM 是中国较早出现的本土 ASP 模式的 CRM 产品,主要面向中国中小企业用户,也是中国市场上较受中小企业欢迎的 CRM 产品之一。QM 商贸有限公司是一个典型的小企业,公司规模:25 人;销售队伍:16 人;本部:上海;分支机构:北京、深圳有办事处。于 2006 年选择了 XToolsCRM 产品对企业销售进行管理。

在选择过程中,有两个很关注的问题,一是数据安全问题,二是异地互联系统速度问题。XToolsCRM 在这两方面提供了相应的解决方案。

一、数据安全问题

确保用户商业隐私数据安全的隔离引擎技术"隔离引擎",是 XToolsCRM 为专门解决中小企业在租用模式下数据安全问题的创新技术,如图 4-3 所示。其作用是:把用户最担心泄露的商业数据保存在用户本地电脑上。

---

① 案例改编自:XToolsCRM 实施案例、IT168 应用案例,http://publish.it168.com/2005/0606/200506060000601.shtml? cPositionCode=06_0&cChannel=no。

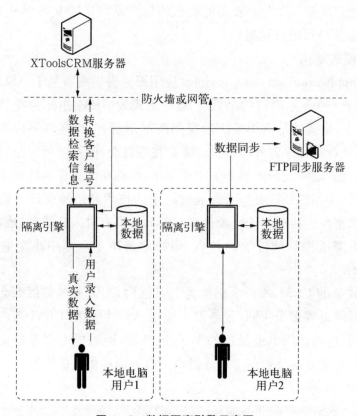

图 4-3 数据隔离引擎示意图一

隔离引擎从技术上彻底保证了用户的商业数据安全性,因为自始至终,这些重要数据都没有在服务器上保存过;对中小企业客户来说,和应用本地的软件没有安全性的差异。

商业数据隔离引擎以 ActiveX 的形式运行在客户本地的电脑上,如图 4-4 所示。商业数据隔离引擎为了确保客户的商业资料的安全,如客户的名称、联系方式、联系人等,隔离引擎把这些数据保存在用户的本地电脑上,而在服务器上保存的是与之相对应的序号。其运行时,同时使用服务器和用户本地电脑的数据。工作原理如下:

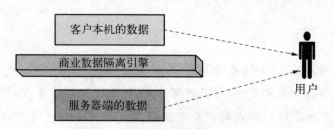

图 4-4 数据隔离引擎示意图二

用户在应用租用系统的时候,启动隔离引擎,可以同时应用本地数据和服务器上的数据，综合生成客户具体信息，而用户感觉不到有具体操作的差异。

二、各地互联中的服务器速度解决

QM公司的本部和办事处分处三地，3个办公机构都需要比较快速的网络连接速度，才能保证系统的正常运行。由于中国网络大环境的现状，网通、电信等大的运营商有区域的划分，所以不管是用北京托管的服务器，或者上海、广东托管的服务器，都不能同时保证三地都快速。

对于分支机构的管理，跨地域是必然的。XToolsCRM的开发人员为这样的公司设计了一种特殊的访问模式。

我们知道，处于主干网的各个机房之间连接数度是很快的，受电信和网通区域的影响很小，因为大家都在主干线路上，比用户上网访问快得多。具体的差异要根据各个机房之间的路由和线路级别而定。

XToolsCRM正是采用这一特点，为一个跨地域管理分支机构的QM公司设计了一种"双层访问结构"。其原理是：

各地的分支机构访问本地最近的Web服务器，数据服务器集中在中心机房，数据的交换不直接由用户和中心服务器完成，而是由各地的Web服务器和中心数据服务器之间完成，然后再由各地Web服务器交换给用户。

这项技术并不是最新的，但是应用在租用服务中，却可以非常有效地解决用户的跨地域管理问题。特别优秀的是：如果用户自己托管服务器，一般都无法承担多台、多区域的托管和管理；而租用服务的规模优势凸现，客户得到的价值扩大。

鉴于电信、网通、铁通等网络支持的路由方式不同，访问各地服务器速度差异较大，以及目前的用户主要分布情况，XToolsCRM分别在北京、上海、广东等地架设多台服务器，方便各地用户快速登录系统。

第三节 CRM系统常见模块介绍

一、销售自动化(SFA)

我们知道，CRM系统最初的雏形就是SFA(销售管理自动化)系统，随着技术和应用的逐渐成熟，CRM系统的功能在不断地扩展。CRM发展到今天，其中的销售自动化模块已经相当成熟。销售自动化也就是将销售人员所从事的具体的销售活动尽可能"信息化"、"标准化"，并实现销售人员分配的"合理化"，打破目前在企业化中普遍存在的"销售单干"现象，通过对客户信息、后台业务信息的高度共享,以及销售流程的规范化,提高企业整体的销售业绩[1]。

CRM 中的销售管理(SFA)是为了覆盖企业对销售过程的控制而设计的一个功能模块。其目标是提高销售的有效性,保证客户销售数据的准确性、及时性和完整性,对客户销售进行有效管理,提供决策支持所需的数据。不同的软件提供商推出的具体产品功能可能各不相同,但一般都包括销售过程管理、销售预测管理、销售指标和业绩考核、销售合同管理等方面的内容。

二、营销自动化(marketing automation,MA)

在 CRM 系统中,市场营销管理模块(marketing)覆盖了企业的市场活动过程,是帮助市场销售人员进行各类市场活动的管理工具。

营销自动化模块可以为营销提供一些独特的功能,如营销活动计划的编制执行、活动的控制和结果的分析、活动预算及其结果预测、营销资料管理等。

一般而言,营销自动化模块仍然属于操作型的应用,是营销人员进行"市场活动"的操作工具。虽然在具体的寻找目标市场(客户群)等方面需要用到很多分析型 CRM 的功能,包括对已有的日常经营过程中的数据进行分析、挖掘有价值的信息,但在对市场活动本身的计划、执行,以及效果评测还是属于业务操作的范围。

三、客户服务与支持(CSS)管理

CSS 主要是通过呼叫中心和互联网实现客户服务与支持,并和销售、营销功能比较好地结合起来,为企业提供更多的商机,向已有的客户销售更多的产品。客户服务与支持的典型应用包括:客户关怀,纠纷、调货、订单与跟踪、现场服务管理、问题及解决方法的数据库,维修行为安排和调度,客户账号、服务协议和合同管理,服务请求管理,联系活动管理,客户普查管理等[3]。

四、客户分析(CA)系统

很多企业通过 SFA/MA/CSS/模块的应用,在企业上下将 CRM 基础数据的采集从无到有地建立了起来。但是,在大量的客户数据很快积累起来之后,对数据的分析将成为重担。

CA 通过挖掘与分析现有客户信息来预测客户的未来行动,它帮助企业在适当的时机向客户销售适当的产品和服务。CA 系统一般包括:客户分类分析、市场活动影响分析、客户联系时机优化分析、增量销售与交叉销售分析等。

客户分类分析使得企业能够将更多的精力放在能为企业带来最大效益的重点客户身上。市场活动影响分析使企业知道客户最需要什么。客户联系时机分析使得企业掌握与客户联系的时机,如多长时间与客户联系一次、通过何种渠道联系为好。增量销售与交叉销售分析可以让企业知道向每一特定的客户推销什么样的已购产品和相关产品。

思 考 题

1. CRM 系统按照其功能可以分为哪几类？
2. CRM 系统网络结构可以分为哪几类，各有什么特点？
3. CRM 系统常见模块有哪些？主要功能是什么？
4. 在 Internet 上找一些试用版本的 CRM 系统，并分析它们的功能和网络结构的特点。

第五章

CRM 中的营销、销售与客户服务

第一节 营销与 CRM

一、营销管理观念的变迁

(一) 从以产品为中心到以客户为中心

市场营销管理观念作为企业营销活动的基本指导思想,对企业经营成败具有决定性意义。在过去的一个世纪中,企业的营销管理观念发生了很大的变化,已经从以产品为中心的阶段转向了以客户为中心的阶段。在传统以产品为中心的阶段,企业认为消费者总是会欢迎那些质量过硬、性能优秀而价格低廉的产品,这一观念使很多企业致力于生产高质量产品,并不断加以改进,力求精益求精。企业的营销活动都是围绕企业的生产和产品来做,往往通过大规模的推销,或者促销活动来吸引消费者。在这一阶段,企业认为在制造更好产品的同时辅助以一系列的推销活动,让更多的消费者了解产品,则可以在商场中战无不胜。因此,企业的市场活动囊括了整个消费者群体,唯一的目的就是吸引尽可能多的消费者,把产品信息传送到最多的消费者中去。在这样的市场活动中,消费者被看作是一个整体,他们有着同样的消费需求和消费特征,没有任何区别。企业市场活动流程一般是在新产品生产出来之后,进行商业活动策划并推广产品,以达到增加销售来获得利润的目的。其推销观念可以用图 5-1 来表示。

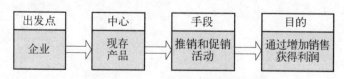

图 5-1 以产品为忠心的推销观念

在现实商业环境中,具体的推销过程则如图5-2所示。

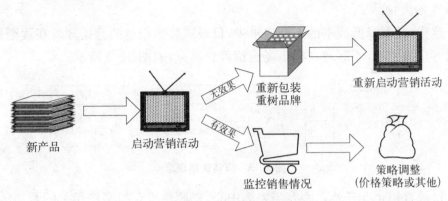

图5-2 产品推销过程

从上图中我们可以看出,在以产品为中心的企业也会根据市场反应和消费者行为提出应对措施,而并非不顾客户的需求。企业在实施了一系列市场推广活动后,会对活动效果进行检测,并会根据反馈结果来调整销售策略,或者对产品进行部分调整,如重新包装等来适应市场。随着市场竞争的激烈,越来越多的厂商开始将各类数据分析工具,以及商业预测模型等应用到市场活动的结果分析和策略调整中来。

在大规模生产的年代,目录直销业是最早开始对客户进行深入分析和区别对待的行业之一。目录直销业最初是以"邮寄直销"和"目录订货"的形式出现,企业通过向最终客户邮寄产品目录来获得订单和发送商品。对于目录直销行业而言,最主要的成本来源于目录的邮寄成本。若一个目录直销企业的客户邮购响应率低于2%,那么这样的直销行为则会被认为是失败的。因此,企业会愿意花更多的时间和精力去发现愿意购买产品的客户,并且使之持续购买自己的产品,以达到缩减成本增加利润的目标。而目录直销行业与其他行业相比,也存在一些先天优势,即它能为企业提供详细的客户信息,以供分析。因为目录直销行业的业务不是匿名的,客户订购的产品和商品目录是按照顾客提供的地址送到客户的手中,对于不同客户,他们的地址是不同的。所以,每个顾客的行为都可以被准确地标示和记录,而这些记录则可以为企业提供很多隐藏在数据背后的信息。比如,可以通过历史交易记录了解到顾客的日常购买偏好,据此来判断他可能对哪种类型的产品目录更偏好、是否会对下一次的产品目录有反馈等,从而针对预测的情况来调整目录的发送内容及发送策略,以获取更高的相应率。正如某企业负责人所说:"我们可以从大量贮存的信息中选出一万户家庭,按照他们的特性分为10、20或50类,并依据其特性,寄送给他们有针对性的印刷信件。"而且,企业可以和顾客建立持续的联系。比如,新生儿的母亲会定期收到推销新式衣服、玩具及其他婴儿成长所需物品的目录;而那些家庭住址发生变化的客户,则可能会受到专门为他们设计的搬家专用目录,包括家居、厨具、电话等各类物品。

这样,在对降低成本的不断追求中,目录式直销企业的营销理念在逐渐地转向以客户为中心,不断地在向市场营销理念靠近,如图 5-3 所示。

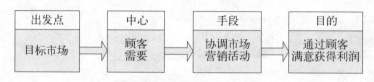

图 5-3　市场营销理念

目录直销企业开始以顾客需要为中心,来调整所有与客户相关的营销活动,期望通过建立给予客户价值和满意之上的长期顾客关系来获得利润。比恩邮购公司(L. L. Bean)从该理念中获益匪浅。建立于 1912 年的比恩公司是一家非常成功的服装及室外运动设备的目录邮购零售商,是美国第三大直销品牌,在美国人的日常生活中扮演了非常重要的角色,尤其是它的户外用品部分,非常受美国人的推崇。L. L. Bean 的产品线非常丰富,价格也是相对合理。每年 L. L. Bean 推出大量产品目录免费赠送,印刷非常精美,对于服装搭配与生活美学有着许多实用价值。在它创立之初,L. L. Bean 就发表了这样的申明:"我们认为直到我们的商品被用烂了而顾客仍感到满意,这时买卖才算完成了。我们会感谢把感到不太满意的产品退回来的顾客……最为重要的是,我们希望尽量避免使顾客感到不满意。"[10]

接下来,我们来考察一下 CRM 营销战略设计和实施中包含的营销观念。

(二) 目标市场营销

面对日益激烈的市场竞争,企业的营销理念发生着改变,从以产品为中心到以客户为中心。与此同时,企业在拓展市场的指导思想和战略方面也在发生着变化,从大规模营销阶段到产品多样化营销阶段再到目标市场营销阶段。目标市场营销是 CRM 营销的主要组成部分。

在大规模营销阶段,企业通过最大限度地降低成本和价格来扩展潜在市场,大量生产和促销一种产品给所有的购买者。在产品多样化营销阶段,企业生产多种式样、型号、质量等不同的产品,来满足消费者品味不同的需要。在目标市场营销阶段,企业首先对市场进行细分,然后选择其中的一个或多个市场,根据每个细分市场的不同特征来开发相应产品,并采用不同的市场营销策略。

目标市场是指营销者面对已经分析过并辨识出的细分市场,采用某种标准选择出打算为之提供产品和服务的一个或多个细分市场。

目标市场营销则是指经营者在进行市场细分选定目标市场后,针对其特定的需求开发出与之相适应的营销组合,满足市场需求的过程。

目标市场营销的三个步骤,首先是市场细分,将市场按照多种标准划为有不同需要特征的消费者群体,然后根据不同的消费者群体推出特定的产品,或者市场营销策略组合。第二步是选择目标市场,评估每个目标市场的价值,选择出一个或多个目标市场。第三步则是进行市场定位,对产品进行准确定位,并制定详细的营销战略组合。目标市场营销战略可以帮助企业的销售人员更快地找到销售机会。销售人员可以为每一个目标市场单独开发合适的产品、制定合适的价格,并通过恰当的销售渠道和广告宣传来迅速地进入目标市场。目标市场营销的最高阶段是"定制式市场营销",企业完全按照特殊客户的需求来调整企业的产品和营销方案。

随着市场被不断地细分成上百个具有不同需要的、不同消费特征的微观市场,目标市场营销越来越多地采用微观市场营销的形式。企业选用适当的营销方案来适应不同的需要和欲望。一般而言,需求种类可以通过地理因素、人口因素、心理因素和行为因素的不同来划分。这些企业使得自己的产品和营销方案与不同的地理、人口、心理和行为因素相匹配,取代了原有标准化的营销模式。

例如,世界著名的零售企业沃尔玛在面对店面销售额增长缓慢、股价跌落的困境时,开始考虑主打特定的客户群,并以此来提高营业额。沃尔玛美国门市执行长暨新措施擘画师卡斯特罗莱特表示,由于美国约八成五人口一年至少上沃尔玛购物一次,沃尔玛为了服务所有人,所以各种商品齐备。然而,老是提供给顾客相同的东西,就会变成对每个人都招待不周,我们也需要针对特定顾客群提供特殊的服务。在美国本土,沃尔玛将其顾客分成六大群,分别是非裔美国人、富裕人士、空巢期人士、西裔美国人、郊区居民和乡村居民,目的是把该公司在美国约三千四百家门市分成六类。沃尔玛目前先从新门市下手。以沃尔玛位于伊利诺伊州的长青公园门市为例,因为经常光顾该店的顾客大多数是非裔美国人,因此其男装部的主要货品集中在多款宽松牛仔裤和时髦运动夹克,并且将男装部的位置也移到接近入口处,并扩大了营业面积以方便顾客。再以德州的普拉诺门市为例,该店为了吸引有钱的购物者,在店内配置了消费电子产品专门导购员,同时该门市的运动用品部锁定在小孩子身上,因为周边顾客较富裕人群会更倾向于到乡村俱乐部购买网球用品和高尔夫球用品,只愿意在超市购买儿童体育用品①。

下面我们来看目标市场营销的三个详细步骤。

1. 市场细分

市场是由现实的和潜在的购买者组成,构成市场的每一个购买者都是独特的,存在着或多或少的区别,这些区别体现在各自具有不同的购买需求、不同的

---

① http://www.singtaonet.com/fin/t20060908_324409.html。

购买习惯等方面。因此,从理论上说,每一个购买者都可以单独构成一个特定的微小市场。满足购买者需求是现代市场营销观念的核心,因此生产者应该针对每个不同的购买者都单独设计满足其需要的营销组合。但是,对于大多数有着数量众多的零散客户的企业而言,企业会发现为每一个顾客单独服务,使产品完全客户化在很多时候是不可行的、不经济的。于是,企业需要根据一些准则来寻找一些具有相同特质的细分市场,即寻找一个较宽的阶层,以此为主要战场。此时,企业就需要选择一个或多个变量作为细分消费者市场的基础,即企业需要决定到底按怎样的标准去分析市场。

单变量分析是用一种变量来对整个市场进行分割,如使用年龄来对市场细分,市场可以被分割为中老年人、青年人及儿童等几个目标细分市场。单变量分析的"分类"方法简单、易于操作、费用低,大部分企业都乐于采用。但是若企业在市场启动时,进行广度市场细分则有更多的机会占有更高市场份额,这就需要使用多变量细分,即使用多个变量来划分市场。

首先来看对最终消费品市场的细分条件。可以用来分割消费者市场的细分变量有很多,一般来说,这些因素可以分为两大类:一类是反映消费者特征的变量,如消费者地域分布特征、人口统计特征及心理特征等;另一类是根据消费者对提供的营销组合的态度和反应来进行细分,如消费者购买商品的时机、使用商品的频率及品牌忠诚度等。

(1) 人口统计变量。

市场细分中,最经常使用到的变量就是人口统计变量,包括年龄、性别、种族、国籍、职业、收入、家庭组成状况、宗教、社会阶层等各种因素。因为消费者对产品的偏好、要求,以及使用习惯、消费频率等这些变量在统计学上与市场细分存在高度相关的关系,同时此类变量较容易衡量,其数据也相对容易获得,因此人口统计变量在细分市场中得到了最广泛的应用。而年龄、性别、收入,以及家庭生活周期又是其中更经常被使用的变量。

(2) 地理变量。

地理变量细分,是按照消费者所处的地理位置、城市规模、自然环境、地域文化等因素将市场分为不同的区域,不同地域的消费者对产品需求和营销组合的反应也会存在很大区别。比如,中国北方人群比南方人群食用更多的面食,而南方人群比北方人群更偏好大米。地域差异不仅表现在饮食上,还可以表现在文化价值观和购买行为上,因此企业在不同地域展开营销活动必须考虑"本地营销"所涉及的市场细分问题。

(3) 心理变量。

利用上面讲的两种变量来细分市场是最常用的方法。但是,人口与地理特征是不能完全解释不同消费者的消费行为和习惯的,企业还需要对消费者进行心理特征的分析。所谓心理细分,就是指按照社会阶层、生活方式,或者性格特征来把消费者分成不同群体。

(4) 行为变量。

行为变量指的是根据消费者对于商品的了解程度、使用态度及反应,将购买者进行分类。越来越多的公司开始根据客户购买某种商品的可能性高低对客户进行细分。在这种细分的基础上,企业就可以对那些开始采取怀疑态度的客户提供短期优惠试用的促销方案,而对于很早开始接受的客户提供一些额外优惠或新的服务的试用,这些都是可以帮助留住不同的消费群体。

对于工业品市场的细分也可以采用与消费品市场细分相同的多种变量,如地理变量、行为变量等。当然,工业品市场也有自己特有的细分变量,如行业统计变量、客户运行变量、采购方式变量等。

细分市场是为了让企业能够选择到一个合适的市场,而不是想怎么分就怎么分,也不是所有的市场都适合进行细分。一个企业的市场细分是否有效,企业是否能从这个细分的市场上获利,可以根据前人总结的一些规律来判断。若一个候选的细分目标市场满足以下条件,我们认为这是一个成功有效的市场细分。

第一是目标市场的可衡量性,如市场规模、购买力等一些市场特征是可以被测度与衡量的。第二是可达到性,指的是企业针对该市场制定了相应的营销组合后,能在这个市场上将产品或服务送达到客户,客户能方便地接收到产品或服务信息,并且能够实施购买行为。第三是实用性,指的是细分的市场要有一定的规模和足够的盈利潜力。企业在该市场上所获得的盈利,要能够超出其专门为之开发营销组合所付出的成本。第四是可行性,即企业能够为该市场制定行之有效的营销方案,使得客户的反应具有基本一致性,否则客户反应不一,则失去实际意义。第五是差异性,即细分后的市场消费者对产品的偏好必须有明显的差异性,否则细分市场就变得毫无意义,对于偏好需求相同的市场应该选择合并,而不是细分。

2. 目标市场选择

对市场进行细分的过程也是企业为自己描绘了所面临的市场环境,以及各种机会的一个过程。在面对各类细分了的市场,企业需要做的是对这些市场进行评估,看哪些是适合自己的,从中选择一个或多个细分市场作为自己的目标市场。

在评估市场时,企业需要考虑两个方面的问题:一个是市场对企业的吸引力,另一方面则是企业自身的资源与目标。只有能让两者相吻合的细分市场才是最符合企业利益的市场。企业不仅仅要选择出吸引力最大的市场,更要考虑企业自身的目标是否能在该市场上得以实现,以及企业自身的资源和能力是否具备进入这一细分市场的条件。

市场对企业吸引力大小主要从两个方面进行考虑。一是细分市场的规模和增长率,合适的市场规模和增长速度对企业非常重要。当然,合适的规模和增长速度是相对而言的,大企业往往选择销售量较大和增长较快的细分市场而避免进入较小的细分市场,中小企业可能就需要避免进入这样的市场,因为这样的市场竞争过于激烈,需要大量的经营资源。二是市场的竞争结构,这决定着企业能否获取利润。波特认为,一个市场长期盈利的前景取决于市场中五种竞争势力的相互作用,分别为细分市场中的竞争对手、替代产品、潜在的进入竞争者、供应者和购买者。比如,对于一个细分市场而言,实际的和潜在的替代产品存在将会限制企业生产销售产品的价格与利润,会引起产品市场销售的下降,那么存在过多的替代品的市场其吸引力将会降低。若一个细分市场对生产者的生产能力与竞争要素的要求很低,亦即进入壁垒低的话,那么市场的吸引力是有限的。因为已经进入的企业难以筑起进入障碍,从而容易吸引大量竞争者进入,导致竞争加剧、收益下降。同时,若市场中企业的供应商处于强势地位,或者消费者客户处于强势地位,拥有较高的讨价还价能力,则这样的市场对企业而言都是缺乏吸引力的。

3. 市场定位

企业在选定目标市场之后,就需要针对该市场来制定相应的产品定位决策。产品定位是为了适应消费者心目中的定位而设计公司的产品和营销组合,或者也可以说是制定特定的营销组合来影响消费者对某个产品或品牌的总体感受的过程。面对越来越激烈的竞争市场,产品差异化越来越小,企业应该如何赢得客户的认同,在消费者心目中占据一个优势地位?唯一的途径就是与众不同,采用差异化的定位,提出与众不同的诉求。

案 例

2004年国内饮料市场的黑马——他她营养素水,在上市一周内创下了产品订货量的奇迹,超过了2亿元。他她营养素水选择了心理年龄在18~35岁的目标顾客群,并采用了特殊细分标准——性别。根据这一思路,她加他饮品公司将产品定名为"他+"和"她-",并依照"性别"特质在"他+"中添加含有补充活力所需的肌醇、牛磺酸等成分,而在"她-"中则添加含有芦荟和膳食纤维,具有一定的减肥作用。

不同的企业和营销人员对市场的理解各异,不同的市场细分的角度、方法会带来不同的营销结果。在中国功能饮料的市场上,不同的产品有着自己独特的定位。比如,红牛公司的着眼点为"恢复体力,提神醒脑",乐百氏脉动的着眼点则为"喝水能补充维生素",而娃哈哈则将之理解为一种补充人体养分的饮品。对市场细分的不同导致了不同的市场切入点的选择,更决定了企业后续的市场营销活动的差异。因此,红牛的口号是"困了累了喝红牛";脉动支持的概念是"水分和维生素双补";而汇源公司,则成立了他她饮料公司,将饮料分出男女性别。经过一系列的宣传和推广活动,他她营养素水这一独特的市场细分视角为企业取得了极佳的市场反馈,是差异化市场定位案例的一个典型。

市场细分决定了企业后续的定位选择和营销组合策略的制定。市场细分之所以重要,因为它不仅为企业选择某个或某些目标市场奠定基础,也是企业把握市场、切入市场、运作市场、营销市场的基本出发点。当然,一个成功的市场细分和产品定位只是企业在竞争中取胜的一个前提,并不能保证企业市场运作与销售的成功。事实证明了,他她营养素水功能饮品在潜在的顾客心中找准了位置,细分市场定位非常成功,但后来在销售渠道及终端销售网点建设上存在的一系列失误使得该产品在市场上不久就销声匿迹。

(三) 一对一营销和关系营销

上一部分我们讨论了目标市场营销,随着市场被不断地细分成上百个具有不同需要的、不同消费特征的微观市场,目标市场营销越来越多地采用微观市场营销的形式。而微观市场营销的极端就是大规模定制,即虽然为大量的客户服务,但可以做到体贴每一位客户的需求。它将大规模生产和定制生产结合起来,以大规模生产的高效率和低成本为顾客提供单件或小批量的个性化产品,这种生产方式既满足了顾客的需要,又实现了低成本、快速和高质量的要求。这就是一对一营销的开始。1993 年,Don Peppers 和 Martha Rogers 在他们的代表作《一对一的未来》(*The One to One Future*)中预言,依靠规模经济大规模的制造和销售标准化产品的规模营销策略将会解体。企业应该更关注于销售不同的东西给同一个客户,因此,企业需要与客户建立一对一的关系,以便更贴近他们的需求。而关系营销也是在 Regis McKenna 的《关系营销:客户时代的成功战略》一书出现后,慢慢地在营销学领域中流行起来。

Don Peppers 和 Martha Rogers 描述了营销方式的变化,从大规模销售标准化的产品到通过细分市场进行目标市场营销再到真正的关系营销,或者"一对一营销"。"一对一营销"和关系营销的实施比以往的营销理念更加依赖于信息技术,需要有相应的技术来跟踪大量不同的个体客户,要理解他们的特点,并获得他们对产品及交流方式的偏好等。客户关系管理则是基于这些理念,并将它们落实到实处。即如何通过重组企业的业务流程和组织结构,如何部署技术方案等来实现区别对待顾客,与每一位顾客保持良好关系,真正地进行"一对一营销"

及关系营销。

一对一营销和关系营销均强调产品与服务的个性化程度。随着营销理念的发展,个性化程度变得越来越大,在企业越来越重视客户关系管理的今天,人性化正成为企业争夺客户的关键。

关于个性化的方式,Surprenant&Solomons 认为个性化有以下三种方式:选择式的个性化,让消费者选择适合其需求的商品或服务。比如 KFC 提供套餐服务,客户可以选择哪份套餐,并且可以要求更改某些项目,如可乐换成橙汁等。程序型个性化,能够记录消费者过去的习惯,甚至可以根据消费者自身特点与之进行个别有针对性的交谈,让客户意识到自己被视为一个单独的个体,而不是众多客户数字中的一个。最后就是定制式个性化,能够真正提供给客户属于他的服务,使得客户获得独特的且单一的服务。

一个个性化定制的案例

Mattel 玩具公司是实现大规模定制的玩具企业,Barbie 是其旗下最著名的一个玩具品牌,也是世界上最流行的玩具娃娃。目前,芭比的足迹遍布全球 150 个国家,平均每一秒钟在世界上就有 3 个芭比娃娃被售出,而所有已售出的芭比家族,头脚相接的长度,已超过地球圆周 7 圈的距离。Barbie 诞生于二战后的美国。当时它的创造者 Mattel 公司创办人露丝·汉德勒见女儿喜欢玩当时流行的纸娃娃,兴致盎然地帮它们换衣服、换皮包,便想到应该设计一款立体娃娃。于是 1959 年 3 月 9 日,世界上第一个金发美女娃娃正式问世,这位金发美女就叫做"Barbie"。近五十年来,芭比始终保持着青春、亮丽的形象,曲线玲珑、光彩照人。Mattel 公司平均每年要推出 90 组芭比系列娃娃,为使芭比更加人性化,美泰专门为她设计了朋友、家人,还有一个名叫肯尼的男友;芭比从事的职业也各种各样,她当过明星、教师、工程师,甚至兽医;而最让孩子们着迷的是,芭比有数不清的漂亮衣服。据统计,自问世以来,芭比和她的朋友们一共穿过近十亿件衣服,芭比以其迷人的形象征服了全世界。现在 Mattel 公司推出新的措施,使用信息技术手段为客户提供个性化定制的工具,人们可以根据自己的喜好来改变 Barbie 出生时的样子,使得 Barbie 更贴近喜欢她的人们。女孩子们通过 www.Barbie.com 来定制她们的朋友芭比娃娃,设定 Barbie 的外貌和服饰。在 Barbie.com 上,女孩们可以选择娃娃的皮肤类型、眼睛的颜色、发型、服装、佩饰,以及娃娃的名字,甚至还可以询问娃娃的喜好和个性。在网站上选定了这些信息之后,Mattel 公司将根据所选的信息进行生产。当客户收到定制娃娃的时候,便可以看到一个完全是按照自己意愿做的娃娃,名字被写在包装盒上,同时还附有对定制娃娃个性的描述。Mattel 公司负责人认为,定做的芭比娃娃会成为最热门的玩具之一。同时,Mattel 公司还打算建一个儿童姓名数据库,以便同那些女孩子建立一对一的关系。Mattel 公司在市场调查时,发现让女孩子用她们自己的话来描述希望的 Barbie 美貌,非常有助于她们对 Barbie 产生更亲近和更好的感觉,市场调查的数据显示女孩子对成为时装设计师或塑造人物的热情异常高涨,而这些定制的 Barbie 也成为美国最流行的娃娃之一。

二、管理营销活动

1. 营销活动管理过程

一般企业的市场营销活动分为四个步骤,即分析、企划、实施和控制。

企业首先制定总体的战略规划,然后将规划转为不同部门、产品,或者品牌的市场营销计划。营销部门人员利用公司的内外部资源来实施营销计划,控制并评估市场营销活动的成果,从而使得营销活动能实现企业的目标。

促销是企业从大规模营销时代开始就一直乐此不疲的一项重要营销活动,企业开始通过信息技术手段来对营销活动进行管理,正是从促销活动管理开始的。在大规模营销时期,大多数公司的促销活动往往是建立在一些吸引人的创意上,对活动的管理缺乏系统性和长期性。企业在作出某项活动创意决定之前,对该活动能产生怎样的影响缺乏准确的预测,信息是否能准确地送达目标客户,以及目标客户的反应如何等这些问题都必须等活动完成后花费数月的时间来考察,然后再花费数月的时间来进行调整,重新推出新的活动。这类问题的出现主要原因是企业对客户信息了解有限,企业缺乏对个体客户信息的发现、记录、存储和跟踪的能力,这样的需求要求相应的信息系统及相应的管理机制等进行辅助,而这些超出了大多数企业的能力范围。随着企业规模扩大,客户数量增长迅速,管理客户数据的成本越来越高,掌握客户的信息难度也越来越大,对于促销活动的控制与预测难度也随之增加。数据库技术的普及,各类数据库管理系统被广泛应用于商业领域后,大范围收集客户数据信息工作的效率得到了很大的提高。当企业开始拥有大量的客户数据之后,就可以真正地监控促销活动的过程和结果,并且可以对促销结果进行分析,用来调整接下来的活动,这就是"闭环"促销活动管理,如图 5-4 所示。

很多公司花费大量的时间、精力在促销活动中,却经常发现很大一部分的资源被花费在重复工作中,或者是那些可以按照固定模式进行的工作中,于是开始渴望有相应的工具来帮助其提高促销活动的

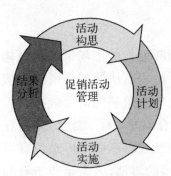

图 5-4 闭环促销活动管理

效率，对促销活动进行一定的自动化管理，来降低促销成本。这就是促销活动管理软件的雏形，也是 CRM 中营销管理部分的重要组成部分。

最初的促销活动管理软件很简单，就是为企业罗列客户名单，这样能够帮助企业迅速找到适合此次促销活动的客户资料，从而提高促销活动的针对性，进一步提高活动的效率。比如，作为一个目录直销企业的营销部门，准备对其家居饰品进行促销，想给那些在最近 3 个月内购买过家居产品的客户提供优惠购买家居饰品的促销信息，因为一般近期购买家居用品的顾客可能是刚搬家或刚调整家居布置，应该会对家居饰品有着比普通客户更多的需求。这样，营销部门的人员可以很容易地通过该软件"显示出最近 3 个月购买所有家居类商品的客户的姓名和地址"，然后向他们寄送相关产品信息。

一般而言，企业每年初始就会对整年的市场活动作出策划和安排，但在实际执行过程中可能会遇上很多未能预料到的因素，如竞争对手的活动时间、手段、市场环境的变化等情况，使得实际情况与计划有很大偏差，如何控制这些因素及其带来的风险是企业面临的难题之一。同时，每次具体的市场活动的操作流程、成本、邀请对象该如何控制，也是大多数市场工作人员为之头痛的事情。为了满足市场部门的需求，相应的营销管理软件的功能也随之强大起来，逐渐从最初简单的查询功能增加为包含确定促销计划、确定市场细分、确定活动预算、确定活动日程安排、对活动的评估，以及流程自动化等。

现在越来越多的 CRM 应用软件中的营销模块涵盖了复杂营销活动的全部过程，通过能够创建、跟踪及分析评价各类市场营销活动，可以定制工作流程来自动处理预算制定、批准等活动，控制复杂的多阶段营销活动并使其自动进行，以及产品与定价的管理、客户与合作伙伴管理等。

2. CRM 中营销的创新

在企业的市场营销活动中，CRM 系统能帮助企业更深层次地了解客户真正的需求，寻找有价值的关键客户，提高客户忠诚度，并充分挖掘客户现有价值。"以客户为中心"是 CRM 营销的特点，而以数据库为核心的信息系统应用是 CRM 营销的关键点。

（1）分析客户盈利能力。

一个企业如果对顾客的价值不清楚，则很难去判断怎样的市场策略是最佳的。因为你不知道你现有的客户是否有价值，所以无法判断所做的投资是否值得，也不知道是否正在浪费企业资源。不同的顾客他们的盈利能力可能有很大的不同，就像不同的顾客对同一市场营销手段的反应有差异一样。比如，企业在为新产品做了大量的市场推广活动之后，销售人员会发现自己要不停地忙碌于回答大量潜在用户的重复的咨询。这通常是让人高兴的事情，因为企业所有的顾客都来自潜在客户，但是仍然要明白一件事情，那就是不是所有顾客都是一样的。即一些潜在客户可能很快就对你公司的产品失去了兴趣,而另外一些可能感兴趣的时间会长些;还有一些可能会少量地购买公司的产品,而另有一些少量的顾客会大量地购买公司的产品。分析客户的盈利能力价值在于帮助企业找到那些最合适、最有价值的顾客,然后尽力吸引并留住他们。如果把顾客当成企业能购买到的"商品",客户盈利能力分析就可以帮助企业更清楚地知道哪些顾客更值钱,从而决定是否愿意为之支付更高的价格,即付出更多的企业资源。通过CRM可以来预测,不同的市场活动下客户盈利能力的变化情况。从本质上来说,CRM技术可以从客户的交易记录中发现一些行为模式,并用这些行为模式来预测客户盈利能力的高低。同时,还可以用来揭示客户的行为习惯和预测,发现一些在不同情况下有相似行为的新客户,并来优化市场活动,以确定哪些顾客对提供的商品最感兴趣。

(2) 交叉营销。

公司与客户之间的商业关系是一种持续且不断发展着的关系。企业可以通过多种方式来优化已经与客户建立起来的关系,如尽量延长这种关系的存在时间,在保持关系的过程中增加接触,以增加获得利润的时间与次数。交叉营销就是向现有客户提供新的产品和服务的过程。那些经常购买婴儿奶粉的顾客可能会对你提供的其他的婴儿用品很感兴趣,这是非常容易理解的事情。但是对于很多商业应用而言,并非所有的线索都是浮在表面,只有我们找到了精确的模型才能真正地获利。

如今,交叉营销已经随处可见,因为商家深谙一个道理,即销售更多的产品给现有的客户远比销售给更多的新客户花费的成本要低,获得的收益要高。交叉营销有一种表现形式被称为"升级营销",指的是向顾客提供与他们已经购买的产品或服务相关的新的服务或产品。比如,一种常见的升级营销,中国移动通讯公司为已经使用该网络的用户提供优惠定向长途电话服务。很多使用中国移动的客户应该会有这样的经历,会经常收到客服台发送的关于新的服务开通优惠的短信,询问您是否需要开通诸如优惠彩信、天气预报等各类服务。通过CRM应用,企业可以从现有客户的购买行为数据开始来对交叉营销进行分析,关键在于为现有的顾客找到合适的相关产品和服务。

(3) 客户的获取。

在大多数的行业内,衡量企业发展的主要指标之一就是市场拓展情况,亦即新客户的获取能力。新客户的获取,包括原来对你的产品不了解的那些顾客,是你的潜在客户,也包括那些你以前竞争对手服务的客户。对于市场活动所针对的对象,他们中有的可能是企业以前的客户,这对于企业有着有利的一面,因为对这些客户的信息企业有所了解;同时也存在着不利的一面,他们可能是因为对企业的服务感到不满意,而转向其他竞争对手。在各类不同的情况下,CRM系统可以帮助我们对潜在的客户群进行细分分析,增加他们对企业市场活动的反馈率。

传统的市场营销中,市场部经理可以用一些传统的方法来发展新客户。比如,开展大规模的广告活动,在平面、电视或户外媒体上投放广告,也可以通过对自己所了解的目标客户群体来进行直接营销、电话或邮寄目录等。使用简单的CRM系统,则可以从内部或外部购买的数据库中寻找到那些具有某些市场部门感兴趣的特征的顾客。一个简单的例子,市场部门为了准备开展推销"纸尿布"产品,可能会需要一份潜在消费者名单,在这份名单内包含了20~30岁左右的人,他们最近购买了婴儿推车或婴儿床等用品,这可以在CRM系统中通过不复杂的查询即可获得。但是需要注意的是,因为客户的特征是很多样化的,所以要成功开展市场活动的最大的问题在于确定那些潜在的客户应具备怎样的特征。只有在市场上闯荡多年具有丰富市场经验的人员,才能很清楚地了解顾客们的需求。尽管一个经验丰富的市场销售人员可以确定出哪些筛选条件,但是随着数据量的不断增大,这变得越来越困难。在过去的这些年中,客户数据库的规模极度膨胀,客户数量飞涨,每个客户的细节要素不断增加,手工对潜在客户群进行市场细分已经无法满足需求,这需要更复杂的CRM系统来帮助完成这一任务。现在的一些复杂CRM系统,可以根据不同的行业特征和产品分类来自动化或半自动化地帮助市场人员完成对潜在客户的筛选工作。市场人员将CRM系统得出的潜在客户名单和这些客户感兴趣的优惠措施结合起来,这将是成功的市场活动的基础。

(4) 客户的维系。

当行业中的竞争越来越激烈,获得新的客户的成本越来越高,保留现有客户对于企业的价值越来越凸现,尤其是在那些客户流动率高的行业,客户维系显得尤其重要,如移动通讯行业。对于移动通讯行业运营商来说,市场的客户转移是非常大的问题。由于各种因素的不确定性和市场不断增长,很多客户从一个提供商转向另一个服务提供商,只是为了更低的费用和一些额外的优惠,如可以获得新款的免费手机等。在移动通讯行业,客户迁移率要明显高于其他行业,相关数据统计显示,其月迁移率达到2.2%,也就是说移动通讯公司一年的客户数量损失将达到27%。长期来看,这是一件非常糟糕的事情。失去这些顾客将会使得公司损失极大,因为要获取一位新的顾客,公司要在市场、销售、广告等各方面花费大笔的开支,而新获取的顾客的盈利能力远弱于老客户。

显然,若移动公司建立关于客户流失的预测模型,则可以省下一大笔开销。因为可以通过已有数据分析得出是哪些因素导致客户想要离开企业而投向竞争对手,然后采取措施有针对性地来挽留那些有离开倾向的客户。

现在,很多企业已经可以熟练地利用CRM系统提供的预测技术,对比已经流失顾客的相似特性,来勾画出那些"可能流失"的客户。客户维系策略的难度在于找出那些有可能流失的客户之后,应该采取怎样的措施来留住他们。现有的技术已经可以帮助企业提前发现那些有流失倾向的客户,为留住他们奠定了基础,这已是在留住客户的道路上迈进了一大步。

3. CRM的营销自动化

信息技术发展促进了营销方式的创新,加速了营销自动化的进程。CRM系统中的营销自动化,是通过设计、执行和评估市场营销及其相关活动的全面框架,使得市场营销人员有更强的工作能力,可以对市场营销活动的有效性加以计划、执行、监视和分析,并可以应用工作流技术,优化营销流程,使得一些经常被使用的任务和过程自动化[11]。

一个好的CRM营销自动化的模块应该足够地灵活,可以支持企业现有的市场流程,可以帮助企业制订营销计划,管理和跟踪计划的执行,同时还应该能够支持企业和客户知识的增长,并且具有一定辅助决策能力。CRM应用系统支持企业建设数据仓库,并且提供相应的数据挖掘工具来帮助企业对客户数据进行分析,来支持营销自动化的功能实现,如可以自动确定客户的盈利能力、利润贡献率等,为市场决策提供依据。

CRM营销自动化模块一般包括以下内容:

(1) 活动管理系统,可以设计并执行单个渠道或多个渠道的营销推广活动,可以追踪细分客户对这些活动效果的反映。

(2) 营销内容管理系统,可以检查营销活动的执行情况,评估营销活动收益,协调多种营销渠道,防止渠道间的营销策划发生交叉或冲突。

(3) 营销分析系统,可分析营销的活动和方式方法,支持营销数据的整理、控制和筛选,就结果及特别问题作出报告和分析,确保产生的客户数据和相关的支持资料能够以有效的形式发送到各种销售渠道和决策部门,以便进一步改进营销策略。

企业在实施自动化营销时,需要特别注意的是,企业自身市场流程的好坏与完善程度是决定市场活动效果的最主要因素,而非CRM自动营销工具本身。若依据不完善的市场流程来实施自动化的营销,只会加快市场活动的失败。只有在完善和健全的营销流程基础上,实施自动化营销才会给企业带来惊喜。

三、CRM应用系统中的营销管理

CRM的具体应用系统有很多,不同厂商的产品如群芳争艳,各具特色。通过对大多数的国内外CRM软件功能的分析发现,一般的CRM营销管理部分应该包含的功能大致有:市场活动管理、数据清单管理、市场活动的履行、事件的规划与管理、预算管理、营销分析等部分。在理解CRM的营销模块时,有时候会与分析型CRM相混淆。一般的营销自动化模块是帮助市场营销人员进行

"促销活动"的工具,对促销活动进行管理,仍然是属于操作型的应用。虽然在具体的促销对象及促销手段的选择上都会用到许多分析型 CRM 应用得出的结果,但是对促销活动自身的计划、执行及活动效果评估等还是属于业务操作的范围,它与以商业智能为设计目的的分析型 CRM 是完全不同的。

Turbo CRM 系统中的营销管理[①]

Turbo CRM 信息科技有限公司成立于 2000 年,是一个新兴的专业 CRM 管理软件提供商。根据国内赛迪咨询公司对中国 CRM 市场的调查,Turbo CRM 连续 3 年在客户市场上占据第一位。据 GCCRM 2006 年的市场调查结果显示,Turbo CRM 是紧随国外著名 CRM 产品之后具有较高品牌形象得分的 CRM 产品,也是国内受市场认可度最高的 CRM 产品。下面对其 CRM 产品中的营销管理功能作一下介绍。

市场管理是为销售开辟渠道,营造售前、售中和售后环境的行为管理。市场部门营销管理数据流程图,如图 5-5 所示。

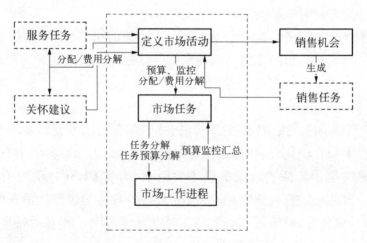

图 5-5 市场部门营销管理流程图

一、市场活动

通过新增市场活动,主要完成的是企业市场活动的信息录入、维护和查询功

---

① 本部分阅读材料节选于 Turbo CRM 产品白皮书,版权属于 Turbo CRM 公司。

能;同时,还可以将某个市场活动参与者转化为销售机会,而进入销售管理的环节,并因此追踪某个市场活动引发的销售情况。通过市场活动与企业的客户、伙伴、供应商、联系人之间的关联关系,可以方便地查看每个客户、伙伴、供应商、联系人对于公司市场活动的参与情况;同时,对于每一个市场活动的相关任务、工作记录、问题讨论、销售机会、销售订单、已收邮件、已发邮件,以及相关附件等系统都能很好地进行处理。

二、参与客户、伙伴、供应商及联系人

对市场活动中,参与客户、伙伴、供应商及联系人的管理工作既重要,又繁琐。通过参与者管理可以把参与者输出到 Excel 表中,使传统方式中繁琐的工作得以释放;同时在前面提到的接触中心中,系统支持对于参与者的多种形式的群发,保证活动组织的有条不紊。

三、市场任务及市场记录

Turbo CRM 系统提供的市场任务及工作记录功能,主要是完成市场任务的信息录入、维护、关闭和查询等功能。系统可以将任务分解为由多个人员执行。在任务下发到具体某个人执行时,系统提供提前提示的功能,会把相应提示信息传递到执行人处,在【我的桌面】处显示或通过消息中心进行信息传递;此外,在市场任务页面还列出相关工作记录、阶段计划、阶段计划执行、费用管理、费用明细、问题讨论、相关日程、待办事宜、相关产品、相关员工、相关合作伙伴、已收邮件、已发邮件及相关附件等信息,其中阶段计划中系统还提供了清晰的甘特图;另外,市场任务可以生成由任务分解的相关具体工作记录,工作记录具有制定、维护、查询、费用管理等功能,方便企业有步骤、有计划地完成日常工作,做到责任明晰。

四、市场任务计划执行

随着企业市场工作的不断进展,其相关市场任务所处的阶段也相应会发生变化。通过 Turbo CRM 系统提供的市场任务计划执行,企业可以准确、即时了解到系统中每一个市场任务的进展情况,如可以随时查看到所有市场任务当前所处的状态、任务的计划日期、实际日期、当前任务的阶段、每个任务的负责部门等。

五、阶段进展管理和市场预期工作

Turbo CRM 系统提供的阶段进展管理,可以帮助企业随时了解各类市场任务在不同阶段中活动的各个任务,以及每一个任务当前所处的任务日期、开始时

间、持续时间(天)、下个阶段、计划进入时间、部门名称、负责人等相关信息,从而为企业对各类市场任务所处阶段的实时了解起到重要作用。市场预期工作,可以帮助企业随时了解各个市场任务所处的任务阶段、计划日期、部门名称、负责人等相关信息。

六、市场费用控制

Turbo CRM 系统提供的任务费用控制功能,可以帮助企业随时了解每一个处在不同阶段市场任务的费用预算、实际发生的任务费用、当前的状态、任务的负责部门等信息,从而对企业进行市场工作的实时费用监控起到关键作用。

七、任务漏斗

通过 Turbo CRM 系统提供的任务漏斗功能,可以帮助企业即时了解任意时间段内各种市场任务在不同任务阶段中的滞留数、期初数、流入数、流出数、成功数、失败数、成功率、转化率等关键信息,同时系统还提供了 Excel 导出、即时更新漏斗成功率、即时更新漏斗转化率等功能,从而为企业更加科学、有效地控制市场工作内容起到帮助作用。

八、任务分配

随着市场任务的不断发展,市场任务的负责员工有可能发生变化,而 Turbo CRM 系统提供的市场任务分配功能,可以帮助企业根据实际情况来任意增加、减少、变更市场任务的负责员工。

九、市场调查

市场调查是企业日常市场工作内容中非常重要的组成部分,通过市场调查,企业可以更好地了解自身产品在市场中的地位、加深了解用户对产品的需求等。Turbo CRM 系统提供的市场调查功能,可以帮助企业制定不同的市场调查主题,每个调查主题可以自定义不同的调查问题,并灵活制定相应得分。对于调查题目的设定,企业可以根据实际情况分别定义每题的类型(如单选、多选、文字、数值、选择框等)、每题的状态(如可选或必须填写)、问卷的排列方式、得分原则等;市场调查档案可以将每次调查结果输入到系统中;市场调查分析可以将调查结果进行分析统计。通过一系列的市场调查设计、市场调查档案、市场调查分析,最终为企业制定未来的市场战略起到指导作用。

十、竞争管理

竞争管理是对企业竞争对手的信息进行统一化管理,主要完成与企业构成商业竞争关系的企业信息定义、维护和查询功能。包括竞争对手的基本信息、竞争对手产品，以及产品比较。其中竞争对手基本信息包括竞争对手的优势、劣势，以及相关产品名称、价格、描述等；竞争对手产品以列表的形式统一罗列；产品比较表则提供了一个产品参数比较管理平台，通过它可以快速生成企业自身产品参数和竞争对手产品参数的比较情况。通过竞争管理，可以快速了解竞争对手相对于企业自身的优、劣势和竞争对手产品的价格及特征描述，为企业研究对手情况、制定市场和产品战略提供决策信息。

十一、竞争订单管理

竞争订单管理可以全方位设定竞争对手的订单内容、订单栏目，在企业运营过程中随时跟踪、记录企业竞争对手的订单情况，从而进一步丰富竞争管理的内涵，对于对手的关注更加细致入微。对于竞争订单的积累意义重大，通过系统的决策分析功能，能够对竞争订单进行全面的、多维的分析，从产品线、时间、对手、客户等多个维度进行多视角的统计，为管理者深入了解对手的信息提供指导依据。

与营销相关的一些产品、客户的数据分析和数据挖掘功能，也包含在Turbo DSS（决策支持系统）套件中。Turbo DSS决策支持系统支持"让数据说话"，系统包括客户价值金字塔、员工绩效管理、业务分析、过程分析、费用分析、计划与预期分析、构成分析等，以及升级销售、交叉销售、重复销售等多种商业智能应用。

第二节 客户服务与CRM

以前，企业将它们的客户服务看成是成本中心，即使是最乐观的态度也是将客户服务部门看作是开展业务的必要成本之一。现在，很多企业都开始意识到服务能提供巨大的、尚未开发的潜在收入与高边际利润，同时企业也意识到服务对于吸引客户，并留住客户是至关重要的一环。

很多顾客都遭遇过糟糕的客户服务体验，如店员的冷言冷语或对客户视而不见、或客服电话永远占线遇到的售后问题一直得不到解决等。而对于大多数人而言，人们会更愿意与别人分享这些痛苦的体验，这也是为什么很多公司往往会选择从客户服务模块开始它们的CRM应用之旅。

一、客户服务概述

（一）服务是什么

不同类型的企业和不同风格的经营者对服务有着不同的理解："服务是一种

产品",这是从服务与营销的关系而言;"服务是一种价值",这是就服务与发展的关系而言。那么"服务"究竟是什么?

　　从市场学的角度来讲,服务即是以劳务来满足消费者的需求。在广义的理解中,服务是一件很重要而并非是可有可无的事情,它经常被看作是商品的一部分,能增加商品的无形价值。营销大师科特勒认为,产品分为五个层次:核心利益层、实际产品层、期望产品层、附加产品层和潜在产品层。期望产品层是消费者购买产品时期望的一整套属性和条件,如对于购买洗衣机的人来说,期望该机器能省事、省力地清洗衣物,同时不损坏衣物,洗衣时噪音小,方便进排水,外形美观,使用安全可靠,等等。附加产品层主要包含附加的服务和利益,如运送、安装、调试、维修、产品保证、零配件供应、技术人员培训等。潜在产品层预示着该产品最终可能的所有增加和改变。现代企业产品外延的不断拓展源于消费者需求的复杂化和竞争的白热化。在产品的核心功能趋同的情况下,谁能更贴切地满足消费者的复杂利益整合的需要,谁就能在激烈的市场争夺中保持竞争优势。不断地拓展产品的外延部分已成为现代企业产品竞争的焦点,消费者对产品的期望价值越来越多地包含了其所能提供的服务、企业人员的素质及企业整体形象等综合价值。在今天,要想使自己产品的特色明显超过竞争者已经变得很困难,对零售业来讲尤其如此。为了购进畅销的商品大家都会竭尽所能,在实际产品层次上几乎没有区别,但由于不同的商家对附加产品所提供的服务不同,就可能被消费者看成是两种不同的产品,因此也会造成两种截然不同的销售状况。

　　美国著名管理学家李维特曾说过,新的竞争不在于工厂里制造出来的产品,而在于工厂外能够给产品加上包装、服务、广告、咨询、融资、送货或顾客认为有价值的其他东西。对企业界来讲,重要的就是搞好后三种产品层次,争取留住客户。

　　不管对服务有着怎样的理解,其核心始终只有一个,那就是客户至上,这是任何企业都不应忽视的经营战略[12]。

(二) 优质的服务是留住顾客的关键

　　优质而持久的客户服务能够稳住老客户、发展新客户,其结果是会给企业带来长期丰厚的回报,而且能节省那些为挽回不满意的老客户所投入的成本。就好像工厂制造产品,若一次做好则能省掉重新返工,以及废料的成本。若不合格的产品在质检人员手中被发现,假设工厂解决此问题的成本是 1 元;如果不合格的产品流到中间商的手中再被退回,工厂解决此问题的成本可能就是 10 元;而当该不合格产品到达最终客户手中引起客户投诉、纠纷、索赔等,工厂解决此问题的成本可能就需要 100 元。所以,尽量地将资源花费在预防控制阶段是可以为企业节约成本的。同理,良好的服务也可以很好地弥补因为劣质服务而带来的一系列问题和成本。有数据表明,获取一位新客户的成本大约是保留老客户成本的 4 到 5 倍。而如果客户对产品和服务不满意,他会尽可能不断地向周围的朋友抱怨,这可能为企业带来甚至高达 40 位潜在顾客的流失。优质服务非常有助于保留住老客户,也有助于吸引新的顾客。有调查资料显示,顾客之间的口碑效应要比企业的广告效果高得多。而坏口碑的传播程度又要高于好口碑,因为顾客会更愿意向朋友倾诉其不愉快的经历,这又会对潜在客户造成更差的预期。

(三) 客户服务的定义

越来越多的企业开始意识到只有以客户为中心,通过硬件(产品)和软件(服务)一起来实现顾客价值才能与客户建立长久的合作关系,从而持续推动企业的发展与进步,而服务在其中所起的作用愈来愈明显。广义而言,任何能提高客户满意度的内容都属于客户服务的范围之内。客户的满意程度是指客户体会到的他所实际"感知"的待遇和"期望"的待遇之间的差距,差距越大,客户的满意度也就越高。影响客户感知和期望待遇的因素有很多,产品的广告宣传、产品本身的设计与品质、销售人员的态度、顾客自身特点等,这些都会影响客户的满意程度,也就对客户服务的质量产生影响。客户服务在商业实践中,一般会分为售前服务、售中服务和售后服务三类。售前服务一般是指企业在销售产品之前为顾客提供服务的一系列活动,如市场调查、产品设计、提供使用说明书、提供咨询服务等。售中服务则是指在商品交易过程中商品销售者向商品购买者提供的服务,如接待服务、商品包装服务等。售后服务是指凡与所销售产品有连带关系,并且具有有益于购买者特征的服务,主要包括送货、安装、产品退换、维修、保养、使用技术培训等方面的服务。

(四) CRM 中的客户服务

客户服务在很长一段时间来被人认为是"不赚钱",又"麻烦"的业务领域。实际上,很多的研究者都认为,客户服务才是客户关系管理中最重要的领域。客户关系管理的目的是与客户维持长期的关系,而不是"一次性"买卖的关系,因此"客户服务"尤其是"售后服务"在 CRM 应用中的地位是非常重要的,客户"满意不满意"很大部分来源于此。

现在越来越多的企业发现,客户服务已经不仅仅意味着不断地满足客户需求,而且还能创造客户需求,并且促使企业与客户建立起长期的友好互利关系,良好的客户服务已经成为企业与竞争对手之间具有差异性的特征和竞争优势的条件之一。

网络降低了企业的服务成本,提高了企业的服务效率,并能够提供传统服务所不能提供的个性化服务。服务中心已经逐渐通过增加商业流程的附加价值来吸引客户,开始由企业的成本中心向利润中心转变。

1. CRM 中的客户服务与传统客户服务的比较

客户关系管理中的客户服务与传统客户服务相比,主要存在以下几个方面的差别。

首先，CRM中的客户服务更具有主动性；而传统客户服务大多是被动的，往往是客户遇到问题后，由企业服务中心作出反馈，如果没有问题，则不需要开展客户服务。但是在CRM环境下，企业服务中心承担的角色不仅仅是及时地对客户要求进行反馈，帮助客户解决问题，更重要的任务是要主动、积极地和客户进行联系，通过不断地联络和交互，增进与客户的关系，维系客户，争取吸引客户再度购买。其主动性主要体现在以下方面：① 对流失客户进行关怀。客户服务中心先通过查看流失客户的分布和统计情况，包括以下数据：流失种类、人数、流失金额、流失价值、近期投诉、建议次数、近期交易次数、最后一次交易时间和金额、半年内有无联系记录等；然后按规则选取所有值得挽回的客户，查看流失客户最近的联系记录；再按挽回的可能性和价值进行排序，分别针对这些客户的情况，生成相应的流失客户关怀任务，通过自动邮件服务、自动电话服务或人工坐席主动和客户进行沟通。② 对潜在客户进行主动营销。通过各种渠道，获得潜在客户的数据，进行分析，按规则选取所有值得发展的客户，按照能成为公司客户的可能性，以及客户的潜在价值进行排序，根据他们的情况生成相应的关怀任务及营销任务，通过自动邮件服务、自动电话服务或人工坐席主动和客户进行沟通。

其次，差异化是CRM环境下客户服务中非常重要的一个方面。这需要我们在合适的时间、以合适的渠道、针对个性的问题对合适的客户进行服务。尤其是在主动营销方面，更是需要针对客户的不同特征，对细分的客户进行有针对性的营销和关怀。根据客户分析成果，向客户提供针对性信息咨询服务产品。

最后，CRM下的客户服务是集成的，集成了技术支持、市场营销，甚至销售的功能。企业通过统一的客户服务中心平台，借助网络、电话等工具为客户提供优质服务，还担负了企业的市场调查、分析、测量和意见反馈功能，为新产品开发等提供客户反馈信息。

2. CRM环境对客户服务的要求

CRM环境对客户服务和支持有如下要求：

（1）服务贯穿客户生命周期全过程。从企业与客户的第一次接触开始，客户服务就开始了，贯穿在客户从购买前到购买后的客户体验的全部过程中。购买前的客户关怀为公司与客户之间关系的建立打开了一扇大门，为鼓励和促进客户购买产品或服务作了前奏。购买后的客户服务活动，则集中于高效地跟进和圆满地完成产品的维护和修理的相关步骤。售后的跟进和提供有效的关怀，其目的是使客户能够重复购买公司的产品或服务。

（2）即时沟通。CRM环境下，客户具有超越以往的地位，他们要求企业提供最好的服务，并且要求在最短的时间内得到实现。网络技术为CRM下的客户服务提供了 7×24 小时全天客服的基础。

（3）系统协作。对于客户需求的即时反馈需要企业内部信息的无缝整合及各部门间的合作，需要企业的销售、市场营销、服务等各功能部门和业务环节都围绕着客户的需求进行运作，从而达到协调企业内部流程，真正实现"以客户为中心"的目标[13]。

二、呼叫中心

呼叫中心在国内被称为"客户服务中心"，至今已有 30 年的发展历程。客户服务是企业与客户接触的窗口，肩负着在公司和客户之间建立联系的关键作用，呼叫中心一般是企业实施客户服务计划时首先考虑的。呼叫中心在网络出现之前就已经成为很多企业为客户提供服务的渠道，现在呼叫中心已经逐渐被大家认可，成为与客户的接触中心、互动中心，甚至可以说是客户关怀中心。在现在的商业实践中，有很多企业建设的客户服务中心也就是呼叫中心。呼叫中心是应用最为广泛的一类客户服务形式。

最近十年来，国外呼叫中心已迅速发展成一种新兴产业，出现专用的软、硬件设备提供商、系统集成商和大批运营商，呼叫中心目前已经在电信、银行、保险、证券、电力、交通、海运、航空、旅游、税务、商业、娱乐等很多行业有了广泛应用。

（一）呼叫中心发展

呼叫中心起源于 20 世纪 80 年代，一些欧美的电信企业、航空公司、银行等为了加强与客户的联系，利用电话作为与用户进行沟通交流的工具，设立了呼叫中心，也就是针对用户的服务中心。

最早期的呼叫中心就是我们平常所说的热线电话，由公司指定的客服人员通过电话方式来处理客户的各类咨询与投诉等。这个时期的呼叫中心没有采用计算机与电话集成技术（即 CTI 技术），只能提供完全的人工服务，与后来的呼叫中心相比，服务效率较低。这一代的呼叫中心主要设备为小型交换机，自动化程度不高，客服人员的劳动强度很大。

随着计算机和网络技术的发展，出现了第二代的呼叫中心，具有简单的排队和自动语音应答的功能，客户可以通过语音提示来选择不同的服务，自动化程度有所提高。这一代的呼叫中心广泛采用了计算机技术，能够自动均衡不同坐席的话务量，提高了服务效率，也降低了客服人员的劳动强度。

目前，商业应用最为广泛的应该是第三代的呼叫中心，即在第二代的基础上引入了 CTI 技术，实现了企业信息系统内的数据与自动语音的结合，能够为用户提供高效率的个性化服务，如在系统中实现了自动的话务分配、客户资料即时显示等功能。

新一代的呼叫中心将是基于 CTI 技术和 Internet 的现代呼叫中心，将呼叫中心业务与 Internet 服务相结合,将服务对象扩大到 Internet 用户和拥有 WAP 手机的移动用户群,出现了功能更强大的多媒体呼叫中心,用户与呼叫中心之间可以通过除语音之外的方式进行交流,如传真、电子邮件,甚至图像等方式进行沟通。而具有无线功能的互联网呼叫中心(WICC)、服务范围更广阔的 IP 呼叫中心和为全球跨国公司服务的虚拟环球呼叫中心也正在出现。在庞大的数据库的支撑下,客户服务正逐步实现个性化服务,促使呼叫中心从过去的单纯的"成本支付"中心转向多种经营的盈利中心。

现代真正意义上的呼叫中心要具备如下功能:能够提供每天 24 小时不间断的服务,并允许在与用户联络时自由选择语音、IP 电话/传真、电子语音邮件、传真、文字信息、视频信息等通信方式;能够事先了解有关用户的各种信息,不同用户可以安排不同的人与之交谈;可以把从用户那里获得的各种信息、数据全部存储在数据库中,以便企业的数据分析;采用现代化的技术和良好的管理系统,随时可以观察到呼叫中心的运行情况和业务代表的工作情况[13]。

(二) CRM 与呼叫中心关系

呼叫中心作为企业与客户多渠道的接触窗口,这几年随着技术的发展,其功能也有很大的丰富和扩充。从初期单纯的电话式接触,发展到今天电话、邮件、短信、因特网、传真等多渠道接触方式可以随意或同时进行;从过去只能单一拨入,发展到今天可以根据实际需求灵活地拨入响应和定向外拨;从过去的守株待兔完全被动式服务,发展到今天可以四处出击,主动联系客户和引导客户。在系统的实现功能方面,也由初期的只能提供咨询、查询单纯的服务等某几项功能,发展到今天的具有可以进行电子商务、网上集市的功能。可以说,呼叫中心从理念上已经发生了很大的变化。呼叫中心业务伴随着呼叫中心的发展,门类越来越多,功能越来越强。呼叫中心由单纯的服务职能开始向具有市场营销、产品销售、客户服务等多职能领域深入,这应该说是呼叫中心的业务发展和延伸。要想做好市场营销和产品销售,光是被动式业务模式是远远不够的,必须具有主动模式才可能做好以上两大方面的工作。目前,大多数的呼叫中心可以自动完成客户认定、客户信息共享,以及智能化分析客户信息的功能。

一般而言,呼叫中心的主要作用表现在以下几个方面。

1. 是企业收集客户信息、了解客户需求的重要渠道

呼叫中心是一个十分高效的互动窗口,是 CRM 系统获得信息的主要渠道。通过呼叫中心,企业直接与客户进行联系,能够收集客户方方面面的信息,以及客户对产品或服务的潜在需求,有助于企业贴近市场、了解客户的需求。现在绝大多数企业应用的呼叫中心都有自动识别客户功能,并能对客户提供的信息进行记录和存储,还与其他生产、设计等部门进行共享,可以帮助企业提高和改善产品质量,同时也有助于市场部门来了解客户的动向。因此,呼叫中心已经成为

企业最重要的、与客户沟通了解客户信息的渠道。

2. 为客户提供了单一完整的平台,提高服务水平

呼叫中心向客户提供了交互式、专业化、集成式的单一客户服务窗口,客户无论遇到哪方面的问题,都可以与呼叫中心进行联系,由呼叫中心再对任务进行分解,决定如何解决问题,从而有效地避免了顾客要根据不同问题与企业不同部门进行联系的问题,也解决了客户无法有效判别问题所属部门而带来的困惑,并有效地避免了企业其他部门因为接待客户而带来的工作效率的损耗。同时,由于信息技术的应用,特别是后台数据库系统的支持,客户的问题解决效率也大幅提高。而且,呼叫中心利用IVR(交互式语音应答)技术,以及相关的智能路由选择与智能恢复功能可以向客户提供全方位、全天候的服务,这有助于提高客户满意度。

3. 是提高客户满意度和忠诚度的重要方法

客户由潜在客户变为老客户,中间有很多阶段,其中最重要的是当客户购买过一次企业产品之后,所获得满意的程度。若顾客的满意度越高,则其持续购买的可能性就越大,而老客户的持续购买会给企业带来的利润更高。决定客户持续购买背后的因素是客户的满意度,而这又与售后服务的质量密切相关。客户的"满意不满意"很大程度上是来自服务的好坏。快速地响应客户的抱怨,并及时解决客户面临的难题能有效地提高客户的满意度。呼叫中心的出现,能有效地为客户提供个性化的服务,快速而直接地帮助客户解决难题,同时也帮助企业更了解客户的需求和想法。通过呼叫中心,我们还可以对客户进行正确评价和重要性的分析;通过客户服务中心人员主动联络,与客户进行沟通和管理;搜集及整理客户关系信息,为其提供个性化服务;及时了解市场反馈信息,捕捉新的收益机会;为客户介绍新产品、免费赠送礼品,以及为其提供新的服务。

三、CRM应用系统中的客户服务

一般而言,CRM中的客户服务覆盖的业务领域主要有现场服务和一般服务(包含售前服务和售后服务)两类。生产性企业会涉及产品的维护、保修、退换等物质产品的现场服务,所以其客户服务包括以上这两类;而对于纯服务型企业,如金融服务业等不涉及物质产品,则没有现场服务。除了以上所说的现场服务与一般服务,呼叫中心服务也是CRM应用系统中客户服务的重要部分。

现场服务与分派系统(field service and dispatch,FS/D):FS/D系统也称作"服务传递链管理"软件,即用来增加销售收入、降低人工和部件成本、提高劳动生产率、降低劳动消耗、增加客户满意度和忠诚度。FS/D这个复杂系统包括:呼叫管理、劳动用工预测和安排、合同管理(包括购买和租赁)、保修、授权、定点维修/大修、技术人员的指派、零件的计划和管理、基础设施的维护、库存、缺陷跟踪(即质量保险)和报告。FS/D系统需要支持移动计算(连接的和分离的)、网络计算和数据同步。

呼叫管理(call management)：呼叫管理是客户服务与支持系统的核心，具备企业联络中心的功能。传统的客户服务中心处理语音，仅仅联系客户；而联络中心具有与客户联系的所有渠道，包括语音(如电话、IVR、语速识别和声音识别)、网络(如 E-mail)、Web、传真和信函。这是一个输入/输出双向的基于服务的环境，在这个环境中代理员处理所有有关销售、客户服务、营销、电话营销、搜集，以及其他功能等方面的信息。这些应用和工具能提高客户、合作伙伴和潜在客户自我服务的能力，并且增强与企业互动的能力[13]。

补充阅读

Turbo CRM 系统中的服务管理①

我们仍然以 Turbo CRM 为例来看其产品中的服务管理部分核心功能，客户服务是企业售后服务工作管理。客户服务部门的数据流程图，如图 5-6 所示。

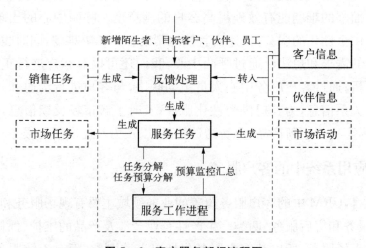

图 5-6 客户服务部门流程图

一、反馈管理和处理过程

客户的反馈对于企业管理具有重大的意义，客户的反馈包括服务申请、投诉、建议、购买询问等。对于任何一种来自客户的反馈，如果能以积极态度对待，

---

① 本部分阅读材料节选于 Turbo CRM 产品白皮书，版权属于 Turbo CRM 公司。

并配以有效的流程管理,都会对客户关系管理的改善、提升客户满意度、创造更大利润带来积极的意义。反馈管理为客户反馈提供了全方位、立体式的反馈管理模式。在为反馈建立全面的信息记录的同时,系统可以指定专人负责,并结合 CRM 的核心任务管理和工作记录管理机制,使之更加强大化。同时,反馈信息还可以关联到所有的相关日程、待办事宜、销售机会、联系人、相关员工,以及相关附件等。

二、服务任务和服务记录

系统提供提前提示的功能,会把相应提示信息传递到执行人处,在【我的桌面】处显示或通过消息中心进行信息传递;此外,在服务任务页面还列出相关工作记录、阶段计划、阶段进展、费用管理、费用明细、问题讨论、相关日程、待办事宜、相关产品、相关员工、相关合作伙伴及相关附件等信息,其中阶段计划中系统还提供了清晰的甘特图;另外,服务任务可以生成由任务所分解的相关具体工作记录,工作记录具有制定、维护、查询、费用管理等功能,方便企业有步骤、有计划地完成日常工作,做到职责分明。

三、服务任务计划执行和阶段进展管理

Turbo CRM 系统提供的服务任务计划执行,可以方便企业以列表的形式随时查看不同服务任务的当前状态、任务阶段、计划日期、任务主题、任务日期、完成期限、任务描述、任务对象、部门名称、布置人、负责人、执行人等内容。通过服务阶段进展管理,企业可以准确、即时了解到系统中每一个服务任务的进展情况,如可以随时查看到所有服务任务当前所处的状态、任务的计划日期、实际日期、当前任务的阶段、每个任务的负责部门等。

四、服务预期工作和费用控制

Turbo CRM 系统提供的服务预期工作,可以帮助企业随时了解各个服务任务预期所处的任务阶段、计划日期、部门名称、负责人等相关信息,从而更加有利于日常服务工作的开展。Turbo CRM 系统提供的任务费用控制功能,可以帮助企业随时了解每一个处在不同阶段服务任务的费用预算、实际发生的任务费用、当前的状态、任务的负责部门等信息,从而为企业进行服务工作的实时费用监控起到关键作用。

五、任务漏斗和任务分配

通过 Turbo CRM 系统提供的任务漏斗功能,可以帮助企业即时了解任意时间段内各种服务任务在不同任务阶段中的滞留数、期初数、流入数、流出数、成

功数、失败数、成功率、转化率等关键信息,同时系统还提供了 Excel 导出、即时更新漏斗成功率、即时更新漏斗转化率等功能,从而为企业更加科学、有效地控制服务工作内容起到帮助作用。随着服务任务的不断发展,服务任务的负责员工会有可能发生变化,Turbo CRM 系统提供的服务任务分配功能可以帮助企业根据实际情况来任意增加、减少、变更服务任务的负责员工。

六、服务调查

服务调查是企业日常服务工作内容中非常重要的组成部分,通过服务调查,企业可以更好地了解自身产品在客户中的地位、加深了解用户对产品的需求等。Turbo CRM 系统提供的服务调查功能,可以帮助企业制定不同的服务调查主题,每个调查主题可以自定义不同的调查问题,并可以灵活制定相应权重的得分,对于题目的设定企业可以根据实际情况分别定义每题的类型(如单选、多选、文字、数值、选择框等)、每题的状态(如可选或必须填写)、问卷的排列方式、得分原则等;服务调查档案可以将每次调查结果输入到系统中;服务调查分析可以将调查结果进行分析统计。通过一系列的服务调查设计、服务调查档案、服务调查分析,最终为企业在未来提高服务水平起到指导作用。

七、客户关怀

通过 Turbo CRM 系统提供的客户关怀功能,可以帮助企业关注客户与企业交易的细微变化,识别出企业的价值客户、价值变动客户和问题客户,从而有针对性地采取相应的行动:感谢或鼓励价值客户和价值变动客户,与问题客户充分沟通,消除误解、解决问题,最终避免客户的流失。

第三节 销售与 CRM

一、销售自动化

(一)销售自动化概述

自动化的含义,是指业务环节或事务环节可以高效处理,业务链或事务链的环节之间可以自动递进与生长。销售自动化(sales force automation,SFA),即是指以高效处理销售环节事务,使得各销售环节可以自动地进行以递增和延续为目的的自动化处理。也可以这样理解 SFA,即把销售人员及销售管理人员每天所从事的各种销售活动尽可能"信息化"、"标准化",以及实现销售力量分配的"合理化",打破普遍存在于各类企业中的"销售单干"现象,通过对客户信息、后台业务信息的高度共享,以及销售流程的规范化提高企业整体的销售业绩[1]。SFA在国外已经有了十几年的发展,是CRM系统早期最主要的奠基模块之一,在很多场合中人们习惯称SFA为CRM的摇篮。

在20世纪90年代,很多销售公司开始向软件企业求助,它们在业务拓展上遇到了瓶颈。在企业的日常运营中,销售部门经常有这样的问题出现:

企业业务发展迅速,它们的客户越来越多,自然有越来越多的客户信息需要以合适的方式来进行跟踪和记录,而人工的方式已经远远不能满足部门对信息处理的要求。在正常的销售过程中,销售人员去拜访客户之前需要了解该客户历史购买记录及其日常反馈信息等。如果这个客户并非是自己一直跟踪熟悉的客户,这时候就需要公司来提供这些统一存储、及时更新的客户信息。若没有专门的系统对客户信息进行处理,销售人员是无法面对越来越多的客户,如何对客户信息进行统一的汇集和及时的更新这是一个难题。

企业必须经常面临各类人才流动的状况,尤其是销售人员的流动频率相当的高。当一些销售人员以自己的方式来记录客户信息,并在离职的时候将其一并带走,导致企业不得不从新开始寻找和收集客户信息。

销售人员面对越来越多的客户时,发现人工处理各种事务的能力是有限的,他们花费越来越多的时间在日常事务处理上,而非与客户的直接接触。销售人员迫切需要一种工具,能帮助他们来完成管理客户信息、安排日常工作计划、追踪销售机会、分析机会信息等各类事务。

某些时候,销售人员在与客户交流的现场,或者某些特殊场合需要即时地了解客户详细信息,传统的电话手段是无法满足需求的。因为一是企业总部若没有专门的客户信息系统不一定能及时、准确提供相应信息;二是若很多销售人员同时采用这样的手段与总部联系时,往往出现的场景是无法接通,或者无法同时应答多方需求。

在很多领域里,企业刚开始实施"以客户为中心"的战略时,SFA系统和客户支持系统往往是首先考虑的项目,因为只有通过销售和客服才能更多地了解客户的信息。我们可以通过简单的总结发现,许多企业实施销售自动化的需求主要来源于:企业首先是想提升销售人员的工作效率,主要是那些耗费大量时间的事务性工作,在提高工作效率的同时,可以降低销售人员的数量;同时企业也希望对销售部门所掌握的客户信息在全公司范围内及时共享,实现信息在销售部完整和迅速的流动,完成对销售业务流程的自动化管理和控制。

早期的SFA系统信息是单向传输的,即销售人员可以通过各种设备访问公司的SFA系统,可以即时获取公司数据库内的最新信息,但是他们不能将自己的信息反馈到数据库中来实现数据库的更新和相互交流。这种现象最直接的后果就是公司的数据库不能即时反映最新的、与客户接触的活动,这很容易导致很多重要的客户信息被疏漏。目前的 SFA 系统可以随时接收销售人员的反馈信息,信息可以在公司数据库和终端销售人员之间双向流通。大多数 SFA 系统为销售人员提供销售工具,来提高销售过程的自动化程度和工作效率,包括从基本的日常安排到客户信息管理、销售报告制作,甚至有关客户事件的实时提醒等与销售促进相关的功能。一般 SFA 的功能分为三大方面,分别为联系人管理、销售预测及机会管理,正是将这三类工具软件的集成形成了现在的 SFA 系统。

(二)销售自动化目标和作用

不同的企业根据各自独特的内外部环境会建立起不一样的销售自动化系统,不同的企业考核销售自动化系统的标准也会略有不同。尽管如此,下面列出的目标是大部分的销售自动化系统所共有的。

1. 提高销售收入

增加销售收入是 SFA 的首要目标。在提高销售收入的同时,还帮助企业降低销售成本,从而提高企业整体利润。

2. 提高销售人员生产效率

销售部门的职能涉及交易的全过程,包括收集客户信息、发现客户需求、向客户提供方案、商务谈判、达成交易、履行合同等一系列活动,销售成本高低与销售人员的工作效率密切相关。在实施 SFA 之前,销售人员必须将大部分的时间花费在一些日常事务处理上,如一些重复的数据录入、与其他工作人员协调等。在对销售人员日常活动观察之后发现,一线的销售人员大约每天有一半的时间花费在与销售不直接相关的各类管理职能方面及各类文案处理上,如输入客户基本资料、录入销售机会、查找客户相关信息、提交分析报告、考察销售结果等。销售自动化系统通过提供相应的功能模块,大大提高销售人员在完成这些活动时的效率,使销售人员能够利用更多的机会与更多的客户进行接触,以便企业在销售过程中,能够针对每一个客户、每一个销售机会,基于每一个人员行动进行科学的、量化的管理。例如,销售自动化中账户管理功能可以提供每个客户的相关信息,如企业名称、地址、企业接触记录及潜在机会等。销售人员可以从不同的角度获取所需的客户信息,便于发掘客户需求和促成交易。SFA 还能自动地帮助销售人员生成各类所需报告及分析结果,从而帮助销售人员将更多的时间和精力放在客户身上,从而在同样的时间内为客户提供更多、更有价值的咨询和服务。

3. 提高客户满意度

通过使用 SFA 提供的各类工具,销售人员可以在第一时间内获得客户的全面信息,包括客户历史购买记录、反馈意见,以及其他客户愿意让企业知道的信息,这样可以有效地帮助销售人员有针对性地为每一个客户提供不同的信息,加快销售人员对客户需求的响应时间,提升响应质量,从而获得客户的好感。同时,也可以通过 SFA 在企业不同的部门间共享每一次客户接触的信息,以便不同的部门人员能为客户提供一致的服务。

实施 SFA 可以为销售部门经理与团队带来不同的作用和影响:

(1) 对于销售经理,SFA 可以帮助他们:① 获得实时信息。在任一时点上了解部门整体工作状况,以及是否完成主要销售指标,也可以查看具体销售人员的工作表现,知晓团队成员的活动安排、工作进度及任务完成情况等。② 与其他部门进行合作与协调。通过客户数据共享来促进销售、市场拓展和支持部门的合作。③ 自动生成销售预测和分析报告,有效提高对销售数据的分析预测效率。④ 有效管理销售人员与客户的沟通。销售人员使用统一的销售工具与客户进行沟通,随时记录与客户沟通的信息,当销售人员发生人才流动时,可以有效保证新员工能与客户保持一致、持续的沟通,而非重新开始。

(2) 对于销售人员,SFA 可以帮助他们:① 增加销售业绩。销售自动化的机会管理模块可以自动按照定制的规则分配和管理销售机会,降低销售人员工作强度。② 帮助更好地完成交易。通过了解、学习成功的销售经验加快销售进程。另外,企业内各部门小组还可以使用销售自动化管理销售机会、建立工作日程表、分配任务、协调会议、标志新机会,并更新每个客户的文件(包括新客户和老客户),更好地促成交易。③ 提高工作效率。SFA 提供一系列辅助工具能有效提高员工工作效率。④ 更了解客户。SFA 系统可以为销售人员做好知识准备工作,使得销售人员可以更好地为客户服务[59]。

(三)销售自动化的移动化趋势

每个销售人员,或者主管肯定都会遇到过类似的问题:出差各地走访经销商,如何才能对他们进行有效地监督和支持?到月底了,总结和计划如何能又快又准地完成和上报?每天汹涌而来的一大堆数字,脑子如何能够记得清楚?这么多传真、报表,如何才能理得顺?出租车上、马路边,销售商、顶头上司来电话要数据如何才能迅速应付?

实现渠道销售的有效管理,是很多大中型企业确保销售业绩、确保竞争优势的关键。企业信息化建设已经初具规模,电脑和网络已经成为企业渠道销售管理不可或缺的手段,为企业管理者、销售人员和分销商普遍使用。但是,在加强企业销售信息管理的同时,怎样相应地提高销售人员反应速度?

移动销售,是目前销售自动化发展的一个方向,SFA 技术和当前越来越热火的无线通信技术相结合,利用无线设备向现场销售人员提供各种客户信息,使得销售人员移动办公成为可能,也使得销售人员的反应速度大为提升。

每个销售机构都在寻找能够持久提高利润、降低成本、提高客户满意度的创造性方法,从而在整个营销队伍中实现信息化管理和知识管理。随时、随地、随心的移动信息管理应运而生。采用基于智能手持设备的渠道销售自动化移动解决方案,对于渠道销售管理必将如虎添翼,以上所提到的一连串烦恼和矛盾都将得到有效的解决。掌上电脑等智能手持设备功能越来越强大,价格迅速地下滑,给渠道销售自动化提供了锐利的武器。手持设备技术正以更快的速度更新着。据美国无线通信联盟的统计:2006年全球网民达17亿,其中5亿以上将通过无线方式接入网络。显然,随着无线宽带的全面引入,人们的工作、生活,以及处理信息和获取信息的方式将会发生重大转变,无论在任何地方,通过什么样的方式,获取信息的自由度将会更大。个人数据助理(PDA)、移动电话、笔记本电脑,以及一些更新的3G移动通讯设备将能够在任何时间、任何地点通过无线网络来获取信息。

使用支持移动通讯设备的SFA系统,销售人员可以享受到更多的便利:

(1) 移动销售人员可通过掌上电脑等移动设备,向公司网络上传自己的销售进展情况,并且可以从企业得到最新的产品、销售、库存等信息,完成销售机会跟踪、配置产品、定价、报价、订单销售工作。当然,交易的成功与否取决于你是否具有最快的响应速度。使用无线技术,配置一个产品并进行定价,再签订合同,这些任务都可以远程来完成,较以前那种传真和电子邮件的方式,要节省很多时间,这让每个销售人员拥有了高效率工作的工具。

(2) 通过手持移动设备,移动销售人员在获取重要信息的同时,还可以及时更新客户信息,并传递给公司数据库,以方便其他部门共享。这样,客户信息可以在企业总部与部门之间进行闭环的信息交换,这有助于企业与客户打交道时各部门员工变得更智能,更了解客户最新状况。

(3) 销售人员通过PDA等各类手持无线设备,可以实时获取公司特定的信息,相当于数据携带,让每个销售人员拥有随时、随地、随心获取数据的能力;可以在去参加一个销售会议的路上,可以在登机之前通过飞机场的Internet入口,检查公司某一产品的库存或其他任何信息。

(4) 营销经理也可方便、迅速地分派销售任务给各个销售网点及特定销售人员,定期检查业务工作,掌握公司营销情况,查询各种经营数据。

最后,还需要指出的一点就是,使用掌上电脑等移动设备,可以提高移动营销人员专业形象和信心。

二、CRM中的销售管理

很多CRM系统提供商都是在SFA的基础上拓宽其他客户应用领域而逐步发展起来的,因此对SFA应用的了解是有助于对CRM整个系统的了解。就目

第五章 CRM中的营销、销售与客户服务

前CRM系统而言,销售自动化系统是客户关系管理系统的一个子集,应用的对象是企业的销售部门。

CRM系统中,销售自动化是销售管理的核心内容,不同的CRM产品表现形式可能有所不同,但一般会包括或部分包括以下的主要功能模块:线索管理、接触管理、账户管理、机会管理、销售预测工具、报价和订单处理、定制应用的工具和销售管道管理等。

Turbo CRM 系统中的销售管理[①]

我们仍然以Turbo CRM为例来看其产品中的销售管理部分核心功能。销售管理是企业营销管理的核心内容之一,它的操作和数据流程如图5-7所示。

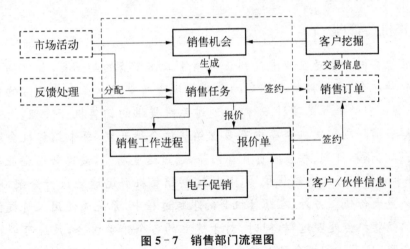

图5-7 销售部门流程图

一、销售计划制定

销售计划、销售过程控制、销售状况分析是销售管理的三个重要环节,其中作为预期部分的销售计划是起点,起到了举足轻重的作用,关系到整个销售周期的战略规划和资源调整。销售计划管理包括销售计划制定和销售计划分析两部分。销售计划制定可以按照不同的计划类型(如按部门、按员工和产品分类)、不同的拆分方式(如按指定月数、指定天数)进行从销售量、有效销售

---

① 本部分阅读材料节选于Turbo CRM产品白皮书,版权属于Turbo CRM公司。

额、收款金额、销售毛利等不同方面制定，满足管理者在销售计划制定方面的全方位需求。在企业运营过程中，还需要随时审视计划的执行情况，发现问题及时制定解决方案。销售计划执行分析可以保证从各个侧面得到分析数据，来分析销售的完成情况，系统可支持对于一定周期内不同部门完成情况的分析，使企业管理者了解到销售量、销售额、收款金额、销售毛利等方面的完成状况和问题。

二、客户资源计划

在制定好销售计划后，Turbo CRM 系统还为企业提供了制定客户资源计划的功能。客户资源计划可以帮助企业按照不同的销售计划、生命周期、开始结束日期、平均销售额等内容，来分析比较计划明细和相应的完成情况。比如，在计划明细部分中，可以查看相应的不同任务分类所对应的任务阶段及计划数；在完成情况的部分中，可以查看与计划明细中各个任务分类下不同任务阶段相对应的计划数、实际数、成功数、失败数、滞留数等内容，从而为企业更好地制定未来的销售计划起到指导作用。

三、销售机会管理

销售机会的产生是企业进入到正常销售工作环节的起始点，如何高效管理企业的销售机会，已经被越来越多的企业管理者所重视。在企业日常的经营活动中，销售机会的来源是多种多样的，通过系统提供的销售机会管理，企业可以随时了解当前阶段销售机会库中有多少销售机会待开发、每个销售机会所对应的销售预期、预期日期、相应的负责部门等，通过这些功能，最终帮助企业实现系统地、科学地管理好这些销售机会，并把这些销售机会迅速地进行分配，从而为企业带来更大价值。另外，在销售机会的跟踪过程中，系统为使用人员提供了方便记录的销售机会处理过程，同时，对于建立的各个销售机会，系统可以按照员工进行分配，从而做到机会到人的负责制。

四、销售机会评估

销售机会的多少对于企业来说非常重要，但是如何评估这些销售机会的价值对企业来说更为重要。Turbo CRM 系统可以帮助企业通过销售机会调查问卷的形式来评估销售机会的价值，如我们可以设定这样的选择题目：预期销售额是多少？需求紧急程度如何？资金到位情况怎样？竞争情况如何？客户基础怎样？等等；通过对这些题目的回答，系统可以按照事先定义好的评分规则进行评分，从而帮助企业进行科学的、迅速的、有效的销售机会评估。

五、销售任务和销售记录

　　Turbo CRM 系统提供的销售任务及工作记录功能，主要完成销售任务的信息录入、维护、关闭和查询等功能。系统可以将任务分解为多个人员执行。在任务下发到具体某个人执行时，系统提供提前提示的功能，会把相应提示信息传递到执行人处，在【我的桌面】处显示或通过消息中心进行信息传递；此外，在销售任务页面还列出相关工作记录、阶段计划、阶段计划执行、费用管理、费用明细、问题讨论、相关日程、待办事宜、相关产品、报价单、销售订单、竞争产品、竞争对手、竞争订单、联系人、相关员工、相关合作伙伴、已收邮件、已发邮件及相关附件等信息，其中阶段计划中系统还提供了清晰的甘特图和流程图；另外，销售任务可以生成由任务所分解的相关具体工作记录，工作记录具有制定、维护、查询、费用管理、记录锁定等功能，方便企业有步骤、有计划地完成日常工作，做到职责分明。

六、销售任务计划执行和阶段进展管理

　　随着企业销售工作的不断进展，其相关销售任务的计划和所处的阶段也相应会发生变化。通过 Turbo CRM 系统提供的销售任务计划执行，可以方便企业以列表的形式随时查看不同销售任务的当前状态、任务阶段、计划日期、实际日期、任务分类、任务主题、任务日期、完成期限、任务描述、任务对象、部门名称、布置人、负责人、执行人等内容。通过 Turbo CRM 系统提供的阶段进展管理，可以帮助企业随时了解各类销售任务在不同阶段中活动的各个任务，以及每一个任务当前所处的任务日期、开始时间、持续时间（天）、下个阶段、计划进入时间、部门名称、负责人、任务流程图等相关信息，从而为企业对各类销售任务所处阶段的实时了解起到重要作用。

七、销售预期工作和费用控制

　　Turbo CRM 系统提供的销售预期工作，可以帮助企业随时了解各个销售任务所处的任务阶段、计划日期、部门名称、负责人等相关信息。Turbo CRM 系统提供的任务费用控制功能，可以帮助企业随时了解每一个处在不同阶段销售任务的费用预算、实际发生的任务费用、当前的状态、任务的负责部门等信息，从而为企业进行销售工作的实时费用监控起到关键作用。

八、任务漏斗

　　通过 Turbo CRM 系统提供的任务漏斗功能，可以帮助企业即时了解任意时间段内各种销售任务在不同任务阶段中的滞留数、期初数、流入数、流出数、成

功数、失败数、成功率、转化率等关键信息,同时系统还提供了Excel导出、即时更新漏斗成功率、即时更新漏斗转化率等功能,从而为企业更加科学、有效地控制销售工作内容起到帮助作用。

九、任务分配

随着销售任务的不断发展,销售任务的负责员工有可能发生变化,Turbo CRM系统提供的销售任务分配功能,可以帮助企业根据实际情况来任意增加、减少、变更销售任务的负责员工。

十、销售预期

Turbo CRM系统提供的销售预期功能就是我们常说的销售漏斗,它是SFA(销售自动化)的核心。通过设定不同状态下跟单所对应的成功率,把所有销售任务按照状态进行排行,预测出在一段时间以内的销售额。除此之外,系统还设计了订单计划收款,这部分计划收款实际上也是未来销售预期的组成部分。通常漏斗的顶部是所有的销售机会,随着销售工作的进展,一些机会失去成单可能,因此逐渐被排除,所以整个机会管理呈现漏斗的状态。要保障最终的成单额,通过销售漏斗,可以从两个方面来管理:一是扩大漏斗的顶部,扩大销售机会的来源;二是控制每个机会的流程,提高在每个阶段的成功率。要应用销售漏斗,首先需要在销售任务状态中设定成功率,然后在每个销售机会的跟踪中更改状态,成功率随之更改;在销售预期的查询中,输入查询的时间段,根据数据权限,可以看到属于本人或本部门的所有机会,最终的销售额预测是各个销售机会的销售预测×成功率的合计。

十一、报价管理

Turbo CRM系统提供的报价管理,主要包括报价单管理、报价账目和报价单模板设定。通过报价管理,主要完成对客户所作报价单的定义、维护和查询功能。并可以通过报价单—销售订单的转移功能,将当前报价单转化为一个新的销售订单,同时进入【销售订单】录入界面,并将相应的报价单的信息携带进销售订单。报价账目可以按照报价产品明细的方式,列出相关报价金额、报价数量、报价单号、报价日期、对应客户等相关内容。对于一个企业来说,日常销售工作中经常处理的一些报价,通常都相对比较固定。也就是说,处理频率最高的报价对象往往是一些热销产品,通过系统提供的报价单模板功能,企业可以把日常最常见的报价单形式做成模板,这样有利于提高日常销售的工作效率。

思 考 题

1. 营销观念变迁的历程怎样？
2. CRM 中营销的创新有哪些？
3. CRM 中客户服务与传统客户服务有哪些不同？
4. 销售自动化的作用有哪些？其未来发展方向怎样？

第六章

数据挖掘与 CRM

第一节 数据挖掘

一、数据挖掘的基本内涵

随着信息技术和数据库技术的不断发展,人们所积累的数据越来越多。此外,互联网技术的广泛应用更是为我们带来了海量的数据和信息。但是,在没有强有力的分析工具的情况下,这些收集在大型数据库中的数据已经远远超出了人们理解和概括的能力,导致了被称为"数据丰富,但信息匮乏"(data rich but information poor)局面的出现。因此,人们希望能够对其进行更高层次的分析,以便更好地利用这些数据,这就导致了对数据挖掘技术的需求,人们希望能有这样的一种技术,在海量数据中自动地提取和挖掘有价值的信息和知识,也就是在"数据矿山"中找到蕴藏的"知识金块"。

数据挖掘,通俗地讲就是对海量数据进行精细加工。即从大量的数据中抽取出潜在的、不为人知的有价值信息、模式和趋势,然后以易于理解的可视化形式表现出来,其目的是为了提高市场决策能力、检测异常模式、控制可预见风险、在经验的基础上预测未来趋势等。数据挖掘是基于数据的知识发现,伴随着数据挖掘技术,在用户需求的驱动下发展起来的一门技术,其融合了数据库、人工智能、机器学习、统计学等多个领域的理论和技术。

从技术角度的定义:数据挖掘(data mining)是从大型数据库中或数据仓库中,提取隐含在其中的、人们事先不知道的,但又是潜在有用的信息和知识的过程。这个定义有几层含义:数据来源必须是真实的、大量的,同时是有噪声的;而发现的是用户有兴趣的知识,这些知识是能够被接受、理解和可以运用的。发现的知识可能只是针对某特定问题,而并不是普遍的真理。它涉及众多科学技术的集成,包括数据库技术、统计学、机器学习、高性能计算、模式识别、神经网络、信息检索、图像与信号处理和空间数据分析。

从商业角度的定义：数据挖掘是一种新的商业信息处理技术，其主要特点是对商业数据库中的大量业务数据进行抽取、转换、分析和其他模型化处理，从中提取辅助商业决策的关键性数据。企业数据量非常大，而其中真正有价值的信息却很少，因此从大量的数据中经过深层分析，获得有利于商业运作、提高竞争力的信息，为商业决策提供真正有价值的信息，进而获得利润。数据挖掘就是要帮助企业领导正确、高效地制定政策，减少不必要的投资，同时提高资金回报。

二、数据挖掘的分析方法

常见的数据挖掘分析方法有关联分析、预测、分类分析、聚类分析、序列模式分析等。事实上，解决一个已给的业务问题时，数据挖掘一般混合使用两种或两种以上的技术类别。在市场营销和客户关系管理中，三种重要的数据挖掘方法是聚类、分类分析和预测。

关联分析，即利用关联规则进行数据挖掘。关联分析的目的是挖掘隐藏在数据间的相互关系，如在超市中通过POS系统收集存储了大量售货数据，记录了什么样的顾客在怎样的时间购买了什么商品。比如，这些数据中常常隐含着类似这样的信息：购买牛奶的顾客中有90%购买了面包的相关规则。

预测，通过建立表示数据中固有模式和趋势的模型，该模型可以用来对未来事件的结果进行预测。即利用历史数据找出规律、建立模型，并用此模型来预测未来数据的种类、特征等。

分类分析，分类是数据挖掘中应用最多的任务。设有一个数据库和一组具有不同特征的类别（标记），该数据库中的每一个记录都赋予一个类别的标记，这样的数据库称为示例数据库或训练集。分类分析就是通过分析示例数据库中的数据，为每个类别作出准确的描述、或建立分析模型、或挖掘出分类规则，然后用这个分类规则对其他数据库中的记录进行分类。比如，可以根据客户的性格特点将客户分为驱动型、亲切型、表达型和分析型，然后分析每类客户的特征，找出影响各类客户购买决策的最主要因素；也可以根据客户购买用途不同，将客户分类，可以找到各种不同需求用户对产品不同方面性能的要求，以及对价格的敏感程度。

聚类分析，是一种对具有共同趋势和模式的数据元组进行分组的方式。聚类分析输入的是一组未分类记录，并且这些记录应分成几类事先也不知道，通过分析数据库中的记录数据，根据一定的分类规则，合理地划分记录集合，确定每个记录所在类别。分组后，各组之间是相异的，而组内的记录是相似的。聚类是一种无指导的学习过程，它所采用的分类规则是由聚类分析工具决定的，有些工具可能允许用户事先制定一个确定的分组数目,但是这完全是主观的,没有理由来证明这是对的。采用不同的聚类方法,对于相同的记录集合可能有不同的划分结果。

序列模式分析和关联分析相似,但侧重点在于分析数据间的前后序列关系。它能发现数据库中形如"在某一段时间内,顾客购买商品A,接着购买商品B,而后购买商品C,即序列A→B→C出现的频度较高"之类的知识。序列模式分析描述的问题是:在给定交易序列数据库中,每个序列是按照交易时间排列的一组交易集,挖掘序列函数作用在这个交易序列数据库上,返回该数据库中出现的高频序列。例如,在购买房屋的顾客中,很多人会在一段时间后购买装修材料或家具。这类分析对利用产品目录进行直接销售的公司比较重要,可以提示公司应该怎样有针对性地寄发邮寄目录。

三、数据挖掘的常用的经典算法

以下列出的是一些常用的相关经典算法。

1. 决策树算法

决策树是最常用的数据挖掘进行分类预测的方法。决策树提供了一种展示类似在什么条件下得到什么值这类规则的方法,也是对数据进行分类的一种方法。它是一个类似于流程图的树形结构,其核心是某种归纳算法。其中每个内部结点表示一个属性上的测试,每个分枝代表一个测试输出,而每个树叶结点代表类或类分布。决策树一般都是自上而下生成的,树的最顶层结点是根结点。一般决策树的建立首先是通过一批已知的训练数据,其建立的过程,即树的生长过程是不断把数据进行切分的过程,每次切分对应一个问题,也对应着一个结点。对每个切分都要求分成的组之间的"差异"最大。各种决策树算法之间的主要区别,就是对这个"差异"衡量方式的区别。这样,当决策树生成的时候,从根到每一个叶子结点都有一条路径,这条路径就是一条"分类规则"。决策树的建立过程也就是数据规则的建立过程。从一棵决策树中提取分类规则的方法如下:对每一个叶结点,求出从根结点到该叶结点的路径。该路径上所有的结点的划分条件并在一起,即构成一条分类规则,n个结点对应着n条规则。然后可以用一个另外的测试数据集来检验生成的决策树的正确性,如果准确性足够高,就可以生成相应的分类规则,利用这些规则可以对新事例进行分类,这也就是利用建好的决策树对新数据进行预测。

如图6-1所示的决策树,是对银行贷款客户的信用记录进行分类,指出哪一类的客户可能存在较高风险。每个内部结点(方形框)代表对某个属性的一次检测,每片叶子(椭圆框)代表一个类(高风险或低风险)。

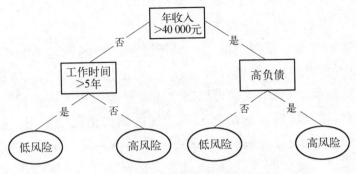

图6-1 银行贷款客户分类预测图

该种方法的优点在于,数据处理规则可视化,系统不需要长时间地构造过程,规则容易理解。同时,决策树还可以清晰地显示哪些字段比较重要,从根结点到叶子结点的父结点,字段对于分类的重要性是降序排列的。对于图6-1而言,就很清楚地得到这样的一条容易理解的规则:"收入大于40 000元的低负债客户的风险较低"。决策树缺点是,数据类型是不连续的,或必须归为某类,这也有可能导致结果偏差。比如,决策树每个结点对应的分割定义都是非常明确的、毫不含糊的,但在实际生活中,这种明确可能带来麻烦。即凭什么说年收入40 001元的低负债客户具有较小的信用风险,而年收入40 000元的人就有可能有信用风险呢?另外,对要处理的连续数据转换成二项数据类型,有可能导致有重要意义的数据信息被删除。

对最终的生成决策树来说,在建立过程中让其生长的太"枝繁叶茂"是没有必要的,这样既降低了树的可理解性和可用性,同时也使决策树本身对历史数据的依赖性增大。也就是说,这棵决策树对此历史数据可能非常准确,一旦应用到新的数据时,准确性却急剧下降,这种情况叫做训练过度。因此,为了使决策树所蕴涵的规则具有普遍意义,必须防止训练过度,同时也减少训练的时间,这需要有一种方法能够让我们在适当的时候停止树的生长。常用的方法是设定决策树的最大高数(层数)来限制树的生长。

数据挖掘中决策树是一种经常要用到的技术,可以用于分析数据、分类,同样也可以用来做预测。目前,应用较为广泛的决策树算法有 ID3、CART(classification and regression trees)、CHAID(chi-square automatic interaction detection)、C4.5、C5.0等。

2. 神经网络

神经网络是建立在可以自学习的数学模型基础之上的,在结构上模仿生物神经网络,是一类非线性的、通过训练达到学习目的的预测模型。这些年来,神经网络越来越受到人们的关注,因为它为解决复杂度大的问题提供了一种相对来说比较有效的简单方法。神经网络可以很容易地解决具有上百个参数的问题(当然,实际生物体中存在的神经网络要比我们这里所说的程序模拟的神经网络要复杂得多)。

神经网络系统由一系列类似于人脑神经元一样的处理单元组成,我们称之为节点(node)。神经网络划分成输入层、输出层和隐含层。输出层输出数据分析的执行结果。例如,我们可以制定输入层为代表过去的销售情况、价格及季节等因素,输出层便可输出判断本季度的销售情况的数据。隐含层的层数和节点个数决定了神经网络的复杂度。除了输入层的节点,神经网络的每个节点都与很多它前面的节点(称为此节点的输入节点)连接在一起,每个连接对应一个权重。调整节点间连接的权重就是在建立(也称训练)神经网络时要做的工作。它的处理过程主要是,通过网络的学习功能找到一个适当的连接加权值来得到最佳结果。决定神经网络拓扑结构(或体系结构)的是隐含层及其所含节点的个数,以及节点之间的连接方式(通常是一个特定函数)。从头开始设计一个神经网络必须要决定隐含层数和节点的数目、活动函数的形式,以及对权重做哪些限制等。目前很多软件提供商,或者数据挖掘咨询公司都能够提供比较成熟的神经网络算法,简化了很多的计算过程。与传统的回归分析相比,神经网络具有对非线性数据的快速建模能力,在数据挖掘中可用来进行分类、聚类、特征采掘等操作;缺点在于,其分析过程无法以可读的模式展现,每阶段的加权与转换也不明确,使得其结果难以被信任、接受和应用。

3. 自动聚类算法

聚类分析就是通过分析数据库中的记录数据,根据一定的分类规则,合理地划分记录集合,确定每个记录所在的类别。通过进行聚类分析,能够有效地把数据划分到不同的组中。自动聚类的目标是要把整个数据对象划分成由类似的对象组成的多个不同的群组,使得群组之间数据差别尽量明显,而属于同一个群组内部的数据则尽量相似。与分类模式不同,聚类分析输入的是一组未分类记录,进行聚类前并不知道将要划分成几个组和什么样的组,也不知道根据哪几个数据项来定义组。聚类结果可以作为其他算法的预处理步骤,使这些算法在生成的群组上进行处理;也可以作为一个独立的模块来获取数据的分布情况、了解各数据群组的特征、确定所感兴趣的数据群组,以便作进一步分析。自动聚类中,较为经典的算法有 K-means 算法、K 中心点算法和 BIRCH 算法(平衡迭代削减聚类法)。

四、数据挖掘的工作流程

总体而言,在现实世界中,对数据挖掘应用的基本步骤就是对已有的数据进行分析,然后将分析的结果在业务系统中得以应用。但由于每一种数据挖掘技术方法(算法及技术要求)都有其自身的特点和实现步骤,数据挖掘与具体应用问题的密切相关性。因此,成功应用数据挖掘技术是一件很复杂的事情。一般来说,执行数据挖掘应用包括以下几个步骤:理解业务问题、数据收集与选择、数据预处理、建立模型(数据挖掘)、模型检验与评估、知识表示、应用和巩固模型等过程,如图6-2所示。但这些过程又不是一次完成的,往往是一个循环往复的过程。

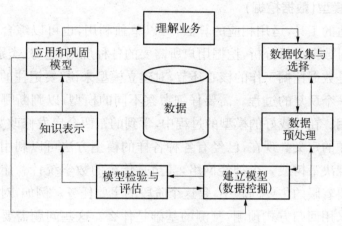

图6-2 数据挖掘步骤

1. 理解业务

对问题的提出与目标确定,这是数据挖掘的第一步。在开始数据挖掘之前,最基础的工作就是理解数据和实际的业务问题。确定分析和预测的目标工作就相当于需求分析,主要是明确业务目标。只有确定了业务目标要求,才能够相应地选择数据和数据挖掘方法。因此,明确业务问题和分析目标是数据挖掘的基础条件。

2. 数据收集与选择

广泛收集用户的各种信息,建立数据库与数据表,为数据挖掘做准备。但并不是收集到的数据都是有用的,我们应该根据目标选择相关和合适的数据,必要时要进行调整。选择正确的数据源,对整个数据挖掘项目的成败至关重要。数据取样要把好数据的质量关,在任何时候都不要忽视数据的质量,即使是从一个数据仓库中进行数据取样,也不要忘记检查其质量如何。因为数据挖掘的目的是要探索企业运作的规律性的,如果源数据有误,则还谈什么从中探索规律性?若真的从中还探索出了什么"规律性",再依此去指导工作,则很可能是在进行误导。若是从正在运行着的系统中进行数据取样,则更要注意数据的完整性和有效性。

3. 数据预处理

这一过程是数据挖掘的重要基础,其花费的时间和精力几乎要占整个数据挖掘过程的50％以上。包括数据的清理(去除数据集中的"噪声"数据和无关数据,主要包括重复数据处理和缺值数据处理,并完成一些数据类型的转换)、集成(将多文件或多数据库运行环境中的异构数据进行合并处理,解决语义的模糊性等)和变换(离散值数据与连续值数据的相互转换,数据的分组分类,数据项的计算组合等),归约(数据抽样和属性归约等)使其适应数据挖掘系统或挖掘软件的处理要求。

4. 建立模型(数据挖掘)

选择合适的工具,运用相应的算法,可以单独利用,也可以综合利用多种数据挖掘方法对数据进行分析,挖掘用户所需要的各种规则、趋势、类别或模型。

这一步是数据挖掘工作的核心环节,对建立模型来说,要记住的最重要的事情就是它是一个反复的过程。需要仔细考察不同的模型,以判断哪个模型对商业问题最有用。在寻找好的模型的过程中,学到的东西会启发修改数据,甚至改变最初对问题的定义。现在,已经有各种各样的模型方法可以利用。模型的类型可能是一棵决策树或一个神经网络,甚至是传统的数学统计。让最好的一种应用于我们要着眼的主要问题中,是这个阶段的主要任务。例如,对于利润的预测是否应当采用回归方式预测,预测的基础是什么?这些问题需要行业专家和数据分析专家协商,并达成共识。选择了什么样的模型,决定了需要对数据做哪些预处理工作,如神经网络需要做数据转换、有些数据挖掘工具可能对输入数据的格式有特定的限制等。一旦所有的数据准备好之后,就可以开始训练模型了。就目前的技术发展水平而言,数理统计方法还是数据挖掘中最常用的主流技术手段。市场上很多的软件供应商和数据挖掘咨询公司一般都提供了很多的软件包,包含有很多实用数理统计方法。而在数据挖掘模型中使用哪一种方法,具体用软件包的什么方法来实现,主要取决于数据集的特征和要实现的商业目标。实际上,这种选择也不是唯一的,可以多试几种方法,从具体的实际中选出最适合的方法和软件。

5. 模型检验与评估

对发现的规则、趋势、类别、模型进行检验评估,生成一个相对最优的模型,从而保证发现知识的正确性。通过上述过程将会得出一系列的分析结果、模式或模型,评价的办法之一就是直接使用原来建立模型的样板数据来进行检验。假如这一关就通不过的话,那么决策支持信息的价值就不太大了。一般来说,在这一步应得到较好的评价。这说明,确实从这批数据样本中挖掘出了符合实际的规律性。另外一种办法就是另找一批数据,已知这些数据反映了客观实际的规律性。在数据量允许的情况下,也可以将原始数据分成两个部分,一部分用于建立模型,另一部分用于测试模型。这次的检验效果可能会比前一种差,差多少是要注意的。若是差到不能容忍的程度,那就要考虑第一次构建的样本数据是否具有充分的代表性,或是否是模型本身不够完善,这时候可能要对前面的工作进行反思了。若这一步也得到肯定的结果,那数据挖掘应得到很好的评价了。

再一种办法是在实际运行的环境中取出新鲜数据进行检验。如在一个应用实例中,就进行了一个月的现场实际检验。检验模型的有效性,选择最优的模型,对模型的评估主要考虑以下几个方面:首先是模型的准确性,这是非常重要的一个方面,采用不同的验证方式也就是为了验证模型的准确性。其次是模型的可理解性,这是要建立在准确的基础上,才考虑的方面。最后是模型的性能,主要指的是模型运行的速度、输出结果的速度、实现代价、复杂度等。模型的建立和检验是一个非常复杂的过程,也是一个循环的过程,如果模型检验后发现效果不是很好,就需要对模型进行重新的修改或重建,一直到检验合适为止。

6. 知识表示

将发现的知识表示成容易被用户理解的形式,以可视化、可以理解的形式提供给用户,以便于解决实际问题,并根据问题解决程度决定下一步行动。

7. 应用和巩固模型

模型建立并经过验证之后,可以有两种主要的使用方法。一种是提供给信息需求者或管理者做参考,以辅助管理者的决策分析。另一种是保留模型,把此模型应用到不同的数据集上。模型可以用来表示一个事例的类别,给一项申请打分等。以后每次遇到相似的情况就用该模型进行分析。当然,在模型使用过程中,随着数据周围条件的变化,需要对模型做相应的再测试和修改。

要说明的是,图6-2的步骤是按顺序排列的,但是实际的数据挖掘工作不一定是完全按照顺序进行的,有可能需要不断地重复其中的步骤。而且数据挖掘是周而复始、不断反复的过程,即对一个问题产生的想法深入分析,导致新的问题出现,而新的问题又可能产生下一个新的问题。因此,数据挖掘的过程并不是完全自动的,许多工作需要人工来完成。

第二节 数据挖掘在 CRM 中的应用

目前,关于CRM中应用的数据挖掘技术和方法的研究有很多,不同行业、不同环境下企业的CRM应用差异很大,应用到的具体数据挖掘技术和方法也会不同。数据挖掘技术和方法层出不穷,在这里也难以涵盖全部的技术和方法。虽然,不同的CRM应用到的数据挖掘技术很多,也很复杂,但是CRM应用数据挖掘的目的主要在于以下四个方面:客户细分、获取新客户、提升客户价值和保持客户以防止客户流失等方面。数据挖掘在零售业CRM中主要应用在以下几方面[14]、[33]。

1. CRM 实施的前提——客户细分

客户细分就是把客户根据其性别、收入、交易行为特征等属性细分为具有不同需求和交易习惯的群体，同一群体中的客户对产品的需求及交易心理等方面具有相似性，而不同群体间差异较大。客户群体细分可以使企业在市场营销中制定正确的营销策略，通过对不同类别客户提供有针对性的产品和服务，提高客户对企业和产品的满意度，以获取更大的利润。

客户细分可以采用分类的方法，也可以采用聚类的方法。比如，可以将客户分为高价值和低价值的客户，然后确定对分类有影响的因素，再将拥有相关属性的客户数据提取出来，选择合适的算法对数据进行处理得到分类规则。使用聚类的方法，则在之前并不知道客户可以分为几类，在将数据聚类后，再对结果数据进行分析，归纳出相似性和共性。

每一类别的客户具有相似的属性，而不同类别客户的属性也不同，从而确定特定消费群体或个体的兴趣、消费习惯、消费倾向和消费需求，进而推断出相应消费群体或个体下一步的消费行为。细分可以让用户从比较高的层次上来察看整个数据库中的数据，也使得企业可以针对不同的客户群采取不同的营销策略，有效地利用有限的资源。合理的客户细分是实施客户关系管理的基础。

2. 获取新客户——客户响应分析

在大多数商业领域中，业务发展的主要指标里都包括新客户的获取能力。新客户的获取包括发现那些对你的产品不了解的顾客，他们可能是你的产品的潜在消费者，也可能是以前接受你的竞争对手服务的顾客。在寻找新客户之前，企业应该确定哪些客户是可能的潜在客户、哪些客户容易获得、哪些客户较难获得，从而使企业有限的营销资源得到最合理的利用。因此，预测潜在客户对企业销售推广活动的反应情况是客户获得的前提，由于潜在客户的数量日益庞大，如何提高市场促销活动的针对性和效果成为获取新客户的关键问题。数据挖掘可以帮助企业识别出潜在的客户群，提高客户对市场营销活动的响应率，使企业做到心中有数、有的放矢。根据企业给定的一系列客户资料及其他输入，数据挖掘工具可以建立一个"客户反应"预测模型，利用这个模型可以计算出客户对某个营销活动的反应指标，企业根据这些指标就可以找出那些对企业所提供的服务感兴趣的客户，进而达到获取客户的目的。数据挖掘技术中的关联分析、聚类和分类功能可以很好地完成这种分析。

3. 提升客户价值——交叉销售

交叉销售是指企业向原有客户销售新的产品或服务的营销过程，它不仅是通过对现有客户扩大销售来增加利润的一个有效手段，而且还是提升企业形象、培养客户忠诚度、保障企业可持续发展的重要战略。

公司与其客户之间的商业关系是一种持续的、不断发展的关系。在客户与公司建立起这种双向的商业关系之后,可以有很多种方法来优化这种关系,延长这种关系的时间。在维持这种关系期间,增加互相的接触,努力在每一次互相接触中获得更多的利润。而交叉销售就是这种工具,即向现有的客户提供新的产品和服务的过程。

在交叉销售活动中,数据挖掘可以帮助企业分析出最优的销售匹配方式。在企业所掌握的客户信息,尤其是以前购买行为的信息中,可能正包含着这个客户决定他下一个购买行为的关键,甚至决定因素。通过相关分析,数据挖掘可以帮助分析出最优的、最合理的销售匹配。一般过程是这样,首先分析现有客户的购买行为和消费习惯数据,然后用数据挖掘的一些算法对不同销售方式下的个体行为进行建模;其次是用建立的预测模型对客户将来的消费行为进行预测分析,对每一种销售方式进行评价;最后用建立的分析模型对新的客户数据进行分析,以决定向客户提供哪一种交叉销售方式最合适。有几种数据挖掘方法可以应用于交叉销售。关联规则分析,能够发现顾客倾向于关联购买哪些商品;聚类分析,能够发现对特定产品感兴趣的用户群;神经网络、回归等方法,能够预测顾客购买该新产品的可能性。

相关分析的结果可以用在交叉销售的两个方面:一方面是对于购买频率较高的商品组合,找出那些购买了组合中大部分商品的顾客,向他们推销"遗漏的"商品;另一方面是对每个顾客找出比较适用的相关规律,向他们推销对应的商品系列。

4. 保持客户——客户流失分析

随着企业竞争越来越激烈,企业获取新客户的成本不断上升。对大多数企业而言,获取一个新客户的花费大大超过保持一个已有客户的费用,保持原有客户的工作越来越有价值,这已经成为大多数企业的共识。你保留一个客户的时间越长,收取你在这个客户身上所花的初期投资和获取费用的时间也越长,你从客户身上获得的利润就越多。但由于各种因素的不确定性和市场的不断增长,以及一些竞争对手的存在,很多客户为了寻求更低的费用和其他服务商为新客户提供比你更多的额外优惠条件,不断地从你这里转向另一个服务商。我们把客户从一个服务商转向到另一个服务商的行为称之为客户转移。为了分析出是哪些主要因素导致客户转移,并可以有针对性地挽留那些有离开倾向的客户,我们可以通过使用数据挖掘工具为已经流失的客户建模,识别导致他们转移的模式,然后用这些找出当前客户中可能流失的客户,以便企业针对客户的需要,采取相应的措施防止客户的流失,进而达到保持原有客户的目的。

解决客户流失问题,首先需要明确流失的客户是什么样的客户。如果流失的是劣质客户,企业求之不得;如果流失的是优质客户,企业则损失巨大。如果企业优质客户的稳定期越长,企业与其维持关系的成本越低,获得的收益越大。

因此，为保持优质客户，需要先辨识优质客户。这通过前面的客户细分就可以完成这项工作，分析出客户盈利能力，辨识和预测客户的优劣。当能够辨识出客户的优劣时，首先，根据已流失客户数据，可以利用决策树、神经网络等进行分析挖掘，发现流失客户特征；然后，对现有客户消费行为进行分析，以确定每类客户流失的可能性，其中着重于发现那些具有高风险转移可能性并具有较高商业价值的客户，在这些客户转移到同行业其他服务商那里之前，采取相应的商业活动措施来保持住这些有价值的客户。我们把这个过程叫做客户保留或客户保持。

在选择数据挖掘工具时，若希望能够对客户进行细分，并且能够对客户流失的原因有比较清晰的了解，那么决策树工具是比较好的选择。尽管其他的一些数据挖掘技术，如神经元网络也可以产生很好的预测模型，但是这些模型很难理解。当用这些模型做预测分析时，很难对客户的流失原因有深入的了解，更得不到对付客户流失的任何线索。在这种情况下，也可使用细分技术和聚类技术来得到深入的了解，但用这些技术生成预测模型就相对复杂得多。一般来说，在客户保持中，大多使用分类回归决策树来生成预测模型。

从上面的讨论可以看出，数据挖掘在 CRM 中有着广泛的应用，从某个角度可以说它是 CRM 的灵魂。通过运用数据挖掘的相关技术，发现数据中存在的关系与规则，为管理者提供重要的决策参考，用来制定准确的市场策略。并且，通过销售和服务等部门与客户交流，争取最优化的满足客户的需求，提高客户忠诚度和满意度、提升客户价值、提高企业收益，达到企业与客户的"双赢"局面。也正是这一点，使 CRM 得到了很大成功。

补充阅读

移动通信行业客户挽留（数据挖掘）
高价值客户流失预测[①]

我国的移动通信企业经过前几年的高速发展，同时随着国内外运营商经营力度的逐步加大，现在正步入企业生存的关键时期。由于运营商寡头局面的形成，移动通信客户也有了更多的选择：移动通信注册客户数动态增长，即在大量客户入网的同时，又有大批客户离网流失；每月注册客户数与在网活动客户数相差悬殊，涌现大批零次话务客户；业务与收入总量增长相对趋缓，出现"增量不增收"。因此，分析客户流失原因，吸引潜在客户入网，增加现有客户满意度，减少

---

① 本案例改编自杨春"数据挖掘在移动通信业高价值客户关系管理中的应用研究"，吉林大学，2006。

客户流失几率,提高客户消费水平,充分占有市场是移动通信企业在激烈市场竞争中制胜的关键。

客户流失分析作为经营分析系统中的一个重要主题,主要任务是根据流失客户和没有流失的客户性质和消费行为,进行挖掘分析,建立客户流失预测模型,分析哪些客户的流失率最大、流失客户的消费行为如何,以及客户流失的其他相关因素,如竞争对手的优惠政策、业务系统事故、国家政策和现行经济运行环境等。为市场经营与决策人员制定相应的策略、留住相应的客户提供决策依据,并预测在该策略下客户流失情况。

通过建立客户流失预测模型,使企业能够预测客户离网的可能性,并通过对客户离网原因的分析,提出相应的挽留政策,使客户保留在自己的网上,降低客户离网率,从而减少企业的运营成本。因此,该模型的建立对企业来说有着极为重要的意义。

1. 商业问题目标化

随着电信企业之间竞争的加剧,电信运营商不断推出新的套餐和新的业务,希望能够争取到更多的市场份额。但同时,这也在很大程度上加大了客户的不稳定性,使得客户离网现象频繁发生,客户流失情况也逐渐凸现出来。客户的流失对企业来说有着重要的影响,与企业利润是息息相关的。客户流失问题,已经成为移动通信运营商必须尽快解决的问题。

针对这种客户流失的情况进行分析,并制定如下的商业目标:首先,通过对预测出的可能流失的客户进行挽留服务,降低总的客户流失率。然后依据获得流失客户特征,分析出原因和流失特点,针对性地采取措施。由于客户流失的种类较多,包括主动流失、被动流失,以及内部流失和外部流失四种情况。主动流失,由于客户自身原因自愿与运营商解除服务合同;被动流失,通信运营企业由于某种原因而决定中止向客户提供服务;内部流失,指客户解除合同后,继续选择了本企业提供的其他产品和服务;外部流失,是指客户解除服务合同后转向竞争对手。

其中,客户被动流失主要是由于客户恶意欠费或信用问题造成的。而内部流失又包括优向和劣向两种情况,如果客户新的选择的业务品牌优于原有的品牌,对企业来说,这种流失带来的是客户价值的提升,属于优向流失;如果客户放弃高端品牌选择了低端品牌,就属于劣向流失,这种流失是企业应该尽量避免的。我们关心的就是高价值客户的外部流失,主要是指客户解除服务合同后转向竞争对手,是电信运营企业最不愿意看到的一种流失,也是企业客户流失分析的重点。

2. 数据理解

在这一部分中,由于高价值客户对于企业具有十分重要的意义,对此我们沿用已有分析得到的高价值客户群体为观察对象,对这部分客户进行流失预测。我们选取在已找到的动感地带高价值客户群体1 038人数据来训练模型,选定时间窗为3个月,如果这些用户在紧接这3个月后的连续3个月中发生流失,就定义为已流失的用户,否则为非流失用户。

为解决客户流失模型,根据移动通信行业经验,我们需要的数据包含两大类,即客户基本信息和客户通话行为信息。客户基本信息包括:用户的性别、年龄、在网时间、职业、爱好、籍贯、入网品牌与号码、注册服务等级(SLA)、客户标志、地域编号、受理渠道、客户状态、开户时间、入网时间、最近开停机时间、退网时间、销户时间,资费套餐标志、服务套餐标志等。

这些资料在客户登记入网或客户调查等过程中得到,是对客户个性特征的描述,并永久保存在客户资料数据库中。不同背景的客户有不同的社会行为特征和爱好,如职业影响收入、年龄影响产品购买类型等。

客户通话行为信息,这部分数据包括两类:一是基于用户通话信息而设计的多个统计变量。例如,工作日通话时间、费用;周末通话时间费用;IP通话时间、费用;短信次数、费用;国内外长途通话时间、费用;通话对象及亲情号码、通话地点、漫游类型、数据业务使用情况消费积分、客户价值类型等,这些数据可以在计费中心客户消费话单账单中获取。二是客户通过投诉渠道,或客户服务界面(如营业厅、网站、客户经理等)进行的有关缴费、服务投诉/建议的情况。通过这两类数据给客户个体有了一个较为丰满、全面的描述。

3. 数据预处理

在明确可以使用的数据源之后,我们需要对数据进行预处理,具体过程包括数据清洗、整合、格式化,以消除数据中的噪声部分。数据预处理的细节包括:在用户状态中仅选取正常状态的用户,去除数据源中的极值和超出范围的部分;选择在研究期间(2005年6~9月)全部在网的客户。同时,我们需要对所拥有的数据进行分析探索,以确定建立模型需要的关键变量。

我们对变量的选取原则是:

(1) 选取数据质量好的变量,要求85%以上的数据符合要求。在对数据进行分析的过程中,发现客户基本信息数据中部分达不到要求,我们将给予去除,而所有的客户行为信息则质量较好,相对稳定,基本符合要求。

(2) 在某些变量中,个别类别所占的比例极小,我们将这些类别合并为一类来考虑。若在各个类别中的流失比例相近,则认为这些变量对客户流失影响不大,不予考虑。例如,客户性别这一属性,男女流失人员比例基本相等,则认为性别对客户流失模型没有影响。按照以上原则,经过认真的思考和反复验证,我们选取了客户手机号、年龄、月平均周末通话次数、时间等22个经过数据处理可以用于建模的变量。

4. 数据挖掘结果与相应对策提出

最终，我们的模型生成了如下 6 条打分规则，如表 6-1 所示。将所有客户进行了分类，并且每一类客户都有分值代表其流失倾向的高低，并通过 If-的规则来描述此类客户的行为特征。在没做模型时候的平均流失率为 5.31%，那些客户分类得分高于 5.31 的表明该分类降低了数据的不确定性，使捕获潜在流失客户变得更加准确。表中，ZM_Count＝月平均周末通话次数，FM_Time＝月平均繁忙时段通话时间，IP_Time＝月平均 IP 通话时间，OnDays＝在网时间，HR_Count＝月平均呼入次数，YY_Count＝月平均语音使用次数。

表 6-1 决策树规则

规则	得分
If ZM_Count＜3.5 And FM_Time＜89.5	Score14.6%
If 3.5＜＝ZM_Count And FM_Time＜89.5	Score 6.7%
If 62.5＜＝IP_Time And OnDays＜107.5And FM_Time＞＝89.5	Score 9.2%
If 62.5＜＝HR_Count And 107.5＜＝ OnDays And FM_Time＞＝89.5	Score 2.1%
If YY_Count＜84.5 And IP_Time＜62.5 And OnDays＜107.5 And 89.5＜＝FM_Time	Score 8.5%
If 107.5＜＝OnDays＜310.5 And HR_Count＜62.5 And 89.5＜＝FM_Time	Score 5.9%

仔细研究这 6 条打分规则，我们可以发现繁忙时段通话时间、在网和周末通话次数和目标变量 LIUSHI（流失倾向）有很显著的关联。凡是繁忙时段通话时间越长、在网时间越长、周末通话次数越多的用户在之后 3 个月流失倾向越低；反之，客户的流失倾向较高。

所有的客户都按模型的打分规则，获得了一个代表其流失倾向的分值。移动运营商可以将客户打分高低排序导出 30% 的客户名单交于市场部，市场部针对这些名单，通过打关怀电话、设计优惠套餐、送小纪念品等多种方式来挽留流失倾向大的客户，最大限度地降低客户流失率。

思 考 题

1. 数据挖掘的含义是什么？
2. 数据挖掘有哪几类常用方法？
3. 数据挖掘的主要功能有哪些？
4. 企业在进行数据挖掘时，一般步骤是怎样的？
5. 数据挖掘在 CRM 中的应用主要有哪些？

第七章

CRM 实施概述

第一节 理解 CRM 实施

一、CRM 实践的含义

在前面的章节中,我们主要讲述了 CRM 的基本理论。在现实的商业社会中,CRM 更多的是意味着实践。谈到企业的 CRM 的应用实践,很多人会立刻兴致高昂,马上想到铺天盖地的各类软件产品、实施方案的广告等,这其实是一个误会,CRM 的实践与软件技术、软件产品的应用之间并不是完全等同的,CRM 的实践包含的内容远远超出软件应用的范畴。

我们在 CRM 理论中谈到了 CRM 的内涵,Gartner Group 是全球最具权威的 IT 研究与顾问咨询公司之一,曾经给出过这样的定义:CRM 是企业的一项商业策略,它按照客户的细分情况有效地组织企业资源,培养以客户为中心的经营行为及实施以客户为中心的业务流程,并以此为手段来提高企业的获利能力、收入,以及客户满意度。

从定义中我们可以看出,Gartner Group 资讯公司认为的 CRM 是企业的商业策略,而并非特指某项 IT 技术,CRM 的目的是为了提高企业的获利能力及其他方面的能力,而那些 IT 技术是企业在实施 CRM 商业策略时会采用的主要工具,企业不同的外围环境、不一样的管理和实施理念都可能使得使用同样的 CRM 技术而应用效果有差异。同时,也存在这样的可能,即并没有使用到 IT 技术我们也可以将 CRM 的某些思想付诸实践。虽然大多数的 CRM 实践都是采用了 IT 技术手段,但 CRM 实践并不是必然的与 IT 技术联系在一起。企业在实践 CRM 时,应该遵循以客户为中心的准则,我们认为所有符合 CRM 经营理念的管理行为都是 CRM 实践。

一般而言,我们可以广义地认为企业满足以下判断准则的行为都是属于 CRM 实践的内容[1]。

1. 以客户细分为基础

企业必须要准确地划分客户群体,明确哪些是对公司有价值的客户。一个很明显的事实就是,企业的某些客户比其他客户更有价值。一个企业最有价值的客户是那些经常同企业保持业务往来的客户,而让这些客户与那些对企业不是那么重要的客户平等地分享企业资源,显然是一件不合理的事情。

对于企业而言,知道哪些客户是最有价值的,有利于企业优先安排其有限的资源,分配相对多的时间、人力和物力,付出更多的努力,这能帮助企业在竞争环境中处于更主动的地位。知道单个客户对企业究竟有哪些需求,就可以使得企业有可能去迎合这个特定客户的需求,企业在这么做的同时,就锁定了客户的忠诚,增加了他对企业的价值。

2. 以维护"客户长期关系"为目的

一个企业的 CRM 实践,其目的是试图与客户建立长期稳定的互动关系,而不是在于短期的联系,甚至一次性的交易。如果一个活动或行为不具备建立长期客户关系的目的和意图,这就不是 CRM 行为。这样的一些"非关系策略"行为在很多企业中还是大量存在的,如有些企业一直在标榜"以客户为中心",但是却一直在实施一些短视策略。比如实施价格战的那些企业,将产品的销售价格降到接近,甚至低于产品成本,它们号称将利润让给消费者,真正地做到一切从客户出发,实际上却无力支付后期客户服务费用,自然无力继续去维护客户的长期关系,这肯定不是 CRM 实践,它为他们只赢得了一次交易机会,却丧失了长期的交易机会,这有悖于 CRM 的理念。总之,考察某项活动是否是真正的 CRM 的实践,一个基本的准则是看其是否是以长期维系客户关系为目的。如果企业没有做好长期的 CRM 实践准备,没有足够的耐心,所进行的 CRM 实践可能会转变为一种急功近利的行为,从而偏离 CRM 实践的真正道路。

3. 符合客户为中心的商业策略行为

以客户为中心的商业策略的目标是找到可以和客户双赢的机会。如果为客户的利益做得越多,客户也就会做更多为企业带来收益的事,如更愿意从我们这儿进行更多购买和与我们利益共享等。符合客户为中心的商业策略行为相当简单:就是站在客户角度进行观察,从而发现他们想要获得什么,甚至是预测他们现在不想获得什么,但是将来却想要获得。理解和制定围绕客户关系的商业措施是非常重要的,这与传统的营销计划有三个非常显著的区别:一是企业围绕客户的需求制订计划,而不是只考虑企业的目标;二是企业更关注于倾听客户,而不是迫使客户倾听;三是企业与客户之间的交流更侧重到对客户进行提醒、提供信息的会话上来,而不是将促销性的交流放在主要的位置[60]。

二、CRM 实践与 CRM 实施

综上所述,我们理解的 CRM 实践的范围很广泛,所以符合上述标准的企业活动都是我们 CRM 实践的内容。那么平常我们谈到的 CRM 实施所指的是什么呢?一般而言,企业 CRM 实践活动中一个非常重要的内容就是,利用先进的 IT 技术及计算机软硬件来帮助企业提高管理客户的效率,增强与客户联系互动的能力,提高客户关系管理水平。市场上的 CRM 软件应用系统非常多,全球有上千家的企业都声称开发了自己的 CRM 软件产品,也有很多的咨询公司可以提供相应的实施服务。正是因为这些 CRM 应用系统的问世,很多的 CRM 理念才从现代营销学中的论点转变为实际应用,真正地为企业带来看得见、摸得着的益处,CRM 的理念也是随着 CRM 应用系统厂商们的宣传和推广而变得越来越热,也越来越被更多的企业所接受。所以,在目前的商业环境中,我们提到 CRM 实施总是不自觉地联想到软件系统的应用,因而我们将利用相关的 IT 技术手段和软件系统等来提高企业客户关系管理水平的整个过程称为 CRM 软件项目实施,一般也就简称为 CRM 实施。

显而易见,如图 7-1 所示,企业的 CRM 实施内容是包含在企业的 CRM 实践里,但是企业的 CRM 实践是不仅仅只包含 CRM 软件项目实施。CRM 实践中,除了 CRM 软件项目的实施,还可以有其他的一些活动,如连锁旅馆推出的积分忠诚项目、俱乐部活动、免费上门服务活动等,都是属于 CRM 实践。另外还要认清一点,IT 信息技术也并不是 CRM 实践的必备条件。不同的企业可能具备的信息技术条件不一样,一个小企业可能只有一台 PC 机,但是它依然可以和具有服务器、局域网的大企业一样有效地进行 CRM 实践。有文章曾经指出,很多可以有效管理客户关系的企业,所用到的技术并没有超过 office 套件的范围,很多小企业甚至不使用信息技术所进行的关系管理也要比大企业要好,而大型企业鉴于人力有限,必须要借助各类 IT 技术手段才可以进行有效的关系管理,对信息技术的需求要远远高于小企业。我们必须认清这样的事实,就是是否采用信息技术并不是企业是否进行 CRM 实践的判断标准,任何企业都可以在现有的条件下找到最佳的 CRM 实践方案来提升客户关系的强度与深度。当然,随着 IT 技术的发展,越来越多的新技术被应用到 CRM 实践领域,也有越来越多的企业在条件具备时都会选择通过 IT 技术来改善企业现有的关系管理水平,这就是我们这一部分要关注的内容,就是 CRM 的实施。

图 7-1 CRM 实践与系统实施

第二节　CRM 项目实施目标与原则

一、实施目标

(一) CRM 实施目标

当企业开始决定实施 CRM 项目时，就需要做好长期作战的思想准备。与实施 CRM 项目相比，决定是否实施 CRM 的过程则显得很容易，可能就像在股东会议说服股东认同留住客户是企业的主要战略目标一样的容易。开始启动 CRM 项目面临的问题将会是多方面的，实施 CRM 项目可能需要在全公司的范围内收集需求，可能需要和很多从未听说过 CRM 概念的全体员工共同工作，这不是一件简单的任务。企业要意识到 CRM 项目实施是会促进企业变革，而企业变革也正是 CRM 的目标。企业的变革不是一个简单的命令或举动，而是一系列的行动和细节。一个 CRM 项目需要有对公司"以客户为中心"的理念明确的理解和具体的举措，从高层管理人员到一线员工都要对"以客户为中心"的观点有清醒的认识，而且要与业务情况相结合，将核心思想体现在每一个工作环节中。

企业期待通过 CRM 项目可以提高客户满意度和客户保有率，但是前面我们已经谈过，CRM 不是一项简单的产品或技术，CRM 项目的实施是一项涉及了沟通、交流、控制、影响等多方面行为的系统性工程，据国外调查机构研究表明，CRM 在国外的实施成功率在 30％左右，即大约有 70％的项目都是不成功的。在中国，如银行、电信、保险、航空、证券这些企业规模较大的行业，已逐步开始应用 CRM 系统，但即便是对于非常成熟的大企业而言，实施 CRM 项目也是一项有风险的工作。在实施绩效考评之前，你是无法确定项目实施是否能够成功，是否能有效提高客户满意度与忠诚度，并为企业带来利润。是什么阻碍 CRM 实施成功呢？业界并没有达成共识，但是我们认为要想成功实施 CRM 项目，一个前提就是要能清晰地描绘出企业实施 CRM 想要达到的效果，或者是企业明白自己心目中成功的 CRM 实施应该是怎样的。

CRM 系统的实施必须要有明确远景规划和近期实现目标。管理者制定规划与目标时，既要考虑企业内部的现状和实际管理水平，也要看到外部市场对企业的要求与挑战，没有一种固定的方法或公式可以使企业轻易地得出这样的目标。在确立目标的过程中，企业必须清楚建立 CRM 系统的初衷是什么：是由于市场上的竞争对手采用了有效的 CRM 管理手段，还是为了加强客户服务的能力？这些问题都将是企业在建立 CRM 项目前必须明确给出答案的问题。只有明确实施 CRM 系统的初始原因,才能给出适合企业自身的 CRM 远景规划和近期实现目标。有了明确的规划和目标,接下来需要考虑这一目标是否符合企业的长远发展计划,是否已得到企业内部各层人员的认同。如果这一目标与企业的长远发展计划间存在差距,这样的差距会带来什么样的影响?这种影响是否是企业能够接受和承受的?最为重要的是,企业各层人员都能够认同这个长远规划和目标,并为这一目标做好相应的准备。

一般而言,CRM 实施目标根据企业的内外部环境及其各自商业策略的不同而有所不同,但下面的三个通用 CRM 目标对大多数企业来讲是比较适用的。

1. 识别潜在顾客,实施个性化营销服务,拓展新市场

CRM 系统能够帮助企业完善目标客户基本信息,通过数据挖掘对客户的数量、构成、消费偏好、购买动机等进行不同角度的透视和分析,使企业多方位地把握客户需求,全面了解客户情况;根据客户历史资料的分析,CRM 还可以帮助企业识别出潜在的客户群,提高客户对市场营销活动的响应率,使企业做到心中有数、有的放矢。CRM 的实施还可以实现企业通过新的业务模式(电话、网络)扩大企业经营活动范围,把握新的市场机会。比如,呼叫中心是进行交叉销售和上行销售的理想场所,顾客呼叫"呼叫中心"后,销售人员就可以在顾客挂机之前推断出要销售的商品类型,知道顾客以往的交易习惯,增加销售成效。

2. 提高组织效率,减少企业运行成本

增加整个组织的效率有两个途径:一是商业过程流程化、提供给雇员合适的工具,通过这些来提高雇员的效率;另外,尽可能多地收集顾客的资料也有助于提高雇员的工作效率。二是借助于技术为顾客提供自我服务的机会。通过 CRM 系统的信息技术,企业可以提高业务处理流程的自动化程度,实现企业范围内容的信息共享,提高企业员工的工作能力,并有效减少培训需求,使企业内部能够更高效地运转。

运行成本是指机构正常运行所消耗的办公资源,支付人员的工资、奖金、福利,以及其他相关开支。无纸化办公已经成为现代企业减少运行成本的一个突破点。CRM 所实现的销售、营销,以及服务自动化不但使企业提高了工作效率,改善了服务质量,而且降低了企业的成本,尤其在纸张和邮件费用的节省上。随着互联网的飞速发展,传统的邮件服务逐渐为电子邮件方式所代替。CRM 系统与互联网体系紧密结合,精确记录与客户有关的往来通信,并通过客户电子邮件的自动跟踪功能,将这些电子邮件与相关的客户记录联系起来,再利用自定义的模板和工作流程规则,针对客户请求,生成并发送自动回复的电子邮件,具有强大的邮件管理功能,而且明显缩减了企业在通信方面的开支。

3. 提高顾客满意度、忠诚度,保留价值客户

相关研究表明,20%的客户创造了企业 80%的利润。因此,即使在多变的

Internet 网络经济下，客户的忠诚度仍然显得十分重要。商业公司获得一个新顾客所投入的资金要比保持现有顾客所投入的资金昂贵 10 倍，企业制胜的法宝不完全在于发展新客户，如何保持老客户的满意度、忠诚度，为自身创造更多的利润，现已成为企业管理者和全体从业人员十分关注的问题。

　　CRM 实施的目的就是为了提高客户的满意度和忠诚度，寻找潜在的客户，最终实现企业效益的最大化。一个实施得不错的 CRM 系统，可以通过为客服人员提供完整的客户数据及产品和服务知识库来提高客户服务的效率与质量，通过为客户提供多种交流渠道等方式来与客户保持长期良好互动，这些都可以有效地提高客户的满意度。长期的客户满意度将为企业带来客户忠诚。CRM 实施的最终目标就是，通过实施使组织形成一种长期的竞争优势，能够以高质量的、迅速的、有针对性的服务，提供、建立和维护与价值客户的长期战略关系，从而最终保证企业长期战略利润的实现与提高[38]。

（二）明确 CRM 实施目标的重要性

　　如果企业对 CRM 实施目标有模糊理解，没有达成共识，甚至只是为了实施 CRM 系统而实施，这是典型的 CRM 实施目标偏差的情况，这将大大提高 CRM 实施失败的可能性。比如，企业认为 CRM 实施仅仅是信息化建设的一部分，由 IT 部门来主导 CRM 项目，其失败的可能性就很大，有资料显示其失败率能达到 60%～70%。它们往往对企业核心部分的业务流程没有深入的理解，也没有明确的业务改进方案，最多只能预见到采用统一的集中数据管理和网络将会对业务有所促进，至于应该怎样可以更好地改进流程，这是超出它们思维范围之外的问题，这必然会导致项目的高失败率。

　　另一种情况，如果企业对实施目标只有一个最终目标而没有阶段目标，也可能导致实施过程漫长而充满曲折。CRM 作为一项复杂的系统工程，它必须根据企业目前的实际需求及实施能力，确定分阶段的工作实施目标。在尽可能完成全面规划的同时，更要注重将总目标进行分解，保证每个阶段的工作符合当时企业的实施能力与实际需求，做到阶段实施、阶段突破，才能保证 CRM 工作能够长久顺利地开展。比如，企业可能会希望实施完 CRM 之后达到这样的整体效果：公司的所有员工通过唯一的系统入口，统一使用客户资料，能够全面了解客户信息。企业各部门之间不存在前后矛盾的统计数据，客户信息都能保持及时更新，不会出现与客户联系不上的情况，也无需专门的 IT 人员耗费大量时间去整理客户资料剔除过时信息，这些信息应该是在客户与企业在各接触点发生联系后自动更新，客户的意见和反馈可以及时地传送到相应的部门，并且能在新的产品设计或市场推广等相关活动中体现，同时对已有的客户知识做深入挖掘，提炼成知识并能有效应用。最后，企业真正实现了一个客户的统一知识库和对不同使用者的统一表现。但是，这是一个理想的实施效果，想要达到这样的程度，可能花费大量的精力,在时间上甚至可能跨越多任企业领导层的变迁。

因此,对于大多数的 CRM 项目的实施者而言,存在一个两难的选择,企业是应该冒着实施时间长、涉及面广、回报很迟的风险努力推广一个企业级的 CRM 项目,还是先冒着可能会浪费资金的风险实施一个小范围的快速示范性的 CRM 项目呢?

一些成功的 CRM 项目,往往是从一些问题矛盾较多的业务部门开始,可能是一个单独的营销部门或销售部门等。该部门的领导者意识到需要通过一些外部的因素来帮助本部门提高效率和沟通,而 CRM 项目可以带来这样的效果,于是再争取 IT 部门的技术支持来开发符合自己需求的统一的 CRM 系统。那么,这样由业务部门提出需求而催生的 CRM 系统部署成功后,给该部门带来的效益的成功率是非常高的,在系统价值得以充分体现时,其他部门会越来越关注这个系统,期望能为其他部门也带来收益。于是,全面的 CRM 实施将会逐步展开,越来越多的部门开始接入到这个系统,这个系统便有了越来越多的功能、越来越多的用户及越来越多的数据,使部门的 CRM 系统开始逐步地转变为企业级的 CRM 系统。

很多实践表明,在实施 CRM 项目之前,若实施者能准确描述出希望的 CRM 给企业带来怎样的效益,以及变化的细节将非常有益于项目的成功实施;对项目能给企业带来的期望变化有越清晰、越明确的认识,该 CRM 项目成功的可能性就越大。也就是说,在实施 CRM 之前,企业应明白目前自身的问题是什么、CRM 的目标是什么、每一阶段成功的标准是怎样的。这些是 CRM 项目规划的开始,当企业从这里开始规划 CRM 的时候,意味着企业离成功的 CRM 实施越来越近了。

具体来说,在实施 CRM 之前,项目决策人根据企业的现状,将最需要解决的问题和期望的效果按照优先级高低不同进行排序,以此来确定具体的实施目标。在实施目标的基础上,再适当加以细化与量化。例如,如果实施目标定义为"提高销售业绩",那么可以测量的指标包括,但不仅限于:

(1) 现有的销售周期有多少天?

(2) 现有的销售成功率(潜在客户转为正式客户的比率)是多少?

(3) 在销售人员需要(潜在)客户信息时,是否能够及时地获得最新资料?

(4) 销售人员离开时,企业是否能够保留客户信息?

(5) 销售人员对成单的估计精确率大约为多少?是否因人而异?

最后,实施 CRM 的企业必须将已形成,并得到企业内部一致认同的、明确的长远规划目标和近期实现目标落实在文字上,明确业务目标、实施周期和预期收益等内容。这一份文件将是整个项目实施过程中最有价值的文件之一,它既是项目启动前企业对 CRM 项目共同认识的文字体现,也是实施过程中的目标和方向。同时,还是在项目实施完成后评估项目成功的重要衡量标准。在实施结束、系统启用了一段时间之后,我们建议企业以同样的量化指标来衡量实施的效果,并把效果通知到每个实施小组成员,逐步增强企业上下对CRM的理解,便于确立下一个改进目标和实施计划。

二、CRM实施的原则

我们已经了解,CRM实施是涉及企业级经营管理改革的复杂工程,只有将企业流程优化与客户关系管理结合起来,才能保证企业在投入资源实施CRM后获得预期收益。王广宇在《客户关系管理方法论》中指出,很多的实施案例显示,一个成功的CRM实施需要贯彻以业务流程优化重组为原则,以此为中心,并要特别注意以下五个基本方面,即战略重视、长期规划、开放运作、系统集成和全程推广。

企业实施客户关系管理必须注意组织重组与业务流程重构,从这里启程开始CRM实施的征途。前面已经讲述过,企业寻找CRM解决方案,必须先去研究现有的营销、服务模式和策略,审视流程,发现不足,对流程进行优化。在项目开展初期,不应该把大部分注意力放在技术上,要根据业务中存在的问题来选择合适的技术,而不是通过调整流程来适应技术。因为只有通过改革与流程重组,才能够真正整合企业内部资源,建立适应客户战略的、以挖掘客户需求和满足为中心的新业务流程,加强客户互动,提高营销和产品销售的整体质量。

王广宇认为,在实施过程中的这五个重要的方面,缺一不可。首先,战略重视:CRM的实施是一项极为复杂的系统工程,将涉及整体规划(strategy)、创意(creative)、技术集成(solution integrated)、内容管理(contents management)等多方面工作。因此,实施CRM要获得企业高层管理者从发展战略上的支持,项目管理者应当有足够的决策权,从总体上把握建设进度,提供所需的财力、物力、人力资源,并推动实施。

长期规划:要在自身发展战略框架内进行CRM项目规划,设计较长远的、分若干个可操作阶段的远景规划非常重要。企业可以从一些需求迫切的领域着手,稳妥推进。期望毕其功于一役,投入过大,给企业带来的冲击可能太强。企业可以开发局部应用系统,在特定部门、区域内进行小规模试验或推广,进行质量测试、评估阶段成果并加以改进,然后不断向系统添加功能或向更多部门部署。

开放运作:企业实施CRM应当遵循专业化、开放式的运作思路。尽管在大型商业银行、证券和保险公司往往都拥有比较强大的研发能力和智囊团,但自己从头进行分析、研究、规划和开发时,显然会遇到各方面的难题和困扰。如果与已有较成熟产品和成功案例的专业解决方案提供商深入合作,或者是聘请专业咨询公司，从整体上提出 CRM 解决方案并协助实施，成功的速度会大大加快。

系统集成：企业不仅要投入项目资源，推进 CRM 实施和改进，还特别要注重实现与现有信息业务系统的集成。对于电子化水平整体较高的企业来讲，第一是要对客户联系渠道进行集成，保证与客户的互动是无缝、统一、高效的；第二要对工作流进行集成，为跨部门的工作提供支持；第三要实现与财务、人力资源、统计等应用系统的集成；第四要注重 CRM 自身功能的集成和加强支持网络应用能力。

全程推广：注重在实施全过程中推广 CRM 理念和方法，是确保 CRM 实施成功的重要措施。因为如果企业管理层对于项目的看法不统一、各业务职能部门对实施有较强的抵触心理，或是最终用户缺乏必要的应用知识的话，那么企业 CRM 应用的效果可能会不理想。为此，必须要加强员工培训，使他们能成功地运用这一系统，并以此来对待企业的客户[13]。

第三节　CRM 实施要点

怎样的 CRM 才算成功？最直接的衡量指标就是客户的反馈与可以量化的收入增长。那么怎样实施 CRM 才能获得成功呢？或者说，CRM 实施时最关键的因素是什么呢？IBM 业务咨询服务部通过调查发现，如果企业清晰地了解 CRM 策略，并不仅仅包括信息系统的建设，这只是实现 CRM 策略的方法之一，并且在实施 CRM 策略之前有一整套的配套措施，那么这样的 CRM 实施成效会更高，也更有可能成功。至于配套措施，不同企业，其经济文化环境、企业规模、CRM 项目大小，以及行业背景均不同，因此并无标准答案，需要因地制宜。下面列出一些常见的关键要素。

一、业务驱动 CRM 实施

企业要明白建设 CRM 系统是实现 CRM 策略的方法，因此 CRM 项目的实施其起始点应该是从企业客户开始，在客户需求的基础上明确企业的客户策略，然后以客户为中心来设计合理的流程，最后再选择合适的软件或工具进行技术支持来保证以上需求的实现。实施的注意力应该始终放在业务流程上，而不是放在系统和技术上，IT 技术只是促进因素，它本身不是解决方案。

如果不能理解这一点，则会导致整个项目的实施顺序发生颠倒。企业从技术领域开始，首先去购买和安装软件系统，然后根据系统来变更流程，最后发现变更后的流程与客户的需求差距很大，完全不符合客户策略。这是典型的由技术驱动 CRM 项目的实施，这也是导致了 70% 左右的 CRM 项目失败率的主要原因之一。所以在项目实施的过程中,应十分强调CRM项目是管理业务项目,而不是IT项目,更不是简单的计算机化过程。因此,好的项目小组开展工作后的第一件事,就是花费时间从客户的视角去研究现有的营销、销售和服务的流程和策略,并找出存在的问题。CRM系统的项目实施是以业务和管理为核心的,是为了建立一套以客户为中心的销售服务体系,因此CRM系统的实施应当是以业务过程来驱动的,而不是IT技术。IT技术只是为实施提供了技术可能性,真正的驱动来源于业务本身。同时,还应该避免在实施过程中对技术实现手段先进性的无限制的追求。项目实施必须要把握在软件提供的先进实现技术与企业目前运作流程间的平衡点,时刻以项目实施的目标来衡量当前阶段的实施方向问题,避免由于技术狂热而引起的项目实施目标的变化。

同时还要注意的是,CRM的实施还应该包括剔除无效率的、不能提高客户满意度的流程。有调查数据显示,失败的CRM投资中,有一部分就是由于企业只是使用一套新的系统来代替现有系统(流程还是一样的),或者是使得现有流程自动化,而没有重新评估流程进行优化。因此,CRM的实施其重点在于之前的业务梳理工作,发现业务问题、找出解决方案、调整业务流程,由业务驱动CRM的实施才是成功的基础。

二、人的因素

1. 高层领导对CRM项目的支持

要让高层管理者对实行CRM有全面和正确的认识,CRM会给企业带来长期价值,但同时是一项管理的变革,最初阶段通常见不到回报,有时因为体系的震荡可能业绩会有所下降。但只要方向清楚,顾客利益与公司利益的结合必定产生最大的价值回报。实践证明,CRM实施不但要获得高层领导的支持,而且要求高层领导对CRM有深刻的认识。若高层领导缺乏对CRM项目全面的了解,虽然知道CRM好,但好在何处,哪里又需要根据实际情况调整才能发挥最大效应,项目待完善点又有哪些,等等这些CRM实施细节并不清楚,那么会经常低估实施CRM必须付出的代价,在遇到困难或内部反对的声浪时,就有可能不会投入精力去与每一个部门沟通,知难而退,让CRM实施无疾而终。同时,高层领导对CRM项目的支持还不仅仅要求其对CRM有全面正确的认识,还要其有一定的参与程度,对项目实施进展有清晰的了解,在此基础上对CRM项目表示出的承诺和支持才是最有说服力的。

2. 组织中人员对CRM项目的支持

CRM的成功需要全员的参与。项目实施不可避免地会使业务流程发生变化,同时也会影响人员岗位和职责的变化,甚至引起部分组织机构的调整。组织的变动会引发一些人的反对。如果不能让全体员工意识到 CRM 对大家将产生长期的好处,实行过程中的阻力可能产生致命的作用。如何将这些变化带来的消极影响降低到最低点,如何能够使企业内所有相关部门和业务人员认同并接受这一变化,是项目负责人将面临的严重挑战。

3. 员工的学习与培训

员工是 CRM 实施中的主体,CRM 最终的实施成果是由企业的员工的工作体现出来,因此每一位员工对 CRM 的正确理解与熟练使用都是关系到 CRM 成效的关键。员工在这一过程中,不断地学习了解提高客户价值和公司价值的方法;学习通过"对话"这一最基本,但又最重要的方法与客户保持长期的关系;学习不断采用新的信息分析方法提高认识客户的知识。同时,公司还应投资于"知识管理",让员工在工作中总结出来的知识得到最大限度的推广。不仅如此,对于新系统的实施还需要考虑对业务用户的各种培训,以及为配合新流程的相应的外部管理规定的制定等内容,这些都是成功实施项目所要把握的因素。

三、项目小组管理

CRM 系统的实施是需要大量的人力来完成的。只有保证人力资源的充足,才能保证项目按期、按质、按量的完成。

一般而言,项目组成员会由企业内部成员和外部的实施伙伴共同组成。按照角色分配可以分为项目经理、应用模块小组、技术支持小组、项目领导小组等,其中内部人员的来源主要是企业高层领导、相关实施部门的业务骨干和 IT 技术人员。其中业务骨干的挑选要十分谨慎,他们应当真正熟悉企业目前的运作,并对流程具备一定的发言权和权威性,他们作为项目实施的关键用户必须要求全职、全程地参与项目工作。项目小组人员的流动会对项目实施带来负面的影响。在项目实施的初期,人员的调整带来的影响较小。随着项目实施进程的推进,人员的变动对项目带来的不利影响会越发突出。最常见的问题是,离开的人员曾经参与系统的各类培训,对系统的实现功能十分了解,且参与了新系统的流程定义过程,了解流程定义的原因和结果,以及新流程与现有流程不同之处和改变原因。而新加入项目组的成员不但要花较长的一段时间熟悉系统,同时对新系统流程定义的前因后果也缺乏深入理解,由此可能会带来项目实施的延期和企业内人员对项目实施结果和目标的怀疑。因此,必须采取有效的考核与奖励措施提高人员的积极性,防止人员的流动,以保证人员稳定性。

针对上述情况,要求项目组在建立项目小组和人员定位时,一定要在企业内部达成共识,特别是对人员的安排要有统一持续的计划,防止在项目实施期间对人员的随意抽调。真正做到这一点与企业高层的支持和承诺是分不开的。同时还必须对项目组成员的职责分工有明确定义,将每项任务落实到人,明确对个人的考核目标,对优秀人员予以奖励,不能完成任务的予以处罚。针对奖励也可以采取多种形式,建立特别奖励基金、提供特别培训机会等都会起到激励作用。总之,企业必须要建立完整的考核激励体系,并真正执行这一制度才能对项目实施起到促进作用。

四、分步实施及持续推广

在项目规划时,具有3~5年的远景很重要,但那些成功的CRM项目通常把这个远景划分成几个可操作的阶段。毕其功于一役,给企业带来的冲击太大,往往欲速则不达。企业可以根据业务的轻重缓急来分析需求,配置、定制和应用CRM系统。由于营销与服务部门面向市场与客户,管理上经常发生调整,同时通常又是公司较难管理的部门,实施上建议采取渐进策略,如先进行个别部门应用,再扩展到整个企业,或先进行部分业务应用,再整合其他业务应用。也可以通过流程分析,识别业务流程重组的一些可以着手的领域,但要确定实施优先级,每次可以只解决几个领域。企业就应该明白,CRM是一个不断发展的过程,需要持续的努力和不断的投入以获得进一步的成功。先推行CRM的部门可以通过定期的公告、会议,或者内部网站等多种形式向其他部门通告最新信息,展示已有成果,为进一步推广奠定基础。

五、数据质量与集成

数据质量控制问题至关重要,错误的数据或不正确的信息只能导出不正确的结果,数据输入的质量很大程度决定了系统的应用效果。在CRM系统中,由于营销人员管理难度较大,信息经常无法按时保质提供,数据质量需要从管理与系统两个方面进行控制:管理上,应明确信息录入的时间与信息项要求,最好在绩效考核上有配套的措施,以确保信息采集的准确性,此外,对外购信息或批量处理的信息应有熟悉业务的专人进行过滤与确认;在系统上,应根据业务经验,提供信息校验、排重、修整与批量处理等机制,实施人员还要与业务部门确认数据模型与相关计算算法,保障数据计算与业务一致。

这部分中,最重要的是数据的集成。要真正做到"以客户为中心"的决策支持,就意味着要了解不同接触点上的每一个客户,而且不仅仅是年龄、收入、渠道偏好等基本数据的了解,还需要有包括对产品和服务反馈意见等更全面的信息了解。而这些数据信息可能分布在公司的各个技术平台上,寻找、收集和统一数据并不是一件轻松的事情,而这些数据的统一和共享却也是影响CRM实施成功的重要因素。

补充阅读

一个逐步实施的例子[4]

企业实施 CRM 项目,比较容易控制的是只在一个点实施,相关部门人员都在该点附近,能够很快地传达并影响到。规模就是效应,再复杂的系统如果只是一两个人使用也是小系统,再简单的系统如果是 1 000 个人使用却是大系统,CRM 实施的项目管理也是这样。比较复杂的是涉及区域很大,如人员分布很大、子分公司很多、渠道体系遍布全国等,这样引起的项目实施的难度远远超过系统个性化定制和部署的难度,因为 CRM 项目中人和业务流程远远重于系统。

CRM 既是一个变革也是发展,要用发展的、持续的观点看待 CRM 的实施。企业可以从一个单独的部门先实施 CRM 项目,往往一个部门的实施过程比企业全面开始更简单,效果也更显著,这样可以通过快速明显的 CRM 实施效果来影响其他部门。下面我们来看一个移动电话公司实施 CRM 的过程。

某移动公司客户服务部门是企业最先实施 CRM 的部门,该部门已经成立客户支持中心,包括呼叫中心和网站,利用网络和电话接触对客户进行调查并追踪客户满意度,同时分析客户反馈意见来促进产品和服务的改进。项目启动后,客户支持部门的应用效果引起营销部门的注意,它们对客户满意度的评价及相关的分析很感兴趣,于是希望能够共享这些原本存储在客户支持中心系统服务器上的资料。为了能够对动态变化的客户信息进行实时的客户细分,营销部门开始向同一 CRM 供应商购买兼容的模块来进行更有针对性的客户交流,并制订促销计划。这种渐进式的解决方案好处在于营销部门能够充分利用已有资源,享受已有数据带来的成果,带来立竿见影的效果和激励。当营销部门开始应用相应模块时,它也在为客户中心数据库提供源源不断的信息,帮助客户服务人员更好地辨别出更高价值的客户,更好地提供服务。

当呼叫中心与营销部门的 CRM 系统集成程度越来越高时,这两个部门需要越来越多的互动,需要有更强的处理流程和更多的数据,这样能够帮助它们更好地做到"以客户为中心"。于是开始同时向领导层建议来进一步改进 CRM 系统,并且建议与销售部门协同将原来销售部门 SFA 系统的数据合并到客户中心数据库里来。这样,销售人员现在可以使用到客户中心数据库中的内容,能够后跟踪营销部门发出的信件,了解客户反馈信息,有效地和潜在客户进行沟通,促成订单的生成。这样,销售人员第一次从公司的角度全面地了解客户信息,而不是仅仅代表自己和本部门与客户进行互动。

同时,呼叫中心能够利用新的销售数据来追踪订单中的问题,并能分辨客户是现有客户,还是潜在客户或是已经流失的客户。而且,能根据辨别条件来实施呼叫中心为不同类型客户配置的脚本程序,指导服务人员以根据客户资料定做的方式来与客户进行交流。

在销售部门系统与原有客户中心系统集成之后,营销部门可以利用最新的销售信息来进行营销活动,并通过现有的订单数量来定量分析促销活动的效果;也可以了解到怎样去细分客户偏好,哪种促销方式和销售渠道来订购怎样的产品,通过这些信息来制定更好的促销计划。

在销售部门与营销及客户部门都尝到系统集成之后的好处后,销售经理们开始鼓励在现场服务的同事们通过移动终端远程使用 CRM 服务器的数据,来跟踪场外的设备和管理。现场的服务人员能向系统提出他们的需求,查询客户设备的历史故障和维修历史,并且能查阅企业产品知识库,而这些对于提高他们与用户沟通的效率和客户满意度是非常有帮助。

营销部门也可以通过对客户的细分来帮助场外服务调度,可以使更高价值的细分客户能够得到更高优先级的安装和维护服务。移动终端使得相关的管理人员与业务人员在家里、在客户办公室、在异地他乡,甚至在旅途中都可以随时掌控并满足客户的需求。

在呼叫中心实施 10 个月以后,营销部门已经开始逐渐发现客户流失率在下降,主要是得益于有针对性地对处在流失边缘的客户进行的沟通。而在此之前,营销部门从未有过针对性的降低客户流失的计划,更不用提这样定量的改进了。

同时,在客服部门,往往服务都是被动的,即一项服务通常都是由于客户在产品使用中出现问题而启动的,最基本的服务是客户在出现故障的时候提出维修要求。而现在企业能够通过数据库及时了解客户动态信息,主动地启动一些服务项目,如可以主动向客户介绍产品的应用技巧及新技术、新产品的发展等,这就实现了一个本质上的提升,不仅可以获得更高的客户满意度,而且可以创造更多的生意机会。原来的客户服务只是对产品的补充,现在却为整个企业增加了附加价值。

这样,该移动公司逐步地在全公司范围内实施了 CRM,并且随着功能的不断增强为企业带来更多的价值。对 CRM 来说,不是所有的公司都需要从呼叫中心开始做起,但是每个企业一定都会有一个非常需要 CRM 来解决目前困境的部门,那么就可以从这个部门开始,随着时间流逝,不断地扩充现有的 CRM 系统,最终形成企业级的 CRM。

思 考 题

1. CRM 实践的含义是什么？CRM 实践与 CRM 系统实施关系如何？
2. CRM 项目实施目标是什么？明确目标对项目成功实施的意义如何？
3. CRM 项目实施过程注意的要点有哪些？以你的理解，认为哪个因素更为重要？

第八章

CRM 项目规划与执行

第一节 CRM 项目规划

CRM 项目的实施,可以看作是 CRM 从远景规划逐渐落实到具体系统集成的一个过程。CRM 项目的规划策略是自上而下的,首先是构建 CRM 远景,进行 CRM 战略调整。构建远景规划是基于战略高度,从企业的整体发展战略和业务流程出发,并关注近期与远期企业认可的具有发展企业的领域,围绕企业的流程、组织构架等方面为 CRM 实施制定一个有高度的目标。CRM 远景是一个很关键的方向性问题,它直接决定了企业 CRM 的成败。

然后,将 CRM 远景转变为与相应技术相结合的 CRM 措施,其中最重要的一步就是业务流程的优化。这是进一步将远景规划与实际操作相关联的关键一步,在流程优化的基础上,考虑企业个性化需求的客户化技术如何实现,落实到具体的方法。主要考虑以下的一些问题,如应该采用怎样的技术、怎样的部署架构才能更贴近业务需求、如何将业务流程与 IT 系统集合起来等。当业务远景规划和技术结合的方案成熟后,就需要选择一套合适的 CRM 系统,以及相应的解决方案,对其实行可靠的实施,最终实现企业 CRM 的应用。

在应用中,CRM 的实施划分为两个部分:一是相关业务流程的重组,二是 CRM 软件系统的融入。CRM 中的业务流程的重组是在客户战略的指导下进行的,而客户战略和企业的业务流程模式又是 CRM 软件选取依据和应用基础。CRM 实施中,最大的错误就是没有计划(gartner group)。如果业务流程没有进行恰当的优化整合,客户战略就得不到执行,CRM 软件系统就不能够有效地参与到客户关系的管理中。

一、业务流程规划

(一) 理解业务流程重组

1. 业务流程重组定义

20 世纪 90 年代以来,业务流程重组(business process reengineering,BPR)

受到普遍关注,欧美等国企业掀起了"以业务流程重组"为核心的企业管理革命浪潮。1990年,美国哈佛大学博士Michael Hammer教授提出BPR这一概念,当时随即成为席卷欧美等国家的管理革命浪潮,并被誉为是继专业分工理论之后具有划时代意义的企业管理理论。

1993年,Michael Hammer在《公司重组:企业革命的宣言》一书中对BPR作了如下定义,"企业流程重组"是从根本上考虑和彻底地设计企业的流程,使其在成本、质量、服务和速度等关键指标上取得显著的改善,使得企业能最大限度地适应以"顾客(customer)、竞争(competition)、变化(change)"为特征的现代企业经营环境。其中,"根本性"、"彻底性"、"显著的"和"流程"是定义所关注的四个核心领域。

(1) 根本上(fundamental)重新思考。

即企业需要从根本上重新思考,对长期以来企业在经营中所遵循的分工思想、等级制度和官僚体制等进行重新审视,这需要打破原有的思维定势,进行创造性思维。例如,企业在准备进行重组时,必须自问:"我们为什么要这样做?""我们为什么要做现在的事?"它与组织的整体目标有什么关系?通过对这些根本性问题的仔细思考,企业可能发现自己赖以存在或运转的商业假设是过时的,甚至错误的。

(2) 彻底的(radical)变革。

企业重组不是对组织进行肤浅的调整修补,而是要进行脱胎换骨式的彻底改造,抛弃现有的业务流程和组织结构,以及陈规陋习,创造发明全新的完成工作的方法。它是对企业进行重新构造,而不是对企业进行改良、增强或调整。

(3) 显著的(dramatic)进步。

企业流程重组是根治企业顽疾的一剂"猛药",可望取得"大跃进"式的进步。显著的进步意味着,业务流程重组寻求的不是一般意义的业绩提升,或略有改善、稍有好转等,进行重组就要使企业业绩有显著的增长、极大的飞跃。业绩的显著长进是BPR的标志与特点。哈默和钱皮为"显著改善"制定了一个目标,即"周转期缩短70%,成本降低40%,顾客满意度和企业收益提高40%,市场份额增长25%"。企业重组,绝非是缓和的、渐进的改善,而是一日千里的大跃进。

(4) 从重新设计业务流程着手。

在一个企业中,业务流程决定着组织的运行效率。在传统的企业组织中,分工理论决定着业务流程的构造方式,但同时带来了一系列弊端。由于分工过细、组织机构庞大、组织效率低下、管理费用的增加,已背离了"分工出效率"的初衷。企业重组之所以从重新设计业务流程着手,就是因为原有的业务流程是低效率的根源所在。

BPR又有广度和深度之分。业务流程重组广度是指业务流程重组的范围,有单一业务流程的重组、部门内的流程重组、企业内的流程重组、企业间的流程重组。业务流程重组深度有两个层面,其中一个层面是流程重组仅涉及活动所采用的技术与步骤的改变;更深一个层面是流程重组是指在企业战略的指导下,企业组织结构与企业文化的改变与适应。

BPR 的对象一般是企业的核心流程,或关键的"瓶颈"流程。核心流程是指那些对企业价值创造起着关键作用,并直接为客户传递价值的流程。一般而言,企业的核心流程直接或间接与客户的需求有关。核心流程代表了企业的经营活动,以及各个活动之间关联的框架,它创造了大部分客户价值。根据核心业务流程的定义方法,可以找出企业的核心业务流程。如果企业的核心业务流程出了问题,企业的整体性能将迅速降低,因此企业重组应围绕核心业务流程展开。"瓶颈"流程可以定义为直接影响企业整体效能发挥的少数子流程,这些子流程由于设计问题导致该部分的运行效率远远低于其他流程,使得整个企业运行效率大幅度降低。我们不可能对企业所有的流程进行分析,必须从企业众多业务流程中找出对企业性能提高具有显著影响的核心业务流程,然后围绕这个经过重组的核心流程,将企业的其他流程系统地作一个适应性的调整。

2. 业务流程重组步骤

对业务流程重组的步骤,不同的专家有不同见解。哈默和钱比将流程重组分为确定重组队伍、寻求重组机会、重新设计流程、着手重组四个阶段;佩帕德和罗兰将 BPR 分为营造环境、分析诊断和重新设计流程、重构组织、试点和切换、实现战略五个阶段;芮明杰认为,流程重组过程应由设定基本方向、现状分析、确定重组方案、解决问题计划、制定详细重组工作计划、实施重组流程方案和继续改善的行动这七个阶段组成,每个阶段又包括一些具体的步骤和任务。

尽管众多学者对业务流程重组所包含步骤的多少、具体细节的表述不尽相同,但仍然存在着许多共性的内容。如图 8-1 所示,一般而言,我们可以将重组过程分为以下几个基本步骤:

(1) 业务流程分析。

分析企业流程现状是企业业务流程重组的重要步骤,首先对现有流程进行描述,描述是用来反映企业中流程的现有状态。流程详细的描述为新流程设计提供了依据,能使我们方便地识别关键所在。在业务流程分析阶段包括描绘企业流程现状,并找出核心流程。因为企业的业务流程是一个复杂的体系,流程重组需要以选择核心流程为突破口。一般挑选核心流程的原则为:首先关注企业跨职能部门的,同时其最终产品为核心产品的业

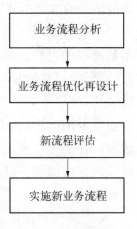

图 8-1 业务流程重组步骤

务流程;其次是根据对市场的影响程度,选择对客户满意度最具影响力的流程;最后是重组可行性的流程,即具备重组的必要性和可能性的流程。在挑选出重组的核心流程之后,就需要对流程进行分析。

流程分析的方法很多,如作业成本法(ABC)、ASME方法等。20世纪80年代末,由Robin Cooper与Robert Kaplan提出了作业成本法(activity based costing),简称ABC法。作业成本法认为,产品消耗作业,作业消耗资源;生产导致作业发生,作业导致成本发生,作业是成本管理的重点。作业成本法按照各项作业消耗资源的多少把资源成本分摊到作业,再按照各产品发生的作业多少把作业成本分摊到产品。在企业流程重组时,应用ABC方法对重点的流程进行分析,可以量化流程实际消耗的资源,发现消耗大量资源的活动,为再设计流程提供依据。ASME方法,即美国机械工程师学会(American Society of Mechanical Engineers)标准。ASME最大的优点是可以清晰地表达流程中各个活动是否是增值活动,清楚地显示非增值活动所在的环节。ASME方法采用表格的方式记录了活动、活动消耗的时间、活动的操作者、活动是增值活动还是非增值活动等信息,通过细致地列出流程的步骤,可以明白每个步骤的具体内容,找出了增值活动和非增值活动,简便而实用。

现在已有越来越多的企业着手从外部视角重新审视流程,对流程进行分析。主要通过对外界环境、顾客和组织核心等状况进行深入细致的调查分析,如进行客户满意度调查等来寻找问题之所在,来设定具体的改造目标及标准。

(2) 业务流程优化再设计。

根据业务流程分析阶段的分析结果,找出现有流程中的瓶颈位置,按照增加增值活动的准则对流程进行重新优化再设计。

一般对流程优化再设计时,要掌握以下的一些原则:① 以流程的目标而不是流程的过程为出发点,来定义岗位职责和相互关系。② 识别不增值的流程活动,尽可能地剔除对内部客户和外部客户不增值的活动,使企业的反应速度加快,使得企业的资源尽可能地投入到增值活动中去。当然,有一些不增值但很重要的活动,也需要区别对待。③ 使决策点尽可能靠近需要进行决策的地方。在决策点和实际工作点之间的时间延迟会导致流程实施进程的中止,造成成本的增加。部门之间的沟通、决策和问题的解决,应在直接参与作业的层面上进行。

(3) 新流程评估。

对新流程进行评估是必要的步骤,通过对新流程进行评估可以确定新流程的设计是否合理、是否去掉了非增值活动、新流程是否可行等。流程评估,主要评估以下内容:

第一,分析业务流程的客户及客户需求,根据分析结果,评估业务流程是否满足其客户的需求,评估目前的流程是否是最佳解决方案。

第二,分析整条流程运行所消耗的资源,包括人力资源、时间资源(流程周期)、财物资源,评估这些资源是否充分得到了运用、是否存在压缩的空间。

第三,分析流程是否有瓶颈环节,瓶颈环节是否给予了充分的考虑和资源分配,以消除这些瓶颈的消极影响。

第四,分析流程的内部控制及控制风险,评估整条流程的控制程序是否设置健全,并得到遵守。

第五,分析新流程的稳定性,评估新流程在执行过程中是否有由于人的因素影响,而产生流程变动的风险。

以上五条流程评估内容是相互关联的,而非相互独立,在实务中结合使用,往往能揭示出流程管理中深层问题,使流程得到更好调整和改良。

(二) CRM 流程重组与优化

1. 理解面向 CRM 的流程重组

在一个企业中,业务流程的科学、合理与否,决定了这个企业运行的效率,它是企业的生命线。在传统的企业组织中,业务流程构造是按照劳动分工的需要,而不是按照客户管理的需要来组织的,传统公司会更注重流程过程本身。即认为,要改善企业的业务效率或服务品质,恰当的方法是把特定部门的功能和人员的责任进行细分,使得每一种业务领域明确化。而细分业务的范围与权限往往会造成服务客户的障碍,客户遇到复杂问题需要和流程中涉及的多个环节部门交涉,无法让客户有被重视的感受,客户管理流程往往是分散的、片断的,这使得企业无法有效地实现以客户为中心的经营管理活动。在 CRM 环境下,客户的概念需要从独立分散的单个部门提升到企业整体的层面,因此在企业中与客户相关的每一个业务操作和管理环节都需要重新设计整合,这意味着基于客户关系管理的业务流程重组是一场全面性的、系统性的管理变革。CRM 的流程重组也需要对业务流程进行描述分析,找出问题点进行重新设计,对新设计的流程进行评估等阶段。CRM 流程重组的目的是将任务在员工之间进行重新分配,通过任务组合,形成新业务流程及更有效的组织架构。

业务流程管理是提高企业竞争力和革新能力的前提条件。在实施 CRM 的过程中,流程重组是一个必要环节。有人会认为流程重组与 CRM 项目实施是相互交错而进行的,或者认为企业应该实施 CRM 系统,通过实施来改进企业核心流程,帮助提高流程效率。我们知道,企业流程重组是对企业的业务流程进行根本性的再思考和再设计,以期望在成本、质量、服务、效率等各方面业绩显著提高,正确的思路应该是企业在实施 CRM 之前就要对现有流程进行分析调整,依据优化后的流程来选择合适的 CRM 工具进行实施。

大部分的CRM项目最初是用来帮助解决面向客户的业务问题,集中在销售、营销与客户服务部门,在此基础上有了一定的数据积累后才会开始分析型的CRM应用。所以,一般的CRM项目实施,是从相关业务流程的改进开始。CRM相关业务流程改进的标准是以客户感受为中心,达到改善客户体验的目的。详细地看,就是从客户的角度来考虑业务流程的合理性及运作效率,根据企业状况进行资源重新配置及业务流程重组,满足与客户有密切联系的主要部门(市场营销部、销售部和客户服务部)的需求,加强统一的销售管理,缩短销售周期、整合销售渠道、提高销售效率、及时获得和理解客户的需求,提高客户服务质量;将企业的市场、销售和服务协同起来,建立三者之间的沟通渠道,解决企业在运作过程中遇到的实时传递信息和渠道优化的问题。

比如,某银行在一项客户服务调查中发现,自己被认为是不以"客户为导向"的银行。一个突出的现象就是该银行不重视业务效率,而使得客户经常在窗口排长队。并且各个窗口的业务范围各有不同,在存款的柜台办理账户的客户就无法办理个人消费贷款,这要求客户必须到贷款窗口重新排队。在发现症结之后,银行为了能向客户提供方便、快捷的全面个人服务,就必须改变业务领域和权限,重新以客户为中心调整流程。

我们通过某一连锁型酒店来看一个具体的面向CRM的流程优化过程[4]。现在对于很多的大型连锁型酒店而言,其面临竞争越来越激烈。该行业的研究数据显示,有价值的老客户为酒店带来的收益非常高,8%的客户可以带来近40%的利润,于是酒店开始意识到确保有价值客户的忠诚度能给企业带来的价值是非常大的,企业需要逐渐地从以往偏重于"以利润为中心"转变为"以客户为中心"。传统的酒店提高客户忠诚度的方法是这样的,当入住的客户是属于企业认可的有价值的客户的时候,酒店将会为其提供更优质的服务及相关优惠,如免费为其升级房间、为其免费提供普通会员不拥有的便利服务等来提高客户的满意度。但是,这些额外的服务都只是在客户入住了酒店才能享受到的。而现在越来越多的数据显示,很多有价值的老客户可能因为某些次订房不成功没能入住而转向其他的竞争对手,他们根本无法享受酒店为他们提供的那些额外服务。那么为客户提供更多的入住机会,以及订房的便利是现在环境下提高客户忠诚度的一个重要举措,如何更好地为客户提供这样的服务呢?该连锁酒店需要首先描绘出现有客户的完整接触流程,然后寻找合适的方式和手段来改善。考察该连锁企业后发现,酒店已经对客户做了价值的区分,为老客户提供专属的VIP卡和特定的订房电话,有专门训练有素的服务人员提供特别服务。订房流程如图8-2所示,尽管为这些老客户提供了特别的订房通道,但是在没有房源时,这些客户依然只有选择等待,或者离开去其他竞争对手处入住。

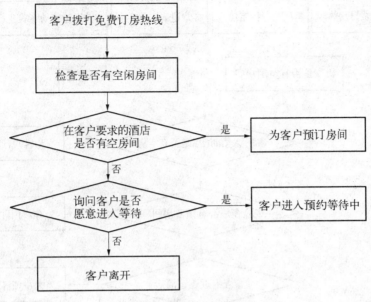

图 8-2 传统订房流程

有数据显示,在第一次电话预订遭到拒绝时,只有 24% 的客户愿意接受登记预约等待,最后也只有 10% 的客户能够得以入住。面临这样的环境,该连锁酒店需要采取更细致的措施来保留老客户:提供更多的便捷手段支持客户随时预订,包括电话、传真、网络等;在房源紧张时,为客户追踪附近的连锁店,尽力为客户在本酒店的其他连锁店推荐合适的住房;在需求量大的连锁店内为有价值的客户预留一定数量的预备房。这样,我们可以看到改善后更专业的订房流程,如图 8-3 所示。

新的流程包括更多样的交流渠道,可以为客户提供更加便捷的沟通方式,以及更多样化的客户体验;同时,新流程的关键在于可以为有价值的客户提供更多的预订房间方式,能更有效地为客户提供更大的价值。通过优化后的新流程,有价值客户在拨打订房热线时,即使不能立刻得到自己最理想的房间,但是能够在指定时间入住的可能性也要提高很多,省却了在多家酒店之间徘徊选择的麻烦。在新的流程下,客户与酒店多次的接触经验将会给客户带来更多的信心,在他们需要的时候,该连锁酒店有更高的可能性帮助他们订到想要的房间,这显然可以增加客户的品牌忠诚度,有助于提高再次订房的可能性。

2. 面向 CRM 业务流程重组内容

(1)以提高交易效率为目的的流程重组。

在传统的业务流程模式下,由于分工过细,一项产品或服务的提交活动,要经过若干个部门、环节的处理,整个过程运作时间长、成本高。企业经营处于迟缓状态,在快速多变的市场环境中处境被动。在 CRM 环境下,客户将可能在任

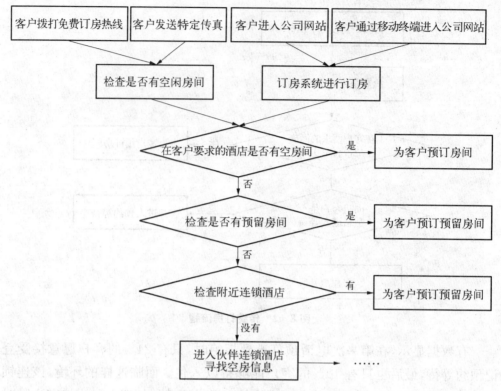

图 8-3 改善后更专业的订房流程

何时间和地点，借助于 Internet 工具，根据个人的需求，向企业提出个性化的要求；企业也需要将产品信息以最快的方式传递给客户，或者根据来自客户的需求信息设计并制造出产品。这就需要企业改变现有流程，通过互动的商品交易方式来提高交易达成的效率，这必然对企业的销售、营销等传统的业务流程提出很大的挑战。在未来的市场上，越来越多的个性化需求，标准化的商品和服务所占比例将进一步降低，企业销售产品的渠道也会随之变化，网络作为新兴渠道越来越受到重视，这是对传统的销售和营销方式的颠覆，相应的流程必然需要重新设计。

（2）满足客户需求对业务流程进行重组。

在传统业务流程模式下，各个部门按照专业职能划分，每个部门互不干涉内部事务，结果是各部门只关心本部门的工作。传统的业务流程多局限在部门内部，企业的部门之间，以及企业与合作伙伴之间的业务流程无法形成一个有效的互动闭环，这往往会导致职能部门过于重视本部门利益，而弱化了企业的整体绩效目标，随之带来的是"顾客就是上帝"、"以客户为中心"变成一句口号，企业的员工并不在意企业生产的产品或服务是否能真正满足顾客的需求。比如，设计和营销部门之间的沟通障碍可能会导致设计不合适，并不能满足顾客的实际需要；抑或设计部门的产品所提供的功能过于复杂,而超越了实际需求。CRM环境下的客户已经不再满足于企业所提供的产品与服务,他们希望得到的是他们想要的,这就要求企业的营销理念必须从以产品为导向转变到以客户需求为导向。CRM的核心就是了解客户并倾听客户需求,根据客户反馈来进行产品的设计与营销。只有对业务流程进行相应的变革,才能满足客户多样化的个性需求。这就要求企业尽快建立网络"实时一对一"的平台,让整个业务流程的各个环节:营销、销售、客户服务流程无缝衔接,并共享客户数据。这样,客户才能够按照他自己的方便来选择与企业共同的渠道或事件,而通过不同渠道将获得统一、专业的服务[39]。

3. 面向CRM业务流程重组的过程

从前面的案例我们可以看出,一般以客户为起点的流程优化主要有三个步骤:一是要从客户的观点来重新界定业务,分析现有流程问题;二是根据重新界定的"应有的业务"与现状的业务差距,来明确新的业务流程;三是评估新的流程及其实施。

首先,分析现有流程。对于现有流程,要问一问以下的问题,看是否能符合以下各个要求,若不能则应该花费更多的工夫来研究如何优化现有的流程,或者制定新的流程。现有的流程是否能带来有效果的回报,如是否会增加订单数量或提高订单金额,也或者能增进客户体验?在流程中与客户的不同接触点,是否有助于更多地、更立体丰富地收集客户的信息?与客户的互动过程中,是否向客户表达了企业对他的重视,有无浪费客户时间的无效互动?流程是否有助于我们将每一位客户做到个性化的对待,或者是否有助于我们提高这种能力?这个流程是否可以有效识别不同价值的客户,能否做到对高价值客户的区别对待呢?

在回答了上述问题之后,就知道企业是否需要对现有流程进行调整。在这个流程重组的过程中,可能只是在BPR中添加一个新的功能,也可能是将企业现有的流程全部放弃,需要重新开始。也许公司原来与客户互动的方式是有效的,但我们必须要对其重新进行审视,从以上的多个方面来加以考察,来决定是否保留或进行调整。

其次,界定规划新的业务流程。需要进行流程调整的企业,下一步就要从另一个角度来考察流程,对流程进行更好的规划。如果对CRM涉及的所有业务流程一次性地进行重组,可能涉及的机构比较多,影响的人也很多,风险也会比较大。通常,一些成功的CRM项目都会将企业远景分为几个可操作的阶段,通过流程分析,先着手那些需求迫切的领域,这样每次解决几个领域的问题,效果稳妥而明显,否则可能会给企业带来太强的冲击,可能会导致欲速而不达的后果。这种"分步实施",只是每次前进的步子比较小,每一步的重组都不至于引起较大程度的反抗(或阻力),用较多一些时间,平稳过渡,实现最终目标。

以下的问题有助于企业更准确地对流程进行提炼,并且能帮助企业选择合理的调整时机。针对某个特定的、面对客户的流程,涉及的部门有哪些?每个流程中,涉及的员工有多少?在流程涉及的组织之间,传送的信息有哪些?传输量有多大?共享的信息在流程中传送时,是否发生改变,改变的可能性有多大?每个业务流程涉及的部门是否能对流程中的业务规则达成共识?

最后,评估并实施新的流程。改善流程的目的是要加强与客户的互动,因此先将最好的客户体验过程用简单模型表示出来,然后在此基础上来进行流程的提炼与优化,这样最终的流程才可能更符合企业的目标。在处理跨部门的流程时,要在不同的部门之间达成一致意见,这需要大量的磨合时间。而流程优化又是决定 CRM 实施项目成败的一个重要因素,因此流程确定一般需要在规划 CRM 之前完成,这样企业才能更清晰地知道要改进的是什么,需要选择怎样的 CRM 产品来与业务要求相匹配。

4. 客户满意度调查有助于流程重组

业务流程重组的出发点就是为了适应竞争,满足顾客需求。而选择重组的业务流程、理解业务流程、评估业务流程等无一例外地需要了解顾客的需求,了解什么对顾客而言是有意义的。为了使企业更好地为顾客服务,同时为企业创造更多的效益,还需要识别企业的关键客户,并与之建立良好的关系。那么,如何在业务流程重组中达到这些要求呢?

企业在进行面向 CRM 的业务流程改造时,一般会先选择核心业务流程进行改造与优化,对于核心流程的选择一般是在对现有流程评估阶段完成后。核心流程是由客户/市场的需求决定的,是从客户的角度出发,定义了企业应该做什么来满足客户/市场的需求。从客户的需求出发,寻找提高顾客满意度的流程与活动,对于提高顾客满意必不可少的业务流程,也就是对顾客特别重要的业务流程,即为核心业务流程;对于提高顾客满意度可有可无的业务流程,也就是对顾客相对不重要的业务流程,即为非核心业务流程。那该如何选择核心业务流程呢?

企业如何得到顾客信息、了解哪些是对顾客最有价值的产品和服务,以及还存在哪些问题,这就需要收集顾客信息,而最直接有效的方法就是对客户进行问卷调查。通过调查,可以了解企业的客户到底在想些什么?对企业有怎样的想法?满意度到底如何?很多专家也认为,客户满意度调查有助于引导流程重组和流程的持续改进。顾客满意度调查是支撑整个业务流程重组和顾客关系管理的前导,能够对企业当前服务的质量进行量化的评估,并判断服务中急需改进的因素,从而以此作为企业改善服务质量、维护并扩大现有客户群的基础。就顾客满意度调查的调研目标来说,应该达到以下几个目标:① 确定导致顾客满意的关键绩效因素;② 评估公司的满意度指标及主要竞争者的满意度指标;③ 判断轻重缓急采取正确行动。客户满意度调查工作一般分为以下几步。

第一步问题定义：第一步工作的任务是明确以下问题，如目前有多少顾客？有哪几类目标顾客群？有没有顾客数据库？向顾客提供哪些服务？竞争对手是哪些？强项和弱项各是什么？有哪些因素影响顾客行为？通过这一步我们还需要了解在提供服务时，组织结构是怎样的，以及有哪些部门直接与顾客接触，哪些部门为与顾客接触的第一线工作人员提供支持。

第二步定性研究：通过对消费者和企业内部员工进行访谈，以及二手资料的收集来了解以下问题，对某项服务而言，什么因素对顾客来说很重要的？顾客和员工认为公司在这些方面的表现怎样？认为竞争对手在这些方面做得怎样？什么因素阻碍了公司在这些方面的表现？

第三步定量研究：对消费者的定量调查是顾客满意度调查的关键部分，需要界定调查对象范围，以及如何获得有效样本总体，有什么抽样方法能够使选中的样本更具代表性，确定用何种访问方法。在调查问卷中应分为两大部分，顾客期望表现和供应商表现，然后对每一问题分别回答。

第四步成果利用：通过对定性和定量调查结果的客户分析，可以依此评估调查效果。通过顾客对因素重要性和满意度评价，能够区分出四种类型的因素，一是急需改进的因素，即对顾客是重要的而满意度评价是较低的；二是应该继续保持的因素，即对顾客是重要的而满意度评价是较高的；三是不占优先地位的因素，即对顾客是不重要的而满意度评价是较低的；四是锦上添花的因素，即对顾客是不重要的而满意度评价是较高的。这四种因素的重要性排序就形成了改善措施的先后顺序。最后确定需要采取行动的方向，并制定改进计划和营销策略[40]。

汽车企业 CRM 流程改造的案例[29]

我国汽车产业正在进入"全面洗牌"时代。2000年以来，我国汽车生产能力迅速提高，出现了产能过剩、供大于求的情况，导致国内汽车市场的竞争日益白热化。

对日趋激烈的市场竞争、日益个性化多样化的顾客需求，D 企业意识到必须进一步突破创新，未雨绸缪，实施"潜在用户开发"，由"坐商"转变为"行商"。瞄准目标顾客群，了解顾客需求，挖掘一切可能的客户，努力实现一对一营销，把他们变为真实客户。在这种拉动式的营销模式下，D 企业开始主动出击，寻找未来的客户，从企业内部流程重组着手，真正转变为以客户为导向，实施订单管理，全面实现主动式销售，实现把握未来的主动营销。

D企业经过分析,首先找到企业需要优化的核心流程,其核心流程包括:连接厂家、经销商和客户的订单流程,CRM终端使用者的经销商核心销售流程,以及客户关怀流程和客户服务流程等。下面简单介绍其订单流程的重组。

汽车销售流程是由厂家众多相关职能部门和各地经销商配合完成的,涉及汽车生产厂家的计划、财务、物流部门、经销商和最终客户等各方面,体现于提升客户价值的服务。对提高客户价值不利的障碍应铲除,职能部门的意义应被减弱,多余的部门及重叠的"流程"应被合并。

实施CRM之前,经销商的订车计划是先由总部依据历史数据和市场预测定年度总体目标,然后分解到各分销中心,再由分销中心分解到每个经销商,最后基于既定的年度销售目标,制定逐步实施的季度/月度/周销售计划,并通过合理的进货与库存平衡方式支持目标的实现。总的说来,完全是一个自上而下的过程,经销商只能被动选择,客户也就更加只能被动选择了。

按照这种传统的订单模式,经销商层面有4个关键指标:批售计划、零售计划、库存计划和期初库存数。其相互关系如图8-4所示。

其中,批售计划:指经销商向汽车厂家的预计的进货量。

零售计划:指在一个销售周期内,经销商依经验估计的销量。

库存计划:根据经验在一个销售周期内,满足销售要求所需要预备的库存车数。

期初库存:指一个进货周期内,最后剩余的车辆。

由图可以很明显地看出,经销商批售得到的车辆和客户需求是没有任何关联的,客户需求并未在订单体系有所体现,经销商实际是独立于汽车厂家的营销体系之外。客户只能在经销商现有的库存车中进行选择,客户主动要求并能够及时满足的份额极少,据统计大约不到40%。反映在经销商层面就是客户需求的车辆没有资源,而车库中堆积了大量的其他市场反映惨淡的车型。而实施CRM后,订单流程重组将潜在客户管理系统纳入销售的订单体系,销售任务主要来源于客户的需求;零售计划重点针对中长期规划,属于企业销售的远景规划;而且,批售计划的概念不再存在,取而代之以"进一出一"的模式运作,即对最终用户销售一台、经销商就再进一台以维持基本库存,如图8-5所示。

图8-4 汽车企业传统的订单模式　　　　图8-5 实施CRM后的订单模式

批售计划=零售计划+库存计划-期初库存　　客户需求=零售任务+基本库存

基于这种情况,结合潜在客户开发、客户管理,以及在此基础上的销售需求预测来重设订单流程。首先,客户需求决定经销商订单计划,即购进客户所要的车型,然后经销商向厂家下订单,厂家依据各地订单汇总排期生产后,发车给下订单经销商,再由经销商交车给客户、进入客户管理系统。汽车企业重组的 CRM 订单流程,如图 8-6 所示。

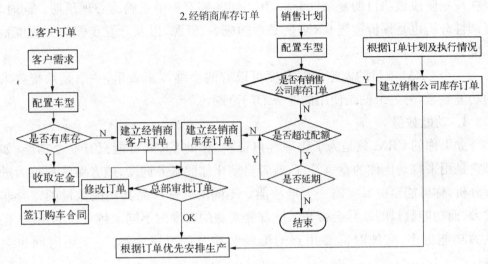

图 8-6　实施 CRM 后的订单流程图

新的订单系统,以潜在客户的实际需要为排产计划的主要依据。所以,相对以前的计划系统,客户需求的满足率大幅度提高,估计可达到 85% 以上,经销商的库存车的数量也更加平衡、更加合理化了。新旧订单流程对比如表 8-1 所示。

表 8-1　新旧订单流程对比

范　畴	原订单管理	引入 CRM 后的订单管理
导向性	以产品为导向	以客户为导向
产品供求方向	厂商—消费者 ➢ 生产厂商提供有限种类的产品 ➢ 消费者从中选择购买	消费者—厂商—消费者 ➢ 消费者提出个性化需求 ➢ 生产厂商按客户要求生产 ➢ 消费者购买到所需产品
生产计划方式	经典计划生产模式 ➢ 生产完全按照计划 ➢ 个性化选装少	大规模定制生产模式 ➢ 将技术主要数据、车型数据、销售预测和计划与生产计划、仓库管理、成本核算和生产整合为一体的汽车制造系统
按订单生产的车辆所占总生产车辆的百分比	计划指令生产为主体 ➢ 订单生产的车辆百分比很少	订单生产为主体 ➢ 客户订单生产的车辆百分比逐步增加

二、CRM 实施的复杂度估算

企业在实施 CRM 之前,需要根据自身情况和需求对 CRM 项目进行估算,了解本企业实施 CRM 的复杂程度,这对顺利实施非常重要。因为 CRM 系统的实施部署本来就是一个个性化定制的过程,每个企业都有其特殊性,因此企业需要在规划阶段做项目的复杂性分析,用以对实施有一个正确的心理预期。同时,复杂性分析也是评价实施 CRM 所必要的成本、资源,以及开发步骤的主要度量标准。

一个 CRM 项目的实施的复杂度可以有两个维度来表示,一个是系统要求的功能数量,另一个就是使用的业务部门范围。

1. 功能数量

如果你的 CRM 只是为了管理客户资料,你的 CRM 可能只有一个功能;如果它是用来自动化你的竞争管理,或者自动化你的服务调度,或者对客户行为进行分析,你可能至少要实施一大堆功能。不同的软件产品其功能数量的差异非常大,而功能数量的差异会带来系统部署实施的难度的不同。越复杂的系统,提供的功能更多,实施时需要用到的资源和涉及的范围会越广,实施时间也会越长。

比如,我们可以简单地比较 Siebel CRM、Power CRM 和 Wise CRM 产品功能就可以清楚地看到之间的差异,实施这三类不同的 CRM 系统,复杂程度是各异的。

这三个厂商的 CRM 产品所针对的市场完全不同,Siebel CRM 产品线非常丰富、功能完备,在国际市场上处于领先地位,面对的客户主要为大中型企业,是 CRM 市场上的领头羊。

Siebel e-Business 是目前市场上功能最为齐全、系列最丰富的 CRM 产品,其产品资源可以分为以下几类,功能如表 8-2 所示。

表 8-2 Siebel CRM 功能列表

应用分类	功　　能	应用分类	功　　能
业务分析管理软件	Siebel 业务分析产品系列 Siebel 企业联系中心分析 Siebel 企业销售分析 Siebel 财务分析 Siebel 市场营销分析 Siebel 实时决策 Siebel 供应链分析 Siebel 劳动力分析	呼叫中心	Siebel 现场服务 Siebel 帮助台 Siebel 托管联系中心 Siebel 移动解决方案
		客户数据整合	Siebel 数据质量管理 Siebel 通用应用网络 Siebel 通用客户数据管理

第八章 CRM项目规划与执行

续表

应用分类	功能	应用分类	功能
客户订单管理	Siebel 定价管理 Siebel 产品和目录管理 Siebel 报价和订单生命周期管理	销售管理软件	Siebel 协作 Siebel 企业销售分析 Siebel 激励性报酬管理 Siebel 销售管理
企业市场营销	Siebel 电子活动管理 Siebel 电子邮件营销 Siebel 电子市场营销 Siebel 忠诚度管理 Siebel 市场营销 Siebel 市场营销分析 Siebel 市场营销资源管理	自助服务和电子账单管理	Siebel 便捷支付系统 Siebel 电子账单管理器 Siebel 电子支付管理器 Siebel 电子对账单管理器

Power CRM 由创智软件推出,是国内较具有实力的独立软件开发企业之一,其产品相对于国内其他 CRM 系统而言处于领先地位,面对的市场也是大中型企业。但在具体的功能与细节上弱于 Siebel,企业曾经以做中国的 Siebel 为目标。其功能如表 8-3 所示。

表 8-3 Power CRM 功能列表

应用分类	功能	应用分类	功能
Power CRM for sales	客户与联系人管理 销售机会管理 待办事宜与工作流 产品配置与报价 销售渠道管理 销售合同管理 网上定购 销售预测与报表 竞争对手跟踪	Power CRM for service	客户和联系人信息 统一标准答案与解决方案管理 服务跟踪与外勤服务 服务订单 产品维修 服务条款、担保书,以及服务合同管理 待办事宜与工作流 产品投诉跟踪 客户建议与提案 Web 资料库与客户自助服务分析与报表
Power CRM for marketing	市场预算与收入跟踪管理 市场活动管理 市场活动反响跟踪 促销内容管理 市场宣传资料 工作流自动化 任务管理 市场衡量指标 时间表管理 电话促销管理 邮件促销管理 Web 促销管理	Power CRM for e-business	网上订单 渠道关系管理 Web 资料库与自助服务 Email 中心 Web CallCenter up-selling & cross-selling
		Power CRM for platform	组织机构与人员管理 权限管理 工作流管理 系统配置 系统外部接口

而 Wise CRM 则是面对中小型企业,其核心特点为功能精简(见表 8-4),满足中小型企业的关键需求,提供的产品功能则相对简单得多,包括客户管理、行动管理、销售管理、产品管理、合同管理、服务管理、分析报表等模块。

表 8-4 Wise CRM 功能列表

应用分类	功 能
客户管理	活动计划、历史记录、日历,管理行动及与客户交往的历史
行动管理	机会管理、销售管理、收款管理,完整的销售流程
销售管理	产品基础设置、库存管理,方便了解到产品定价及库存变动,支持多仓库管理
产品管理	管理和客户签订的合同,及时审核,并能生成通用合同文档
合同管理	服务反馈、服务维修、常见问题、产品缺陷
服务管理	费用、知识库、手机短信
其他模块	全面的报表模版,可以灵活设置,同时提供全面的客户和销售分析
分析报表	活动计划、历史记录、日历,管理行动及与客户交往的历史

2. 使用范围

在项目实施后,有多少部门将使用 CRM 系统?仅在个别部门实施 CRM 与在整个公司范围内实施 CRM 是有很大差异的两件事,前者显然比后者要容易得多。部门内部的 CRM 多为操作型,多是为了提高员工工作效率。比如,在销售部门、营销部门、客服部门可以根据各自的业务流程进行规划和调整,应用销售自动化、营销自动化或客服自动化模块,来加强与客户之间的交流。企业可以根据自身的业务情况来查看关键问题所在,根据重要与紧急情况不同决定从哪个部门开始实施,还是全面实施。而企业级别的全面实施的 CRM,就不仅仅包括各部门的操作型 CRM,还包括协作型 CRM,甚至分析型 CRM。因此,企业范围的 CRM 实施不仅仅在使用范围上有区别,在使用深度和功能广度上也有区别。使用范围与功能数量也有一定的相关性。

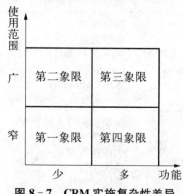

图 8-7 CRM 实施复杂性差异

我们可以根据以上两个方面来分析 CRM 实施的复杂程度。若分别以这这两个标准作为变量,则可以得到一张二维图,如图 8-7 所示。图中有 4 个象限,企业可以根据自己所处象限位置来预测 CRM 实施的复杂程度如何。其中 4 个象限分别为:

第一象限:在单一部门实施单一功能的 CRM 项目。它很一般,是由公司的一些业务人员和业务经理发起的,而不是由公司的高级主管推动。并且CRM的使用范围只局限于某一个部门,是部门层面的CRM项目而非公司层面的,其实施目标也只是为了提高该部门某项业务活动的工作效率或自动化程度。与其他象限相比,这个象限的复杂程度是最低的。

第二象限:为多个部门所设计单一功能的CRM项目,或在多个部门实施某项特定功能的CRM组件。在这种情形下,将会有很多部门都需要使用到这种为多部门设计的单一的功能组件,其利用率是最高的,因此该功能组件对于公司来说是非常重要。例如,一个公司的服务中心、营销部门和销售部门需要客户终身价值的信息。因为这样的单一功能面对多个部门、多个用户,而不同部门有着各自不同的业务需求,但该项目必须要满足多部门的需求,这会增加额外的设计复杂性。而这种额外的复杂性将有可能需要额外的开发资源,并增加了规划的难度。该象限复杂度较高。

第三象限:为多个部门所设计的多功能的CRM项目,或者在多个部门实施多功能的CRM组件。为了多种目的,需要部署一系列新功能供多种业务人员使用。需求会很复杂,使得对CRM有效技术的需求会更复杂。同时,实施会在全公司范围内展开,不同部门之间还会有需求交叉,这种复杂性的解决显然需要多种开发资源和一系列CRM技术。这个象限的复杂程度显然是最高的。

第四象限:为单一部门所设计的多功能的CRM项目。这种CRM项目实施的复杂性相对比较低,我们只需紧紧围绕单一部门,为它提供所需的各种功能即可。比如,销售自动化SFA模块,仅在销售部门内部使用,但是可以为销售人员提供日常所需要的全部功能。这个象限的复杂度也比较低。

当企业作CRM复杂程度估算时,企业规模是一个重要考虑因素。比如,一个大型企业所拥有的资源更丰富,其实施CRM所需要的基础设施、技术、人员准备都比较完备,它对实施CRM复杂程度的承受度较高。而对于小企业而言,其资源有限、复杂程度低的CRM项目是值得优先考虑的[61]。

第二节 CRM项目执行

一、建立CRM项目团队

建立合适的项目组织或团队是CRM项目实施成功的关键因素之一,项目中人员的组织合理与否,将会直接影响着项目的实施速度、实施质量,甚至关系到项目实施的成败。一个CRM软件项目要圆满地达成项目目标,组建一个沟通良好、相互合作的项目团队是基本前提。因此,在项目启动阶段的重要任务之一,就是企业和CRM解决方案提供商双方均应建立相应的实施队伍,从人员和运作流程方面保证项目的实施。条件允许的企业,最好能够寻求第三方中介——专业的 CRM 咨询公司加盟该实施组织。因为经验丰富的专业咨询顾问在整个项目实施的前后,除了为企业提供有价值的建议、协助企业分析实际的商业需求,并且帮助项目组织审视、修改和确定 CRM 实施计划中的各种细节及培训工作外,更重要的是它作为整个项目实施过程中的监理角色,可以有效地监控 CRM 解决方案提供商的产品、服务及实施质量,从而帮助企业最大化地降低项目的实施风险,提高项目实施的效率与质量。

(一) 项目团队组织结构

项目团队组织结构图如图 8-8 所示,具体人员工作职责如下所述。

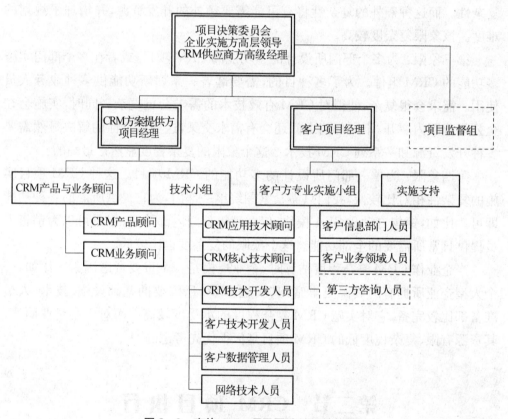

图 8-8 实施 CRM 项目团队组织结构图

1. 项目决策委员会

项目决策委员会是项目的最高决策机构,通常包括企业实施方的高层领导,以及 CRM 供应商方的高级经理。项目决策委员会主要决定项目的范围、目标、投入的资源,对项目实施过程中有可能发生的矛盾作出最终调解和裁定。比如,项目计划的变更、资金落实情况、项目经理的任命等重大决策都由指导委员会最终调解和决定。其具体职责包括:制定方针政策,指导项目推进小组;审定项目目标、范围及评价考核标准;推进项目计划,监控项目进程;审批项目的预算,安排项目资源;解决项目推进小组不能解决的问题;批准企业 CRM 流程与组织机构改革的方案;审批新系统的工作准则与工作流程,保证项目能够正常进行。

委员会的建立有助于从组织上确定企业及软件提供商双方最高决策者的实际参与,使各种矛盾和争执得到尽快的解决,避免产生项目实施过程中常有的拖拉、相互推诿的不良现象。这里要注意的一点是,要想委员会能够真正发挥作用,必须保证委员会的成员能够将项目相关事宜作为优先事务来处理,否则这会使得委员会流于形式,甚至妨碍项目的进程。

指导委员会应定期举行会议,关注项目进展情况,并对重大事件作出决定。更规范地说,项目经理将就项目进展情况向委员会汇报,如必要时在一些决定上给委员会提出参考意见,双方的项目经理都将作为委员会成员参加项目建设。

2. 客户项目经理

客户项目经理是企业项目的具体负责人,是日常工作、项目活动的主协调员。要求具有较强的管理能力和组织协调能力,熟悉企业的业务流程,他需要制定详细的实施计划,推动计划的执行,也必须在项目规定的时限内,合理调配各种项目活动的人、财、物的投入,对阶段性产出进行评估,并根据评估结果对项目的计划作出相应调整。项目经理直接对决策委员会负责。

其主要职责包括:负责整个项目的实施,包括指导、组织和推动各职能组的工作;组织和开展调查分析工作,对流程优化的问题提出解决方案和建议;负责项目跟踪,并给委员会提供适当的建议和决议;与委员会和客户方的管理组人员交流项目运作情况;负责资源收集;监控项目预算,在方案的实施过程中,应与 CRM 方案提供商的项目经理一同负责对主要交付项目的计划定义,包括项目计划和所有与控制项目有关的因素;项目经理是客户方与 CRM 软件供应商方面的主要联系人。

3. CRM 方案提供方项目经理

对方的项目经理应由经验丰富、组织协调能力强、能有效地调用项目所涉及的各种资源及项目进度的高级顾问以上级别的人员担任,其主要职责为:协调与客户的关系;负责与客户的联系,尤其是客户方负责业务的经理和关键用户;配合客户方项目经理执行项目计划;监控各阶段的文档,以确保项目顺利实施;根据总体规划确定详细工作计划及进度;编制项目管理报告;编制项目实施报告;向高层通报项目进度。

由于项目经理充当了业务和技术两大块黏合剂的角色,因此,对 CRM 项目经理的要求,除了必须具备基本的项目执行能力外,对 CRM 的主要业务领域(营销、服务和销售)必须具备充分的知识,并且具备良好的学习和沟通能力。

像其他大型软件项目一样,CRM 软件项目经常让项目经理头痛的是技术开发人员的不稳定。好的开发人员大家都在挖,新手又不大能解决问题,因此在人员配备方面应该为项目留有充分的后备能力。

4. 客户方专业实施小组

专业实施小组由信息部门和各个业务部门的负责人或骨干组成,大多从客户服务、销售和营销领域抽调,也可以由外部的第三方咨询机构的人员组成。实施小组对本部门的项目实施负责,包括对企业三大块业务领域,即营销、销售和服务领域里运作流程进行深度分析,并且根据企业的实际情况对企业的各种业务瓶颈进行诊断,最后根据诊断结果撰写出业务需求表。明确本部门或本领域业务对软件功能与性能的要求,提出本部门或本领域与其他部门或其他领域相关联业务对软件的要求,推动项目在本部门的实施。

在组建上,企业可以根据自己的实际情况,加入一些具有IT技术背景的业务成员。由于业务分析小组同其他技术组之间的联系非常密切,在小组内配备一名或多名具有较强IT技术背景的业务成员也可以促进同技术人员之间的交流,这种技术"翻译员"所发挥的效果是很明显的。很多时候,业务组认知的一个小问题,在技术实现上却并不容易,小组内这种翻译员的存在,在一定程度上可以避免出现在技术和业务人员之间的沟通障碍。

5. 技术小组

技术组应包括客户的IT技术人员,以及CRM供应或服务商的技术人员。客户方的IT技术人员应有包括系统开发与配置的专业技术人员、负责CRM应用系统的数据管理人员,以及网络技术人员的参与。CRM供应商的技术人员应由应用技术和核心技术顾问组成。客户方技术小组,负责提供企业现行系统技术的资料;在整个项目中,负责设计整个项目的硬件和网络结构,从技术的角度帮助规划和确认项目的实施方案、处理流程等。其主要职责是解决项目实施过程中硬件和网络方面的问题,以及系统的备份和整理等;配合流程调查分析,优化重组CRM分步实施的工作;负责数据准备,保证导入数据的准确、及时与完整。CRM方案供应方的技术人员,负责软件的安装、系统的测试和调试,以及客户化工作,保证项目的实施质量和实施进度;同时,将技术应用所包含的知识传递给企业相关技术人员。

CRM项目对IT技术组的成员的要求较高,不仅仅要有专业的技术基础,还需要有一定的沟通技巧。因为技术人员同用户密切合作,需要根据用户的需求反复调整直到用户的要求得到满足。如果出现用户的期望同项目书里的目标不一致的情况,必须及时向项目经理反映,以便得到及时的修正。因此,对技术人员的沟通能力也提出了较高的要求。能否想用户所想,耐心地解释和倾听用户的意见是非常重要的素质要求。

另外,就CRM项目来说,对原始数据的整理和CRM系统导入是非常关键的,也是容易被低估的工作。毕竟,如果没有高质量的数据,整个系统也只能是一个空壳子。对于从事客户工作第一线的员工来说,在合适的时间能快速地找到他们需要的信息是关键。因此,IT 技术组必须具备很强的数据分析和处理能力,能够熟练使用各种数据清理、转换、整合的工具,这对数据管理人员的要求非常高。

6. CRM 产品与业务顾问

CRM 方案提供商应为企业提供产品与业务咨询服务,这部分工作主要由其产品与服务顾问提供。业务顾问应由实施 CRM 系统经验丰富的顾问组成,具体配合客户方的实施小组,对 CRM 流程诊断与优化提出建议,并提交相应的 CRM 流程优化报告。产品顾问应由专业实施顾问组成,负责配合客户的实施小组,帮助其实施 CRM 项目,保证项目的实施质量和实施进度;同时,将软件产品所包含的知识传递给企业参与实施的人员。其最主要职责是发现实施中存在问题,并负责提出解决问题的方案,保证实施成功完成。

7. 项目监督组

项目监督组是对项目经理领导下的项目执行组进行必要的考查和监督。它的组成可以从员工中选出代表,或者是在员工内部具有较大影响力的人。它直接向项目委员会报告,委员会可以对项目实施工作提出必要的修改意见。

(二) 项目团队组建时注意的问题

1. 公司高层的参与与支持

大多数的 CRM 项目都是企业级的,横跨很多部门,至少涉及销售、营销、客户服务,甚至财务等部门,实施周期也很长,没有公司高层的支持是无法顺利实施的。在项目实施过程中,必定会触及某些员工或部门的既得利益,这也需要高层协调各部门之间的利益分配和冲突、拍板重组后的流程等。企业高层参与到项目小组中来,会令项目组成员有压力,同时也带来动力,有助于其积极性的提高。高层领导在实施中的作用主要体现在两个方面,一是他是主要的推动者,表明实施 CRM 的目标设定是从上到下的,达到这个目标需要从底层做起。需要为团队提供达到设定目标所需要的时间、财力及其他资源,并要努力争取资金和人力等。二是要意识到这样的工程对企业生存的重要性,在项目出现问题时,是激励员工解决这个问题,而不是犹豫不决。

2. 项目组成员要以业务部门为主导,信息部门为辅

信息化技术在信息化项目中,其只充当一个工具的角色。或者说,只起到配角的作用,就好像演唱会中,信息化技术就好像是乐器,或者是配乐,主要还是要靠歌手自己的歌声和感情来吸引、感动观众。CRM 项目也是如此,信息化技术主要起到了辅助的作用,或者说,其只提供了一个平台,供企业管理人员发挥其管理才能的平台。

在组建 CRM 项目小组的时候,信息部门只能作为辅助,其在项目组中的角色是不能成为项目小组的总负责人,主要作用是提供技术方面的支持。若把信息部门推到了前台,让其负责整个项目,这会有比较大的弊端。信息部门的负责人,一般都存在这样的问题,就是考虑问题首先从技术出发,容易导致让企业流程服从技术要求的现象出现。比如,企业在管理中遇到什么难题、销售部门在客户管理中遇到了什么挫折、财务部门在应收账款中遇到了什么阻碍、仓库部门在管理出货时遇到了什么问题、客户服务部门投诉处理为何没有及时跟踪等,这些问题信息部门无法一一去了解透彻,而只有业务部门的人员才对其千丝万缕的关系有所了解,才知道应该如何去解决。即使其他部门向信息部门如实地描述了问题的所在,信息部门由于专业的限制,其向 CRM 实施顾问传达时,也会出现描述的偏差,会引起对方的误解。在 CRM 项目实施过程中,业务部门应该走到前台,主动担任其项目实施的重任,而信息部门则应该退到后台,做好"后勤部长"的角色,提供技术支持。

总之一句话,在 CRM 项目小组中,各个业务部门都要派人参加,而不是信息部门一个光杆司令去实施项目。

3. 项目组成员必须精通公司管理流程

在一些企业中,在组建 CRM 实施小组时,一些业务部门的负责人会以不影响本部门业绩为前提,而选择一些部门中非核心业务人员去参加 CRM 项目实施,而使得核心业务成员远离 CRM 项目。有时部门经理也会缺席 CRM 项目,这些都是不合适的。其原因,一是因为在项目会议上,随时要对一些重要问题作出决议,而这个代表没有表决的权利,要回去跟经理商量后再决定,这会严重影响项目会议的效率。有时候,一个简单的决议还要通过多次会议才能够决定。二是在项目会议上,要谈论部门的管理流程,以及这些流程对于其他流程之间的关系与影响、有否更合理的流程等,这些讨论只有非常精通公司管理流程,至少是本部门管理流程的人,才能够提出一些有建设性的意见。而流程的优化是 CRM 项目取得成功的最关键的因素之一。

所以,CRM 项目小组成员不是随意人员都可以当的,企业要慎重选择,一般最好是各个部门的经理或负责人担任。因为一方面,其有决定部门事务的权利;另一方面,其熟悉部门管理与公司流程。

一般公司的做法是,在 CRM 项目实施时,CRM 项目工作是第一位的,一把手要暂时调整各个部门负责人的工作,要出差的,要么延迟、要么派其他员工去,尽量不要因自己的工作,而影响到整个 CRM 项目的实施。

4. 项目团队成员的稳定性

CRM 实施项目组成员必须稳定,至少在项目实施过程中需要稳定下来。实施项目小组成员的频繁更换,特别是项目小组的负责人的更换及项目顾问的更换,对项目的打击可以说是致命的。因为 CRM 项目是个非常复杂的过程,若中途新人接手的话,其适应是需要一段时间的,结果必是延长项目的实施周期及实施效果。

所以,在选择项目团队的成员时,要选那些对企业有一定忠诚度的员工参与到项目中来,若企业人才流动频繁,则最好能够多派几个人参与到 CRM 项目组中去,为项目实施提供后备人才。同时,选择顾问公司时,也要考虑对方顾问团队的稳定性,可以通过签合同等方式,约定项目自始至终都由某个顾问负责,防止对方随意更换顾问。在项目实施过程中,也应该注意培养一些后备人员,以解不时之需[66]。

二、CRM 实施基本环节

CRM 的实施是一项复杂的系统工程,涉及企业 CRM 整体战略规划、技术集成、内容管理等多方面的创新问题,在实施过程中,不同企业所遇到的问题是多方面的。不同的行业、不同的企业、不同的软件供应商的实施方法与步骤可能会有所差异,我们在这里列举了常见的不同专家提出的一些实施方法与步骤。

(一) 三阶段实施方法

在企业已经设立了"以客户为中心"的战略基础上,美国 JILL Dyche 在 *CRM Handbook* 中提出企业成功的 CRM 实施流程(实施规划图),如图 8-9 所示。其中,包括三个阶段、六个步骤,在每一个步骤中,都有相应的任务。

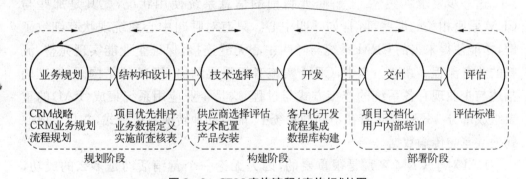

图 8-9 CRM 实施流程(实施规划)图

1. 业务规划

CRM 业务规划是实施的核心步骤,也是起始步骤。在这一阶段,最关键的活动就是定义 CRM 活动的整体目标,并且将之细化到相应的具体需求。在这里,还包括对那些所有与客户相互影响的部门的角色进行评定,确定如何改造企业以便使我们做的每一件事都有助于帮助客户,使客户处在我们的商业流程的中心,这时就可能需要改变部门的角色和职责,并随之带来新的工作流程。

对于企业级的 CRM,业务规划可能需要将公司的 CRM 战略具体化,并将其文档化,对战略构架下的每一部分定义相应的项目和活动。对于部门级别的CRM,业务规划就是需要界定好部门CRM的功能及其与其他部门的接口。

无论CRM实施的范围是在部门内部还是企业整体,这一阶段性的成果都应当包括一个以战略文件,或者业务规划形式细化的CRM企业目标的文档材料。这一文件对于是否能获得公司高层对CRM实施的认可和支持,是非常重要的。同时,它还对需求驱动的CRM应用也非常有用,在CRM项目部署之后可以用它来衡量实施效果。

2. 结构与设计

规划CRM的结构和设计是一个满足CRM项目需求的过程。在实施这一步的过程中,往往容易让企业主管和项目经理感到难度很大,这打破了他们期望直接通过技术选择就可以获得一个奇迹的梦想。尽管结构和设计这一步很艰难,但很值得。

这一步确认了CRM产品将支持的企业流程。它列举了特定的"需要执行"和"怎样执行"的功能,最终为你提供一个有关CRM在组织和不同技术上发挥作用的崭新思路。

在这一步的最后你应当可以回答以下两个问题:

(1) 我们所拥有的技术和流程在何处受到CRM的影响?

(2) 为了让CRM运作,需要补充哪些我们现在不具备的功能?

这一步要求你熟悉、了解企业目前的信息系统使用状况,尤其是那些与CRM紧密相关的那些部门,如呼叫中心。只有对呼叫中心系统现状有细致了解,才能使得未来的CRM系统与呼叫中心无缝连接,保证企业能实现完整、流畅的业务流程。在这一步中,CRM实施者们需要画出CRM的结构图,能准确描述与企业现有各系统的连接方式与过程,这是企业应用系统集成(EAI)的重要组成部分。EAI意味着在不同的系统中,能自动地转换数据格式,并且可以顺畅地共享与传输数据。

EAI对于CRM来说是很重要的,因为无论一个营销活动是多么的成功,或者大规模的促销信件的内容是多么有诱惑性,如果这些活动的背后没有信息的共享,会导致一些灾难性的低级错误。当企业的库存信息不能及时反馈给营销部门与销售部门时,可能带给客户的是这样的体验:客户总是收到一些缺货的产品信息,却只有在已经下了订单之后才被告知,激发起的购物欲望被无情地扑灭。这样的互动必然带来满意度与忠诚度的下降,会直接导致客户流失。

在这一步骤中,你还需要考虑对于每一个业务需求,会产生一个或多个数据的需求。这些数据需求的来源及格式需要被定义好,同时还要做好在不同部门之间数据的一致性,保持数据定义的统一性和兼容性是很重要的。

3. 技术选择

CRM 技术选择的工作，有时可以像挑选开架商品一样简单，也可以很复杂，要对不同的系统集成商，以及 ASP 服务提供商进行综合考评。对技术、产品的选择这一步骤的繁杂程度，与你前面各步骤进行的效果有很大关系。如果在结构设计期间已经取得一致的意见，明确了 CRM 对现有系统的影响及对新功能的需求，那么可以完全根据企业现有的 IT 环境来对各种备选的 CRM 系统进行分类与排序。

市场上的每一个系统都有夸大之处，故而需要熟练地对此保持距离，从而免于让软件销售人员使你相信他们的系统能"做每一件事"。一旦你已确定了满足你的需要的、可能的系统清单，最好的选择办法就是按部就班地分解你的技术需求；然后按照你的需求清单，要求软件提供商展示他们如何满足你的要求。

4. 开发

开发包括根据特定的产品特征，构建和定制 CRM 产品。但是 CRM 开发并不是仅仅指由程序员来负责编写代码，更多的还包括用所选择的 CRM 产品来集成业务流程。

在进行到这一步骤时，企业已经确定好了关键的 CRM 业务流程。此时，企业需要将选择好的 CRM 技术，集成到这些业务流程中，这就是集成业务流程的含义。实现流程集成，要确保认可的业务流程通过用户的测试。我们不仅要让业务流程运作，还要通过技术来进一步地"精炼"业务流程，即充分利用技术能力来改善"以客户为中心"的企业业务流程。这一步骤中，容易发生的问题是让业务流程来适应 CRM 产品的特性，从而引起流程的变动，这样会削弱流程原有的功能，偏离最优。

在开发期间"精炼"业务流程，通常使用反复原型法，实施人员不断地与最终客户进行沟通，使得用户在 CRM 实施期间一直伴随着产品的开发和部署，其要求可以在开发过程中一直体现，而不是最后才去测试 CRM 的功能。

当然，这一步骤还包括一些技术工作，如数据库设计、数据的清理与导入，以及与公司其他系统集成等。

5. 交付

交付这一步，经常被忽视。一般而言，交付使用意味着将对公司的 IT 基础设施进行调整，将所需求 CRM 软件分派给企业用户。

CRM 交付首先必须做的事是对用户进行深入的培训；还要进行在线或基于网络帮助，或者使用用户向导、工作助手和其他文档，来激励用户最大程度地利用新的 CRM 功能。在销售人员开始使用新的 SFA 来进行与客户的接触时，或者客户服务人员在试图弄懂新的功能之前，他们都应该接受培训，来懂得如何使用新的功能、接受新的工作方式。只有经过培训，才能最大程度地利用系统带来的好处。通常,面向客户的员工拥有了新的或改进的客户知识后,会带来与客户交流方式的变化,带来更多的互动。

6. 评价

当根据 CRM 所要实现的功能来评价 CRM 效果的时候,就进入到了 CRM 评价这一步骤,也是 CRM 实施步骤中的最后一步。许多公司省略了持续的 CRM 评估这一步,认为交付之后整个实施就意味着结束。但是,如果没有这一步,企业无法准确地知道 CRM 的实施是否成功。一种测试 CRM 成功的方式是,检验 CRM 能解决现有企业问题的程度。如果在创建 CRM 业务规划时设立了成功标准,通过将这些标准与实际的结果相对比,就可以确定项目成功程度,并逐步地完善标准。

(二)四阶段法

也有专家认为,CRM 实施流程可以从企业对 CRM 建设的远景开始,到 CRM 系统应用的评估和持续改进结束,分为四个阶段,如图 8-10 所示。

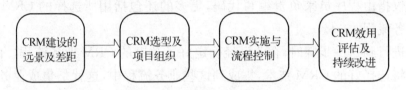

图 8-10 CRM 实施四阶段法图

第一阶段:了解企业目前 CRM 建设的现状及与远景的差距,确定 CRM 战略目标。主要包括:通过对企业内外部环境与资源的考察,明确企业管理提升与业务改进的方向。在这一阶段中,实施目标与远景被描述得越具体与细致,就越有助于后面三阶段的顺利进行。CRM 作为一个复杂的系统工程,它的实施并不是一蹴而就,需要分阶段来实施,我们可以制定不同阶段的实施目标,即包括明确的远景规划和近期实现目标。制定这样的规划与目标,要求管理者深思熟虑,既要考虑企业内部的实际管理水平,同时也要看到外部市场对企业的要求与挑战。由于企业的业务流程不同,企业的文化背景不同,因而也没有通用的模式来使企业轻易地得出这样的目标。企业可以从人员、流程和 IT 应用基础三个方面来系统地分析企业的现状,了解 CRM 目前在企业的应用现状,最主要的是要全面倾听各部门意见,明确企业目前存在的问题,确定企业客户的关注点。对于企业所提供的产品和服务,客户关心的是什么,是产品的质量、出货的时间、响应速度,还是解决问题的能力。据此,拟定出 CRM 实施进程中的阶段目标。很多企业将实施 CRM 的目标确定为:提高客户满意度、提高客户忠诚度和提高企业运营效率。这些目标都很正确,但没有量化、没有具体化,很难据此评估 CRM 项目实施的效果。我们可以制定一些量化的目标,这样才有评估依据和奋斗方向。

第二阶段：选择 CRM 系统，并进行项目组织。这一阶段主要包括：对企业目前存在的问题进行梳理，形成明确的 CRM 系统需求。根据企业具体需求对 CRM 系统进行选择，在对供应商的软件系统进行评价时，有三个重要的要素：软件功能齐全、技术先进开放、供应商有经验有实力。这三个要素紧密结合在一起，才是 CRM 成功的必要因素。为成功地实现 CRM 方案，管理者还须对企业业务进行统筹考虑，并建立一支有效的项目小组。项目小组是 CRM 系统实施的原动力，他们要就 CRM 的实施作出各种决策、给出建议，就 CRM 的细节和带来的好处与整个公司的员工进行沟通。一般来讲，项目小组应该由第三方咨询顾问、软件系统提供商顾问及内部员工组成，要明确企业内部实施人员与第三方咨询顾问的"主导—辅助"关系。企业内部的 CRM 项目小组成员，包括高层领导、销售和营销部门的人员、IT 部门的人员、财务人员，还要包括所有的最终用户的代言人，他们作为 CRM 系统实施的输入。

第三阶段：CRM 实施与流程控制，内容主要包括：以企业存在的问题为重点，明确实施范围、目标、需要的时间与资源等。由组建的项目小组来制定、实施相应的步骤。在软件供应商提供的软件产品的基础上，进行二次开发、定制化、客户化，最终交付给最终用户。在这过程中，要针对系统对企业员工进行培训，使得他们尽可能地掌握和熟悉系统，最大程度地发挥系统功效。所需的新的软、硬件，也要在这个阶段进行安装。

第四阶段：CRM 效果评估及持续改进。这是很重要的一步，评估也是常常为企业所忽视的一步。在 CRM 项目实施完成后，企业要对 CRM 项目的实施效果进行评估，可以帮助企业了解 CRM 的实施效果与存在的不足，以便持续改进。系统评估计划，以及相应评估指标在系统实施之前制定，包括定性与定量两方面。企业在这一阶段也可以选择以特定企业个案作为指标案例，并以投资回报率(ROI)为数据，衡量 CRM 成效。选择指标案例既可以帮助企业设定目标，还可以量化数据追踪与评估 CRM 在不同阶段的运作状况，这对于 CRM 的成效及持续改进有很重要的影响。

（三）七步骤方法

野口吉昭在《客户关系管理实施流程》一书中提出，客户关系管理实施由七个步骤组成。

分析客户关系管理环境，构建客户关系管理愿景，制定客户关系管理策略，展开客户关系管理/企业流程重组，建置客户关系管理系统，运用客户关系管理系统，利用客户关系管理知识来形成完整的执行周期，以上七个步骤也可以称为客户关系管理方案制定流程，如图 8-11 所示。

步骤一：分析客户关系管理环境。

分析客户关系管理环境可以从客户（customer）、竞争者（competitor）、公司（company）三个方面来进行分析。在此步骤中，以竞争者分析为中心来进行，可比较其他竞争公司与自己公司的状况。在客户分析方面，主要侧重于客户分级分析或客户满意度分析。一般而言，20%的优良核心客户贡献80%的销售额，在满意度的评估上，也以核心客户的满意度为主，同时核心客户的不满意也必须优先处理。有关自己公司分析方面，在此阶段要分析公司内的信息技术使用状况，认清本身的需求。

步骤二：构建客户关系管理愿景。

构建客户关系管理理念与目标，可以从以下两项来进行：界定事业/重新设定事业领域，审视客户关系管理愿景。客户关系管理活动本身就是一种重新探讨企业业务的出发点，需要有超越以往事业范围的准备。现在虽然是制造商（批发商），但今后可能直接参与零售，进入供应链其他环节。企业需要突破以企业自身业务为中心，倾听市场或客户的声音，寻找建立新事业模式的机会。

图 8-11 CRM 实施七步骤法图（客户关系管理方案制定流程图）

| STEP1: 分析客户关系管理环境 |
| STEP2: 构建客户关系管理愿景 |
| STEP3: 制定客户关系管理策略 |
| STEP4: 展开客户关系管理/企业流程重组 |
| STEP5: 建置客户关系管理系统 |
| STEP6: 运用客户关系管理系统 |
| STEP7: 利用客户关系管理知识来形成完整的执行周期 |

步骤三：制定客户关系管理策略。

完成客户关系管理的愿景后，就需要可以实现的策略。发展合适的 CRM 策略，为 CRM 创造价值，必须精确评估业界现状、商业环境、客户与员工态度，并以此为根据发展整体 CRM 营销、销售与客户服务策略，以确保 CRM 的发展符合企业战略。

步骤四：展开客户关系管理/企业流程重组。

以"不给客户带来负担，使客户变得轻松愉快"为前提，企业需要对业务流程进行重新评估，在销售、营销与服务各方面对流程进行重组。

步骤五：建置客户关系管理系统。

所谓建置客户关系管理系统，就是把客户关系管理的策略，运用信息技术工具来展开的信息系统体系，涉及购入客户关系管理套装或自主开发。

步骤六：运用客户关系管理系统。

在运用客户关系管理系统方面，核心的内容是要分析利用客户资料。即要分析既有客户最近消费时间、消费频率和消费形态，又将其细分，在此基础上制定行动计划。

步骤七：利用客户关系管理知识来形成完整的执行周期。

主要是建立客户关系管理合作的框架,对知识管理的构建,同时建立相应的评估系统,能够得到公司所有员工的信息反馈,真正将客户关系管理的知识与理念落实到企业的实践环节中去。

补充阅读

一个国内 CRM 项目失败的案例①

这是一家自主产品研发、生产和销售,总投资过亿美元的新兴企业。其产品在国内市场上有相当的竞争力,独立运作仅一年多,就已经占领了超过 3% 的同类产品的中国市场。为了能够加强其企业管理的水平,提高整体的竞争能力,使其在市场上的地位能够提升到前三名,该公司通过半年多时间自行实施了一个采用国内某著名 CRM 系统的 CRM 项目。该项目的实施范围包括了软件所提供的所有功能,涉及了包括市场、销售、服务、产品、商务和 IT 在内的所有相关部门。该项目采用简化快速实施方法,目标是要在 4 个月内完成系统上线。

但项目的结果却不理想:项目进度一拖再拖,流程一改再改;同一信息需要在系统间多次重复输入;系统中的数据滞后,查不到最新数据,影响业务运作效率;系统流程与实际业务操作不符;销售和市场不到 6 个月转而使用其他小型软件;部分部门的员工不堪重负集体跳槽。最后发现,大部分业务操作仍需使用手工表单。

是什么原因造成这样的结果呢?让我们先来听听该企业自己的反思吧。

普通员工:

● 对 CRM 不了解,不知道其与自己的工作有何关系。

● 组织观念薄弱,不理解"负责人"的角色和职能,导致流程缺乏推动力。

● 信息系统没有统一的规划,没有落实到具体的部门,导致多系统之间的功能脱节。

● 对于电子文档的输入不习惯,导致业务数据的录入滞后,失去时效性。

业务部门经理:

● 业务运作是从事务处理的角度出发的,缺乏以流程为主导的意识。

● 没有系统实施的经验,把 CRM 当作软件开发来看了,导致项目重点偏离了业务。

● 对业务信息分类没有概念,不了解"主数据"和"业务数据"的差别,同时对"主数据"的认识也不全面。

---

① 本案例来源于朱云《CRM 理念、方法与整体解决方案》北京:清华大学出版社,2004。

- 业务规范不健全,工作的时间没有规划,如销售需要技术支持时,见到谁就叫谁出差。
- 业务人员普遍没有重视捕捉日常业务操作中的销售机会,导致CRM项目的重要成效无法得到体现。

项目实施负责人:
- 选择的CRM系统尽管功能强大,但不是最适合的和最恰当的选择。
- 不清楚CRM包含的业务范围,勉强使用CRM来管理研发、库存和生产排程等。
- License缺乏,使大部分用户无法合法使用系统,导致部分系统功能容易出现异常。
- 资源管理和业务功能不集中,部门级的"小仓库"无法在系统内实现。

公司高层领导:
- 各部门的角色划分不以客户为中心,职责定位不明,与客户的"接触点"未明确定义。
- 理解技术经验和知识是企业的宝贵信息财富,但未能认识业务运作的历史数据是同样珍贵的。
- 将来业务流程与现有流程之间的差距太大,增大了变革的阻力。
- 没有明确哪些是企业放弃的客户,缺乏对关键客户的特殊关心。
- 信息的供求关系不明确,信息共享的工作没有绩效考核。

不难看出,该企业的各级员工对CRM项目的失败原因经过深入的思考,已经有了比较深刻的认识。他们总结的经验和教训,对国内其他企业实施CRM项目有着很高的参考价值。但是,要提醒大家的是,每家企业都有其独特的情况,因此机械地"吸取"别人的教训同照搬别人的模式一样是不可取的,掌握如何根据自己企业特点进行科学分析的技巧才是成功的关键。

CRM项目的失败原因[34]

CRM的实施是一项复杂的系统工程,尽管某些先进企业正在着手建立客户关系、关注客户需求,以及综合业务流程并自动控制与客户相关的活动及过程,但它们所面临的困难是多方面的。这也直接影响了企业实施客户关系管理的成功概率。一些实施客户关系管理的案例和经验教训表明,CRM实施失败与企业误解了CRM的本质和它带来的冲击有很大的关系。

一、管理认知方面的问题

1. 对客户关系的错误定义

目前流行的CRM系统,错误地把客户的购买行为及与企业联系的行为定义为客户关系。因此，CRM 系统所管理的不是真正的客户关系，而仅仅是客户的购买和联系行为。客户的行为是外在可见的，而客户关系则是决定这些外在表现的内在驱动力，是无形的。因此，在一个企业了解真正驱动客户"忠诚"行为的客户关系以前，它无法有效地管理其客户关系。

CRM 的精华之处在于，它能够真正围绕目标客户的需求来整合企业各方面的业务，它倡导的是以客户为中心的企业管理模式。目前，对 CRM 有很多的误解，以为它只是一种面向企业前台的信息系统，不太关注其中蕴含的管理思想，忽视了 CRM 所能给企业带来的战略上的利益。

2. 软件与客户战略关系混淆

造成 CRM 项目失败的一个最重要的原因在于，企业在应用 CRM 工具之前没有一个明确的客户战略。最大的问题是软件与战略的混淆，CRM 使业务流程与客户战略一致，以建立客户忠诚和增加长期利润。许多公司没有建立客户战略但实施了 CRM，以为软件可以让它们的工作更轻松些，它们看到自动化的潜质和改进的速度，低成本和先进的目标定位。但这样做颠倒了问题，这样的 CRM 软件通常是不适用的。

3. 实施 CRM 的目的性不强

实施项目之前，应该了解自身的业务哪些需要改善、哪些流程需要改进，甚至管理模式可能改变、战略目标可能改变。这就需要对实施 CRM 的目的进行确认，了解自身的需求。但企业往往盲目地追求太多的功能，而没有考虑到它们自己的客户管理需求。大多数企业关心的唯一商业目的是提高销售，因为国内的很多企业仍处于以产品销售为核心的经营模式中，它们并没有真正意识到客户满意度与公司销售业绩的必然关系。许多经理人员没有明白他们正在做的事，更不用说做这件事需要花费多少和多长时间。需求的模糊必然影响 CRM 系统的构建和实施成功。

4. 缺乏对业务流程的评估

就大多数企业而言，都有目前适合于企业自身的营销、销售和服务流程。问题的根本不在于有没有业务流程，而在于业务流程不仅不能够有效地使企业迈进到 CRM，而且还成为推动 CRM 战术的樊篱。因而，实现 CRM 的企业必须要调整与优化自己的业务流程，以适应企业关于实现 CRM 所采取的战略与战术。

二、技术与技能的关系认知错误

与企业所采取技术相适应的技能，是成功实现 CRM 的保证。仅仅把技术照搬过来是无济于事的，所有与技术有关的人员都应该清楚如何利用该技术、所采用技术的优劣势何在、有没有前景等。同时，技术决不应该是一个摆着看的"花瓶"，要能够解决具体问题，才有真正的价值。

1. 技术只是工具、只是手段，技术并不是无所不能

有很多只是采取了普通技术的企业却取得了实施 CRM 成功，而许多失败的案例证明是由于过度强调技术成分所致。将技术应用在战略、战术、业务流程与技能的领域之中，切实解决不靠技术无法解决的问题，同时切实提高了效率，这样的技术就是成功的技术。最大的错误是让技术特征驱动了 CRM 的功能性，而不是定位业务问题并找到技术去解决问题，这些公司在做倒退性的事。CRM 意味着改变你的中心和业务流程，应用技术使这些新流程自动化。

2. 数据维护不够

CRM 工程需要收集大量数据来识别客户及描述他们的购买行为和特征参数，这些数据不是简单的，必须不断维护从而修正错误，始终保持数据是最新的。例如，当客户地址变更或重复注册时，数据就需要更新。有数据显示，用户数据以每月 2% 的速度陈旧化，这个速度几乎相当于每年更新全部客户数据的 1/4。差的数据质量破坏了 CRM 工程的有效性。

3. 系统的复杂性，容易使得使用者无所适从

随着市场发展和竞争的需要，各厂商对自己 CRM 系统功能描述越来越强，捆绑的产品也越来越多，以至无法确切为 CRM 产品作一个界定。事实上，CRM 远不是一项即买即用的产品，而是与行业相关、和企业结合的一项具体应用，它需要从简到繁、从易到难，分步实施。一方面对使用者，是一个适应和熟悉的过程；另一方面对企业工作流程和理念的改变，是一个渐进的过程。厂商提供了太多的全面解决方案，作为决策者，在选择 CRM 时，切忌被华而不实的应用所疑惑，哪怕只上一个很小的功能，把它运用好，同样不易。

三、CRM 项目管理方面的问题

1. 随意确定项目负责人和缺乏高层领导的支持

一般情况下，在实施 CRM 项目中，项目负责人的作用是很重要的，不仅负责整个项目需求的确定，还要协调各部门完成整个工作。要求项目负责人不仅对营销工作很有经验，也要对 CRM 的基本功能和作用有所了解。现在很多 CRM 项目失败的原因不在技术和系统功能上，大多数在部门的配合上出现了问题，实际上还在于项目负责人的选择上。这也是在 CRM 的战场上，会有这么多失败项目的残骸和基层经理的炮灰的重要原因。任何一个有经验的 CRM 解决方案供应商或是咨询顾问都会承认，CRM 不是技术，而是一种战略性的决定。高层领导经常低估实施 CRM 必须付出的代价，遇到困难或内部反对的声浪时，不但没有投下精力去与每一个部门沟通，反而常常遇难而退，让 CRM 实施无疾而终。

2. 信息部门和使用部门对选择 CRM 厂商上有分歧

有时候使用部门和信息部门对 CRM 理解的不一样,对联系的 CRM 厂家意见容易出现不统一。信息部门一般从计算机、技术角度考虑系统如何选择,应用部门从管理角度、使用角度考虑如何选择。如果只按照应用部门的意见选择,可能会实施得快一些,但不好保证系统的先进性,不好保证系统与其他系统的接口;如果只考虑信息部门的建议,可能在推广中阻力很大,特别是出现一些操作方面的问题时,使用部门会推卸责任。

3. 预算障碍和 CRM 项目流产

在一项调查显示:对于 CRM 进入主流商业思路没有丝毫怀疑,86% 的被调查者报告他们的公司或机构已经投资于客户战略或在将来计划投资 CRM;有 13% 的被调查者不会投资 CRM,其原因是投资成本太高。CRM 会后退吗? 是的,CRM 已经开始后退了。因为预算的原因,许多公司正在取消 CRM 项目或将项目改名。它们将项目称为客户忠诚项目、客户主动关心计划,甚至只称为活动管理。

4. 忽略隐含成本

因为许多公司经常低估 CRM 工程的成本,CRM 项目的资金的大部分没有被正确使用。Gartner 组织透露,大部分从事 CRM 实施的公司都将成本低估 40% 到 70%,许多公司仅仅计算 CRM 工程的显性成本,如软件许可证费用和咨询费。事实上,CRM 工程有许多其他的成本,如用于工程计划、培训、测试、归档、数据维护、软件综合、工程管理等的费用。

5. 项目管理

CRM 项目首先应作为一种商业策略,其次是一种 IT 业务的处理。即应该先彻底估计公司的客户服务策略,然后确定 CRM 工程如何支持这种策略。Gartner 组织的 Eisenfeld 强调,一个项目管理应该处理:估价的完整成本、投资回报分析,以及结合了贯穿整个 CRM 工程始终的重要事件、资源和成本定期跟踪的获利分析。AMR 研究机构建议,通常公司的 CRM 工程计划预算应该是软件、服务、硬件和培训成本的 3 到 4 倍。总之,周密计划和项目管理是不可替代的。

四、CRM 项目执行方面的问题

1. 企业的管理、组织、商业目标,以及信息系统的建设水平都是应用 CRM 的关键因素

CRM 不是一个简单的技术问题,而是一个理念问题,它涉及企业的方方面面,从企业的决策层、管理者,到组织机构和信息系统的水平,它涉及企业的每一个员工、每一个环节,如同 MIS、ERP。因此,它的客户化和量体裁衣工作格外

重要。

2. 销售人员对 CRM 的抵触情绪

销售人员是 CRM 最重要的用户,虽然在 CRM 系统中,不同部门的人员需要了解和掌握客户信息,但站在第一线的销售人员对客户的信息记录,是整个系统准确、客观的基础。但是,由于销售人员或是经常出差,或是工作繁重,或是不愿意把长时间建立起来的"个人销售关系"公之于众,他们很难随时随地把每次接触顾客的细节都记录在系统中,因此产生抵触情绪。这样,CRM 所描述的美好前景,会因为基本信息的残缺不全而失色不少。

3. 目标不恰当与培训不够

设立不恰当的目标,数据不准确或不恰当,培训员工不够,试图在短时间整合太多的系统只会引入新的灾难。许多公司犯下的最大、损失最严重的错误之一是低估 CRM 工程的复杂性和持续时间。通常,公司需要培训员工如何操作 CRM 软件,建立和改造公司以客户为中心的企业文化、组织机构等。

4. 没有把重点放在第一线

CRM 的基本精神,是把企业的关切重心从内部的需求转移到外部客户的需求上。企业工作流程的设计,首先必须配合客户的需求,其次才考虑企业内部的需求。也因为如此,在第一线与客户打交道的前台工作人员(市场、销售与服务人员)必须成为企业内部资源第一优先服务的对象。

因为他们的需求,就是客户的需求。只有把他们服务好,他们才能把客户服务好。只有让他们的工作更方便,他们才能有时间把珍贵的第一手客户数据回馈到 CRM 系统中,成为进一步服务客户、销售管理与内部决策支持的基础。然而具有讽刺意味的是,很多 CRM 项目,却以管理者的需求为出发点,以监视控制为原则,很少照顾到第一线前台工作人员的需求。结果,设计出来的 CRM 系统反而加重了前台工作人员的工作量,成为他们服务客户的障碍,以至于第一线前台工作人员不能也不愿及时、准确地输入客户信息。

5. 没有明确投入和回报

CRM 系统是一种高风险、高回报的投资。根据美国一项针对 226 家实施 CRM 的企业的调查显示,这些企业投在每一个 CRM 使用者身上的成本,平均是 10 385 美元(包括软硬件、实施、培训及技术支持),然而其中实施 CRM 产生显著成效的企业,投在每一个 CRM 使用者身上的成本,平均却高达 17 003 美元。不管怎么节省,CRM 要实施成功,都有一个投资门槛。企业要么不做,要么就得好好做。花大钱的企业不一定能成功,可是抱着投资少量资源尝试一把的心态的企业,通常的下场是白白浪费钱。根据明确和可测量的投资回报目标来实施 CRM,通常能使企业规划出成功实施 CRM 所需要的投入,从而提高 CRM 实施成功的机会。

五、CRM 市场策略方面的问题

1. 忽视客户的需求

目前,流行的 CRM 实践将企业的视线从其市场上错误地引导到企业的数据库中。但 CRM 要求企业应把注意力放到客户身上,如客户购买产品的相关系数及对客户今后会购买其数据库中什么产品的预测等。因此,那些采用了流行的 CRM 实践的企业容易忽视其客户的真正需求,忽视那些决定客户购买产品相关系数背后的真正驱动力。此外,那些依赖于 CRM 系统预测功能的企业也容易忽视这样一个事实,就是目前流行的 CRM 系统所预测的往往不是客户最需要的,而是客户最不讨厌的。

2. 供应商的客户管理缺陷

最近的研究表明,CRM 供应商自身不能建立与客户连接的纽带,客户与 CRM 软件供应商合作得并不愉快。根据报告,不愉快的事主要来自系统太复杂和价格太昂贵,使用起来有太多的困难,而且 CRM 供应商也不是以客户为中心的。研究揭示了,CRM 供应商和客户在沿着不同的方向前进,供应商试图标准化他们的产品,但没有想到修改软件去满足客户的要求。从另外一个角度讲,客户需要供应商满足他们的特殊需求。

3. 局限的市场经营范畴

目前,流行的 CRM 把市场经营范畴仅仅局限于一个企业的数据库中,但 CRM 实践起源于数据库技术与数据库市场营销方法(分析技术)的结合。无可避免地,它继承了数据库作为其唯一的运作中心,所继承的特征也成为其在确定市场经营范畴时的严重制约。企业在采用了这一 CRM 系统之后,很容易将其市场经营的重点转移到其数据库中。这意味着,这些企业越来越关注其数据库中的数据,并同时越来越忽视其市场竞争及市场的潜能,特别是市场上潜在的、还没有在企业数据库上登记备案的客户。这些企业往往变成了"市场盲"。

一个成功实施 CRM 的国内案例

(中欧国际工商学院的 Oracle CRM 实施①)

一、中欧国际工商学院简介

中欧国际工商学院(China Europe International Business School, CEIBS,以下简称"中欧")是一所由中国政府与欧洲联盟共同创办、专门培养国际化高级管理人才的非营利性中外合作高等学府。学院成立于 1994 年 11 月,作为中国工

---

① 本案例源自 GCCRM 评估指南 2006,文章出处及版权归属于 GCCRM。

商管理教育的先驱,学院最早在中国内地开设全英语教学的全日制工商管理硕士课程(MBA)、高层管理人员工商管理硕士课程(EMBA)和高层经理培训课程(EDP)。

学院恪守"认真、创新、追求卓越"的校训,以国际化为特色,坚持高质量办学,经过10年的辛勤耕耘,中欧国际工商学院的课程及学位已获得了国际工商教育权威认证系统EQUIS的认证,并获得国务院学位委员会的正式认可。自2001年起,中欧国际工商学院连续跻身英国《金融时报》全球商学院100强排名,亚洲前3名,成为中国内地唯一获得世界排名的商学院。2005年的最新排名为,MBA全球第22名,亚太第1名;EMBA全球第20名;EDP全球第37名。

(1) 在中欧国际工商学院中,主要业务及业务部门包括:
- 全日制工商管理硕士课程(MBA),面向具有管理潜质的年轻人的学位教育。
- 高层管理人员工商管理硕士课程(EMBA),面向企事业单位高级管理人员的学位教育。
- 高层经理培训课程(EDP),包括公开课程、文凭课程、公司课程和校友课程等,面向企事业单位高层经理人员的非学位教育。
- 职业发展部,帮助学员寻找合适的就业机会,以及帮助企业寻找合适的人才。
- 校友会和中欧校友基金,为校友提供各种服务和组织各种活动,接受校友捐赠,管理和发展校友基金。
- 企业关系部,发展和维护与企业的战略关系,发展各类企业赞助。
- 市场及公共关系部,统一运作全院层面的市场活动。

(2) 在中欧国际工商学院中,客户包括两种类型:
- 个人型客户,主要包括各类课程的申请人、学员、校友、教授,以及企事业单位的联系人和赞助人等。
- 组织型客户,主要是指委托学院培养人才、招聘人才和提供资助的各类企业和组织等,以及赞助商。

二、面临的商业问题

中欧已经被证明是中国内地最好的国际性商学院,但是为了在充满竞争的环境中实现梦想和目标,中欧因此应该保持不断向上发展的趋势。中欧认识到了,由学生资源、校友资源、教授资源和公司客户资源所带来的能进一步拓展教育市场的价值,而信息技术是被证明能为中欧达到这一商业目的手段。

学院内存在多个独立的客户关系部门,在CRM实施前,在中欧各部门运行着一些信息管理应用系统,但是它们都是各自为政的。实际上,对内和对外中欧

还没有一套统一的信息系统,因此这导致了在中欧出现如下的困境:
- 客户的历史资料不能被跟踪和管理,而事实证明这些客户历史资料能使管理者迅速地发现不同的问题,并且能为将来制定出更明智的发展策略。由于客户信息的匮乏,直接导致了中欧不能满足客户的一些需求。
- 由于没有集中的信息管理机制,数据结构也没有统一和标准化,以至于数据不能自由地在部门间传输和共享,导致各个不同部门存在不平衡,这严重地阻碍了学院的发展。此外,经常发生很多把同样的数据输入不同系统的重复劳动,并且这样的操作对类似于中欧这样具有一定规模的学院显然是低效率的。
- 客户有可能同时收到来自中欧的相互矛盾的信息,员工有可能重复做同样的事情,信息和知识不能在教授、学生和员工之间共享。
- 以往使用的文件型数据库不仅使用效率低,而且数据安全也得不到保证,容易发生数据的遗失、破坏和泄密。
- 各业务部门之间无法开展有效的商务协作,特别对于市场营销活动,很难共享资源和成果。
- 管理层缺乏有效的信息系统和机制来掌握和管理全院及各业务部门的业务情况。

总之,以前的信息管理系统不能适用于大多数的商业行为。中欧没有一套系统能够精确地保存各类有价值的信息,能帮助中欧管理每日的商业操作,并为决策者提供完整的分析报表,从而帮助他们制定出能促进学院发展的决策。而且信息安全还未得到充分的保证,一些重要的信息会流失,并且被竞争对手使用。因此,为了改善中欧的信息系统和迎合商业环境的变化,中欧非常有必要实施CRM。

三、项目实施过程

1. 项目计划

整个CRM项目分为两个阶段实施。第一阶段主要目标是分析全院的业务、统一各个部门的数据结构、制定标准的业务流程,并首先在高层经理培训部(EDP)实施从市场营销战役到订单的CRM流程;第二阶段的主要工作是将在高层经理培训部实施的标准业务流程推广到全院各业务部门。实施从2004年2月开始,项目实施初始计划为:

第一阶段:
2月初到3月底　完成Oracle电子商务套件11i的系统安装和调试。
3月初至5月底　完成高层经理培训部(EDP)的流程的分析、设计和测试。
6月初　高层经理培训部(EDP)上线。
第二阶段:
8月初到11月底　在其他业务部门建立全校的关键客户数据的维护机制。

12月初到次年1月底 在其他业务部门推广标准的CRM业务流程,包括市场营销和销售管理。

2. 实际执行

在整个CRM项目实际执行过程中,发生三次比较大的延误:

(1) 高层经理培训部(EDP)上线日期从6月初调整为7月初。主要是因为实际的数据量大大增加和对数据及精确度要求大大提高,原先估计的处理历史数据的时间(5个工作日)远远不够,因此延长了一个月的数据准备时间。

(2) 因为上面的延误造成第二阶段顺延,12月底才统一了全校的关键客户数据的维护和保存。

(3) 最后一个步骤原定于次年1月底完成,延误到次年的6月份。原因是没有估计到,年底各主要业务部门都比较繁忙,忙于年度事务。并且由于学校高层领导层在年底发生重大人事调整,这段时间不宜实施这种规模的业务系统,所以项目发生5个月的延误。

● 实施组织结构图,如图8-12所示。

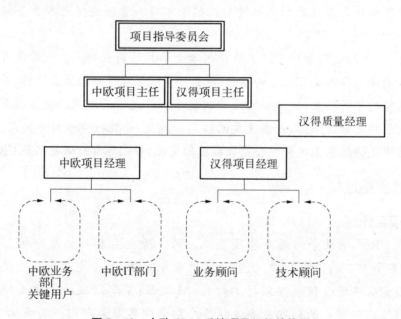

图8-12 中欧CRM系统项目组织结构图

3. 软件提供商与咨询服务方在实施中作用

在本次实施过程中,涉及两家外部合作伙伴,一家是Oracle软件系统有限公司,一家是汉得信息技术有限公司。其中Oracle公司是软件供应商,汉得公司是咨询服务方。

Oracle公司主要是提供应用软件,并解决和产品本身相关的一些问题,如提供相应的补丁以解决产品中存在一些Bug,或者对某些新功能的应用提供一些必要的帮助。主要方式是在发现问题之后，通过 Oracle 的服务网站 Meltalink，在网上提交问题并获得帮助。此外，在实施过程中和实施后，Oracle 相关部门对中欧进行了若干次拜访，协助解决了一些重要的问题。汉得公司主要是提供业务解决方案，并承担项目实施的工作，包括对业务状况的调研分析、总体方案的论证设计、系统的安装调试、用户培训、客户化开发及系统集成等。由于在本次项目实施时，国内教育行业还没有 CRM 全面实施的先例，因此本次项目还是存在较大风险的。在与汉得公司合作的过程中，一开始也走了一些弯路，但是汉得公司在 CRM 领域丰富的经验，以及出色的技术能力，在项目实施过程中还是起了非常重要的作用。

4. 实施过程中出现的问题

实施过程中，遇到的最大的意料之外的挑战来自历史数据的处理。由于教育行业的特点，学院可以收集到大量的精确而丰富的客户资料，这是和其他行业有显著区别的地方。并且由于多年来的积累，这部分数据的数据量非常大，而且从全院范围来看，这些数据分散在不同部门的不同地方，光 EDP 一个部门，原先的数据就存在于 3 套不同的系统之中。这些系统，有的是 FoxPro，有的是 Access，有的是以前自行开发的系统，等等。

(1) 基于这种情况，产生了以下问题：

● 由于这些历史客户数据对于统计分析，以及业务的开展有很高的价值，因此在迁移过程中不能发生信息丢失，因而无法像财务数据那样进行一些汇总和简化处理。

● 各部门的不同老系统中，存在相当多的重复数据，但并不能简单地以某一方的数据为准去处理重复数据。

● 考虑到字段级的差异，某些重复记录部分并不能简单地覆盖或删除，而需要做合并处理。

● 迁移过程中，需要把原先平面化的数据，转换为新的立体模型中的数据，如何转换才能最符合未来业务发展的需要。

● 在大量记录中，存在一部分高价值客户信息，需要将这部分信息识别出来。

● 不同部门之间必须考虑到数据安全性的问题，包括读与写的权限。

● 由于历史数据数量庞大，处理起来必然需要一段时间，如何解决这段时间内新建记录与原有历史记录冲突的问题。

(2) 为了解决这些问题，中欧和汉得互相配合，最终通过如下方式予以解决：

① 首先与业务部门一起对不同来源数据之间的逻辑联系进行了深入的分析，将数据分成了若干个大的类别；

②针对不同类别的数据,确定了相应的去除重复数据的规则;

③通过客户化开发的方式,开发了若干个小程序,由计算机对数据进行处理,将明显重复、明显不重复,以及难以判断的数据区分开。

④明显重复的数据通过计算机直接进行除重处理,难以判断的通过人工判断的方式进行处理。

最终将完全清理过,并通过测试导入的数据,一次性导入正式系统。

四、CRM 实施评估

1. 收益

通过 CRM 项目的实施,中欧在主要业务部门实现了从市场营销到销售线索,再从销售机会到订单,直至应收账款流程的完整连接,并形成了一个完全的和无缝的整合和统一的主业务流程,确保了核心业务系统的信息的畅通、准确和实时,形成负反馈的大闭环系统。

(1) 效果体现在以下方面:

● 分散的客户信息被集中到统一的中央数据库,并在安全性规则的控制下在各部门间实现了充分共享;同时,数据的组织形式从原来的平面结构转化为立体结构(Oracle TCA 模型),实现了对客户信息的 360 度查看和对客户网络关系的仿真模拟;从而使客户信息实现了极大的价值增值,真正成为与学院品牌同等重要的无形资产之一。

● 打通了营销、销售、运作、服务、财务等各业务环节中的信息断层,实现了整个业务闭环的自动化、规范化。

● 从高层经理培训部上线(2004 年 7 月)后一年的情况来看,营销工作的效率提高了 33%,营销费用减少 10%,销售收入同比增长 25%。

● 开通网上自助报名服务后,90% 的 MBA 申请人和 80% 的 EMBA 申请人通过网上自助服务来咨询和报名。MBA 已经基本抛弃纸本报名表,全面实现在线报名。

● 通过 EMBA 部门提供的数据,报名数量同比增加 25%,数据错误率降至 1% 以下,客户满意度提高 20%,工作效率提高 20%。

● 通过校友会和职业发展中心的抽样调查,客户满意度和忠诚度明显提高。

(2) 整个 CRM 的回报包括两个部分:

● 有形收益,包括工作效率的提升、错误的减少、业务处理速度的加快、市场营销费用的减少和销售收入的增加等。

● 无形收益,包括客户满意度和忠诚度的提升、降低了人员流动带来的损失、管理能力的提升等。

总体来说非常满意,因为这个系统达到了最主要商业目标,并且成为整个中欧的企业信息系统的核心。

2. 有待改进的过程

如果再次实施这个系统,我们还是采取基本相同的实施策略。这是因为中欧国际工商学院是一个中外合作型的非营利性机构,院内各部门之间的关系更类似于一种合作关系,而不像很多企业内所表现出的那种严格的上下级隶属关系。因此,并不能简单地通过"一把手效应"来推动整个项目的进展,也不能采用那种自上而下、在所有主要业务部门全面铺开的方法。必须重点突破、步步为营,在实施中获得应用的成功经验和示范效应,从而推广到全校各个业务部门。然而,具体的实施方法还是有变化的,包括如下几个方面。

● 在原先的实施过程中,对 Oracle 电子商务套件的测试和学习不够,在以后的实施和应用中发现了一些 Bug,影响了实施进度,走了很多弯路。所以如果再次实施,必须对系统测试投入足够的重视。

● 加强在项目实施初期的培训,这些培训针对中欧 IT 人员、业务部门领导和关键客户。让这些人更加了解系统,大大有助于今后的业务流程实施。

● 更加完善的客户数据维护。由于中欧的业务要求,CRM 对客户数据结构的统一和数据的准确性要求较高,并且中欧的教育行业的特点,也容易收集到全面、准确的客户数据,这也产生了很大的工作量。客户数据的维护需要对最终用户进行严格的培训,但是即便如此,也无法避免错误的发生,而且也造成了工作效率的低下。所以有必要投入一定的技术力量,对系统进行二次开发,简化和标准化客户数据维护。

● 尽早在各业务部门之间建立协同机制。对于中欧而言,CRM 系统是联系各个部门业务的最重要的业务平台,特别是在数据维护和市场营销上。所以,有必要尽早建立各个部门对于数据维护和使用,以及协同市场营销的有效的协调机制,才能保证业务在系统中平稳运行。

思 考 题

1. 业务流程重组含义是什么?面向 CRM 的业务流程重组的步骤是怎样的?
2. 对于 CRM 实施的复杂度估算可以从哪几个方面来考虑?
3. 一个 CRM 实施团队成员组成有哪些?组织结构是怎样的?
4. 一般 CRM 项目失败的原因有哪些?你认为哪些因素需要特别注意的,为什么?

第九章
CRM 产品方案选择

如果你参加过 CRM 产品展览会，或者在 Internet 上搜索过 CRM 产品，其品牌和种类，以及使用的技术标准等将会使你眼花缭乱。而面对 CRM 厂商的大肆宣传和营销，你很容易陷入困惑，被一些看似重要却有可能干扰正确选择的问题左右。比如，该 CRM 软件能让我们免费使用一段时间，它们可以在很短的两个月内完成实施，它们的产品使用了业界最先进的技术，领先于其他竞争对手，我们的竞争对手好像也在使用这个产品，我们的客户好像很喜欢该产品用户界面等问题。产品选择也可能会被企业内部的高层会议、行政命令，或者一些未被准确证实的经验之谈左右。

在目前市场上，CRM 产品种类繁多、良莠不齐，也出现了很多名不副实的产品，这加重了选择产品的难度。中国的 CRM 市场目前还处于培育阶段，整个市场的推动，需要广大的企业对 CRM 应有的管理定位有清楚认识。市场的不成熟，必然会影响 CRM 产品供应商推出的产品质量。有很多国内的 CRM 软件产品，在开发之前缺乏对企业实际需求的严格分析，许多功能来自软件企业自身的"闭门"思考结果，或者是从国外的某些产品参考演变出来的。而这样的开发过程缺乏坚实的根基，产品在推出之后需要不断地进行修正和更新才能逐渐与企业的需求相匹配。而很多国外成熟的 CRM 产品，在汉化过程中也存在一些问题，尤其是管理环境的差异，可能会导致"水土不服"现象。市场的不成熟，为企业选择 CRM 产品带来更大的风险。

而寻找合适的软件产品，或者合适的解决方案是企业决定 CRM 实施的一个非常关键的步骤，有时候产品选择恰当与否决定了项目的成败，甚至会影响企业未来的发展。因为 CRM 产品和 ERP 产品一样都属于大型的管理软件，具有实施周期长、复杂程度高、企业影响面广的特点，选择哪种产品有可能对企业未来的 5 年，甚至更长时间的发展产生重大的影响。在这类产品的实施过程中，将会耗费企业大量的人力、物力及其他各类资源，一旦选定某种产品开始实施之后，任何更换产品供应商或咨询商的行为对企业而言都无异于一场灾难。因为这类管理软件的特性决定了企业在选择了确定的产品之后，将会与产品供应商结成非常紧密的关系,企业变更产品的成本非常大,这使得企业很容易被"锁定"。在实际的企业应用实践中还经常出现这样的现象,企业在选定产品实施的过程中遇到问题时,其表现出想与供应商维持关系的意愿,甚至会强于供应商本身,所以企业在选择产品时要非常慎重。

Jill Dyche 在《客户关系管理手册》一书中指出,企业对 CRM 产品选择的核心准则应该是保持以客户为中心、以需求为驱动来进行。专家认为,判断一个 CRM 产品,或者其解决方案是否适应企业需求应该从三个方面来考虑,即产品业务功能、技术及供应商。要保证 CRM 成功,这三个因素形成一个连贯的整体,互为补充。

第一节 业务功能定义

CRM 强调的是系统实现业务,选择 CRM 系统首要考虑的是其是否能够实现企业的业务需求,功能能否满足确定的流程要求。

当然,在了解自身需求之前,需要对企业进行相关的调研。就像医生要提供保健或治疗方案一样,医生开出方子前,首先要搞清楚患者的基本状况,才能因病下药。每个个体都是有其特殊性,甚至不同的患者表征相似,但病因却千差万别,用药也因此而完全不同。医生需要了解:你的身体哪里最弱?过去有什么病史?你的日常习惯对你健康有无影响?CRM 系统实施也是一样,不同的企业其解决方案可能会有很大区别,这和企业自身情况密切相关。因此,CRM 系统实施过程中最重要的阶段就是需求分析阶段。调查与分析企业应用的需求,是管理信息系统实施的基本步骤,也是为系统定义业务功能的必要步骤。企业只有清晰了解自身需求,才能对 CRM 软件功能作出准确的界定。

企业的 CRM 需求(如对目标促销活动反馈追踪等)是由以客户为中心的业务战略驱动的,这些需求会转化为特定的功能(如促销响应模型)。在需求分析阶段,CRM 的分析人员通常需要解决这些问题:明确管理目标,调查与分析管理上希望达到的目标或需要解决的问题,区分主次;优化管理流程,需要以客户为中心重新梳理流程,使流程顺畅、合理。产品功能定义的最合适的方法就是先明确你所需要的业务流程,然后找出业务流程中的功能,每个功能都对应于一个业务需求。这就需要花时间研究现有的营销、销售和服务策略和流程,找出哪些业务领域最需要自动化、哪些领域需要业务流程的改善。在需求分析阶段,实施人员可以重点从与客户接触的点出发。因为 CRM 实施的中心就是让企业流程始终围绕着客户,把客户放在最重要的位置上。在整个客户生命周期中,顾客与企业的许多部分发生了直接或间接的联系,联系渠道是多种多样的,如电话、面对面交谈、电子邮件、传真或大众媒体等,整个过程可能很长,这个潜在顾客可能在任何一个环节中放弃与企业的交往,转向竞争对手。

当需求分析阶段工作结束时,优化业务流程的工作也应该基本完成,产品所需要的功能也基本明确了。当相关的主要功能被明确后,就可以在此基础上进行细化。例如,明确应用权限与功能:根据岗位与业务角色,明确各角色在系统中的应用权限与详细应用功能。确定功能规格与应用界面:根据应用要求,确定应用界面与详细的信息格式与展现方式等,当完成这些工作之后,选择产品就会变得更容易。

一般而言,当企业已经做好业务规划,明确业务功能需求之后,就开始根据自身要求来选择合适的产品,有些企业是在流程重组之后选择产品,也有企业将之与流程重组过程结合在一起同时进行。下一个问题就是,在CRM市场上,可能有很多不同的产品,有类似的功能,但其深度和广度可能有所区别。这时候,企业需要通过对自身关键功能的界定来评价不同产品的优劣势。因为,不可能所有的产品都能满足企业全部的功能需求,那么哪些关键功能是不可或缺的,则成为选择的标准之一。

确定关键功能的前提是企业要对现有流程有清晰的认识,梳理并优化现有的流程是核心的步骤。在梳理流程的过程中,要注意区分哪些流程是重要流程,哪些流程能够给企业带来比较大的利益,哪些流程是企业希望管理起来但现在手工很难管理的。那么,哪些功能是必要的、关键的,而哪些是不重要的,就随之清楚了。根据20/80原则,企业只要管理好20%的流程,就可以帮助企业带来80%的效益。所以,企业要根据重要程度跟流程的含金量,去确定这20%的流程是哪些流程,这些流程相关的功能是去选择CRM产品的重要的试金石。对于这些20%的重点流程涉及的功能,在选择CRM产品时,要特别关注。

以上过程都应在需求分析阶段完成,而这一阶段的工作成果是整个CRM实施的基石,其质量的高低决定着实施的成败与否。实施人员的行业应用经验对确定应用需求较为关键,个人的经验与水平在服务过程中,通常会直接影响分析结果。为加速需求分析过程,准确把握需求,可采用行业化的CRM平台或相关应用进行示例与引导,也可以对现有一些成熟CRM产品的业务流程进行分析参考,这样可大大提高应用需求分析的质量与效率。

从国外一些成熟的CRM系统来看,如Siebel、SAP、Saleslogix、SaleForce等高、中、低端,以及ASP模式的典型CRM系统的业务流程主线大致如下:市场→线索→联系人/客户→机会跟踪→报价→产品与价格配置→订单→服务→Web自助→满意度→Club→反馈。大多数CRM系统的业务流程及业务功能基本围绕这条主线进行拓展延伸,存在的差异可能在功能的深度和广度上,这也是选择产品的标准之一。

第二节　选择技术

功能需求是选择 CRM 产品的首要考虑因素。在确定好功能需求之后,企业需要列出相应技术需求以保证产品能在本公司特定的环境下有效运行,因为使用不同的技术有可能实现相同的功能。而这些技术需求往往是和企业现有的 IT 环境密切相关的,技术需求也是决定使用选择哪种 CRM 产品的因素之一。技术的发展速度是毋庸置疑的,软件的生命周期在不断地缩短,硬件的更新每隔一段时间就会上升一个数量级,所以技术发展会为 CRM 产品选择带来一定的风险。在定义技术需求时,就还要考虑到技术发展状况,以保证企业购买的 CRM 软件所采用的技术与企业未来的技术环境,以及合作伙伴的技术环境能协调共存。可能从表面上看,最终用户似乎感觉不到软件技术架构带来的变化,但事实上,是否选择了恰当的技术架构会极大地影响到客户的未来应用。

企业可以从宏观和微观两个角度来考虑技术需求。

一、从宏观角度考虑

宏观方面需要考虑两个因素:一是该软件产品的基础技术架构是怎样的,是 B/S 结构还是 C/S 结构;二是加入该 CRM 产品之后,企业的系统整合风险怎样。

首先,来看 CRM 产品的技术基础架构的不同会为企业带来怎样的不同。C/S(client/server,客户端/服务器)技术从 20 世纪 90 年代初出现至今已经相当成熟,并得到了非常广泛的应用,其结构经历了二层 C/S、三层 C/S 的更迭。C/S 结构软件的客户端程序包含了部分业务逻辑,具备一定的数据处理和数据存储能力。这种架构下,用户表示层与业务逻辑层连接得非常紧密,若企业的业务流程或规则发生变化,可能会导致客户端的程序需要重新修改,增加了更新的难度。

B/S(browser/server,浏览器/服务器模式)是随着 Internet 技术的兴起而普及,B/S 最早并不叫"B/S",此类应用国外通常叫 Web 应用,国内的一些公司"创造"了"B/S"这个词。在这种结构下,软件应用的业务逻辑完全在应用服务器端实现,用户表现完全在 Web 服务器实现,业务逻辑层与表示层完全分开,客户端只需要浏览器即可进行业务处理。

C/S 架构的软件产品需要在终端 PC 上安装客户端软件,然后才能使用。这无疑与 B/S 架构的软件产品相比有了先天的不足,B/S 的卖点正是这种不受终端限制,同时又节省本地资源的优势。然而,C/S 架构绝非一无是处,对于本地的预处理、数据简单存储有着 B/S 所不能替代的优势；对网络的低依赖性，通过把应用软件的计算和数据合理地分配在客户机和服务器两端，可以有效地降低网络通信量和服务器运算量，这是 C/S 架构突出的优点。B/S 和 C/S 各有千秋，它们都是当前非常重要的技术架构。在适用 Internet、维护工作量等方面，B/S 比 C/S 要强得多；但在运行速度、数据安全、人机交互等方面，B/S 远不如 C/S。综合起来可以发现，凡是 C/S 的强项，便是 B/S 的弱项；反之亦然。

在 ERP 实践领域，关于到底应该使用 C/S 架构还是 B/S 的争论一直都存在，因为 B/S 与 C/S 具有不同的优势与特点，它们无法相互取代。例如，对于以浏览为主、录入简单的应用程序，B/S 技术有很大的优势；而对于交互复杂的 ERP 等企业级应用，B/S 胜任则有一定困难，从全球范围看，成熟的 ERP 产品大多采用二层或三层 C/S 架构；但现在越来越多的 ERP 厂商也在寻找各种技术手段来将两者结合起来，并取得一定的进展。

在 CRM 领域也存在同样的问题。但是 CRM 产品与 ERP 产品相比复杂程度要低很多，对其客户端功能要求要低于 ERP 产品。因此，在 CRM 领域内基于 B/S 结构的产品越来越多，但一些成熟的 CRM 产品也还使用 C/S 结构。

对于企业而言，若很自信自己企业的业务逻辑、系统部署在很长时间内可能都不会发生变化，那么 C/S 结构的优势会很明显，系统运行效率会很高；但是你如果无法预知未来的变化，并且相信变化会随时发生，那么多层的 B/S 结构的 CRM 产品可能会更适合本企业。

其次，企业需要考虑 CRM 产品与企业其他系统之间的系统整合风险。CRM 系统是否能够与企业现有的应用系统，包括财务、采购、库存、制造、统计系统相集成，消除数据与应用的不一致性构成，这也是技术选择的风险之一。既然 CRM 软件只是企业的商业软件中的一种，而非全部，整合问题是不可避免的，所以系统的整合问题，也成为 CRM 系统的一大挑战。在很多时候，系统整合是一个"决策瓶颈"，因为在这个问题没有得到很好的解决之前，新购买的应用系统的优势是无法发挥的，即便它再好，无法集成也是白费。因此，应用系统的整合往往是企业最头疼的问题，也是最不愿意涉及的问题。但是不管它是多么的麻烦，企业都必须面对，否则现在选择回避无视这样的风险一定会给以后的企业运营带来麻烦，而且可能会随着时间的推移而变得越来越严重。在现实的商业社会中，就有很多这样的案例，企业正在花比软件价值本身高很多倍的钱来弥补和修检这个"历史问题"。有时候系统整合问题不仅仅包括与自己企业内部的其他系统的整合，还要考虑与合作伙伴的应用系统之间的整合。因为你的企业在变，与你的企业关系密切的其他的合作伙伴企业也在变化，所以你也需要考虑同它们的系统整合的可能性。所以，在做 CRM 软件产品选择时，我们也必须正视这个问题,否则可能会带来中断合作的风险。

我们必须尽可能地采取措施来降低整合风险。一般而言,可以注重考察CRM产品是否有符合业界标准的整合能力。很多实力较强的独立软件开发商面对这种整合需求时,为第三方和用户提供了一定的整合接口,使得其产品具备一定的"友好特性",用户可以很方便地打开软件的"黑箱",实现EAI的整合需要。对于一些处于发展中的软件企业而言,它们可能暂时不能提供这样的接口,这种情况下,企业则需要看软件提供商的未来发展趋势,是否有确实的针对整合接口的开发计划等,即便现在企业不需要考虑整合问题,未来也一定是会面对的。

以上是企业在考虑技术选择时,须特别注意的问题。但是企业在考虑技术因素的时候,还是要明确一点,就是在功能选择的基础上来进行,而不能本末倒置。由技术人员主导的企业可能犯这样的通病:过于追求技术的先进性。例如,架构要求用J2EE的,要求有过多接口的,特别是当厂商说他们的产品利用了最先进的技术、最前沿的科技时,这些名词让他们兴奋不已,这样将技术因素放在首位,过分强调技术本身的先进性,容易导致"唯技术论"。从理论上讲,国外软件系统如Siebel能够实现的技术架构,国内一些不成熟的软件厂商也能实现,但是两者之间最大的差距是在于业务流程构架及功能的差异,所谓追求技术先进性并不是最好的,只有业务架构与功能满足才是最重要的。

二、从微观角度考虑

从微观角度,我们可以将技术需求分解为以下三个方面[67]。

1. 系统集成需求

CRM应用程序只有同企业内外的现有系统集成,才能充分发挥自身的价值。这种集成的难易程度如何?它与ERP系统的接口有哪些?它与企业的电子商务规划是如何集成?它与企业的渠道合作伙伴如何共享信息?它如何与公司的呼叫中心系统相连?

2. 数据处理和运行性能需求

一般CRM系统是多用户系统,同时可能会有多位员工同时使用。单机版本与网络版本的系统数据处理方式是不同的。就以前台数据与后台数据库的交互来说,单机版的系统设计时,不用考虑网络传输的问题,而网络版的系统,则要考虑如何在保证系统功能及数据同步性的基础上,减少数据的传输量,如把用户的自定义配置储存在本机上等。所以企业首先需要多方面地了解产品,可以先从理论上了解CRM底层的技术架构,如跟数据库交互的方式、用户配置文件储存的位置与方法、系统缓存的设计等。其次还要考虑大批量数据查询时的系统运行效率。有些系统,当查询大批量数据时,反应会非常慢,主要是由于其采用的查询方法与技术不是很合理。最后还要考察复杂报表的查询。由于对同一报表内容,不同的查询语句与查询方法,数据库响应速度是不同的,这主要取决于其查询语句是否优化、数据库设计是否合理等。而通过查询一张比较复杂的报表,如信用额度余额明细表,因为其要设计到多个表格的查询与统计,所以通过查询复杂报表可以看出其数据库是否优化过。

3. 产品安全需求

（1）数据安全。

当企业利用 CRM 系统进行客户关系管理时,相关的数据都储存在数据库中,如客户基本资料、销售订单信息、应收账款信息、产品基本信息与价格信息等都储存在数据库中。所以,如何保证这数据的准确性,以及当系统出现问题时,如何及时恢复数据,让系统尽快顺利运行,是企业要考虑的另外一个问题,即数据的备份与恢复就显得非常重要。一般来说,数据库都有备份程序。但是,对于技术力量薄弱的企业来说,从数据库直接备份有一定的难度,更希望软件公司能提供一些傻瓜式的备份工具或自动备份工具,让数据库能够在用户指定的时间自动进行备份。所以,对于数据库备份的主要测试指标是:① 能否自动备份。备份时间最好选择在用户操作较少的时间段,如午夜 12 点。② 能否进行差异备份。若每次备份都是完全备份,则数据容量太大,硬盘会吃不消。最好的备份策略是,每个周末完全备份一次,其余的时间是差异备份。③ 能否进行异地备份。数据库备份时,不仅要进行本地备份,还要支持异地备份,即自动把备份的数据传递到另外一台电脑上去,以防止这台电脑硬盘的损坏给企业造成的损失,最好是能够两台数据库能够实现同步数据交换。备份完以后,企业还要测试数据库的恢复,看恢复是否成功。

（2）服务器的移植。

月有阴晴圆缺,天有不测风云。一台服务器由于某种原因宕机,如电源烧了、硬盘坏了、数据库被病毒入侵了等情况都可能发生,企业要有这个心理准备。当发生了这些情况,如何能够迅速地恢复系统的运行呢?

最简单的方法,莫过于服务器的移植。如当一台服务器由于某种不可预测的原因宕机时,能够马上启用另外一台后备服务器,而后备服务器的数据要跟原先服务器保持一致,至少能够恢复到前一天的数据,以减少因服务期的宕机给企业带来的影响。

服务器的移植包括两个方面:一是数据库的移植,二是 CRM 软件服务器的移植。一般来说,数据库的移植问题不是很大,主要是 CRM 软件服务器本身如何移植。一方面,有些 CRM 产品的服务器端装起来非常的麻烦,需要经过很多的配置,而这些配置又需要软件商来完成,这就给服务器端的移植造成阻碍;另一方面,有些软件公司为了防止盗版,把软件的序列号跟 CPU 等硬件信息结合在一起,如此的话,同一个 CRM 软件服务器端,就不能装在多台电脑上,当原用服务器崩溃时,要移植到另外的电脑上,就非常麻烦,要 CRM 软件公司重新安装,并生成序列号。

企业在跟软件公司谈判时就要跟商定好,当服务器崩溃时,它们要用多少时间完成服务器的移植工作。假如企业有自己的 IT 负责人的话,此步工作最好企业自己来完成,毕竟求人不如求己。

第三节 选择供应商

在准确理解了企业对 CRM 产品的功能与技术需求之后,应该不难找到满足需求的产品。接下来的问题就是,如何在可能适合的几个 CRM 产品解决方案中进一步缩小选择范围。解决这个问题的关键是与满足需求的产品供应商洽谈,在这一步骤中需要了解供应商准备如何按照你的需求来部署合适的实施方案,以及供应商是否能够提供实施咨询等。因为有些 CRM 软件系统在进行定制或客户化时,需要相关供应商技术人员和顾问的参与。同时,还需要更多方面的观察供应商,考察他是否可以成为长期的合作者,而非一次性的软件交易对象。因为 CRM 的实施,以及以后的使用都是一个长期的过程,与供应商合作的融洽程度也在一定程度上决定了企业 CRM 实施的成败。选择了 CRM 的供应商,实际上也就是选择了一个长期的合作伙伴。在与供应商谈判时,还要注意的就是了解实施的成本,一般业内估计 CRM 项目成本的标准是:软件占成本的 1/3,咨询、实施和培训占 2/3。

在选择供应商这一步骤中,Jill Dyche 认为企业可以从供应商产品的特长、技术功能、实施支持,以及以往成功案例用户参考等四个方面对供应商进行全方位的考察。在考察供应商的核心专长方面,企业可以关注两个问题:对于软件不能提供特定功能,是否与其他公司或产品有合作关系?供应商的 CRM 产品发展历程如何?这有助于企业了解供应商从哪里起步,以及其产品最具核心竞争力的部分在哪里。技术功能方面,主要考虑上面技术选择时列出的各方面即可。在实施支持方面,企业可以问四个问题:产品的实施一般需要多长时间?供应商会在项目实施上提供帮助吗,还是由业务伙伴来完成这项工作?如果由业务伙伴来实施,那么业务伙伴资质如何?项目开始后,供应商在项目实施的过程中职责是什么,供应商是否会支持项目的二次开发?在参考用户方面,有三个问题可以参考:在使用该软件的现有用户中,"通用"与需要量身定做的比例是多少?在我们企业所处的行业中,有多少家公司使用了该产品,它们的名单能否提供,以及详细的用户电话和联系方式?这可以帮助企业了解供应商对该行业业务流程的熟悉程度,以及对该行业涉及客户关系管理方面问题的洞察力如何?这对以后的实施会非常有帮助。

在考察供应商风险的问题上,何荣勤先生提出了对供应商的考察可以从以下问题着手,对其做更全面的了解,从而降低决策的风险。

这个软件供应商的资金和产品开发实力如何?这个软件供应商有多少现有客户?这些客户用得最多的功能模块是什么?他们有开发 CRM 丰富产品的长期计划吗?他们从事 CRM 是主营业务还是副业?他们有足够的服务和支持人员吗?另外,在确定 CRM 软件供应商时,还要注意他们同企业保持长远合作关系的能力,这包括供应商在未来的发展情况、是否会倒闭或被收购、供应商的功能模块的开发是否能跟上企业的发展需求、企业是否能得到长期的系统运转服务和支持,以及产品是否有扩展性、能否支持未来的客户化修改的需求等。

目前,中国市场上的 CRM 供应商可以简单地分为三个层次:第一层是那些来自欧美的大公司,如 Siebel、Oracle、SAP 等它们不仅卖产品,同样也有全面的产品提供和咨询能力。第二层则是其他的欧美公司,像 Salesforce、SalesLogix 这些公司有很好的产品,也有许多国外成功的案例。第三层是涌现的本土公司,它们的优势是能够完全按本地用户的需求开发产品,并且与用户有紧密的业务/政治上的联系,但相对而言在实施 CRM 的经验和成功实施的案例方面略有欠缺,产品也不够成熟。

在寻找合适的 CRM 产品的过程中,企业会发现国内市场上的 CRM 厂商更喜欢主动地去推销自己的解决方案,更多地将 CRM 当做一个软件解决方案来推动。一些 CRM 厂商往往会对自己的产品夸大其词,因而需要对他们保持一定的距离,从而避免让软件销售人员使你相信他们的系统"能做每一件事"。在企业已确定了自己所需要的所有功能要求后,最好的选择办法就是按部就班地分解你的需求;然后按照你的需求清单,要求软件提供商展示他们如何来满足你的要求。仅仅通过演示,是很难真正了解产品的真实情况的,企业可以选择多方面、多角度去了解 CRM 产品。比如,可以通过考察同行业内竞争对手的产品选择,也可以根据厂商提供的案例到企业内部做深入了解。当然,一些中立机构或专业的 CRM 分析咨询公司的建议,有时候也很有帮助。

随着企业用户的逐渐成熟和趋于理性,CRM 咨询服务开始以一个中立的、代表企业用户利益的角色出现。但是,有很多的咨询服务商还是会捆绑系统厂商,好在它已经开始从用户的真正需求出发来部署客户关系管理解决方案。在目前国内这样一个还不成熟的市场上,在还没有更多中立机构的声音的时候,客户是弱势群体。

第四节 是否选择 ASP

选择产品的以上三步骤考虑因素是假设企业购买了 CRM 产品，并且自己维护 CRM 运行，是一个企业内部的解决方案，大多数的企业在决定实施 CRM 时都会选择这种方式。这种方式依赖企业有一定的资源，包括足够的软硬件资源，以及相应的 IT 人力资源等。这对一些资源匮乏的小企业而言，存在一定的困难。它们希望能尽快实施 CRM，却没有足够的时间或能力去雇佣相应的技术人员和引入必要的设备。"中小型企业更期望能够在一段时间内支付管理软件费用，"Aberdeen 分析师 Hugh Bishop 说，"在每季度或每月的支出方式的基础上，企业每次支付少量的现金，可以解决中小企业资金困难的问题。因此，CRM 应用软件的购买方式将会快速向应用服务提供商（application service provider，简称 ASP）'租赁'的模式转变。"ASP 模式有助于企业投入相对少的资金，而获得较高的应用软件价值。Bishop 认为，"新模式财务上的益处，以及风险的转移使得很多企业用户放弃了永久许可证模式。"因此，CRM 市场中，许可证收入将有所下降，而软件"租赁"的收入将会迅速攀升。大多数 ASP 模式的 CRM 产品的目标市场是中小企业。总体而言，这些企业缺乏足够的财力和 IT 资源，但是又迫切需要使用 CRM 这样能产生高业绩的商业方案来保持竞争力。

ASP 自 20 世纪 90 年代出现以来，已经走过了一段漫长的路程，以往限制 ASP CRM 系统能力的一些因素已经正在被改进，应用逐步走向成熟。现在 CRM 市场上流行的托管型 CRM，就是一种典型的 ASP 应用。CSO Insights 的一项调研显示，与预置型相比，托管型 CRM 有不少显著的优势。调查报告中称：超过 38% 的托管型 CRM 用户感觉到绩效有了显著的改善；而相比之下，感觉到绩效改善的预置型 CRM 用户只有 20%。超过 59% 的托管型 CRM 工具在 3 个月内（甚至更短）就能实施完毕，而只有 15% 的预置型 CRM 才能在同样的时间内部署完成。75.6% 的托管型 CRM 项目都可以在预算范围内完成，而只有 43.7% 的预置型 CRM 项目不会超出预算控制。超过 66% 的托管型 CRM 用户会成为厂商的回头客，或向其他公司推荐该厂商；而只有 34% 的预置型 CRM 用户会这么做。分析机构 Forrester Research 指出，托管型 CRM 能大幅降低前期投入，不依赖公司 IT 管理，部署与升级速度更快，并可改善可用性[63]。

一、使用 ASP 的 CRM 优点

使用托管 CRM，企业无需自己购买软件许可证、无需自己本地安装软件、也无需自己维护，而是由托管 CRM 服务提供商在远程提供企业所需的软件服务，

这些都是传统 CRM 无法办到的。具体说来,与传统 CRM 相比,托管 CRM 有如下优势。

(一)从战略和经济的角度分析

1. 专注于核心能力

根据波特的竞争战略理论,企业的竞争优势来源于对其核心能力的战略性专注。对中小企业来说,它们要超越竞争对手可能采用的最好的办法是在客户关系的管理和优化方面表现卓越。为了达到这样的战略性目标,中小企业必须专注于销售、营销、客户服务与支持等面向客户的所有流程。专注程度依赖于分辨核心商业流程与支持、辅助性商业流程的能力。在一个典型的中小企业里,核心流程可以定义为销售流程、营销流程和客户服务,那么辅助性的商业流程就可以被外包出去,如信息系统发展(CRM 技术基础构架)、人力资源管理及招聘等。采用 ASP 模式的时候,CRM 软件及其必要的基础构架(包括维护)由 ASP 提供,同时实际的商业流程操作由中小企业来掌控。这样,可以使中小企业能够投入更多的精力来专注于 CRM 的核心流程运作。ASP 使企业得以解脱,只需要花较少的时间去关注技术配置,从而能够将更多的精力用于关注客户。

2. 成本控制

很多中小企业因内部资源缺乏无法自主开发 CRM,也无足够资金支付 CRM 各模块的许可证费用。而企业通过租赁 ASP 模式的 CRM,一次性投入的成本低,只需付租金即可,企业的现金流不会受到太大影响,这使企业在实施 CRM 的过程中所受到的压力要远小于传统的软件购买方式,可以大大减少中小企业 CRM 实施的成本。若凭借中小企业内部自身的资源,恐怕它们很难有财力建立一个数据中心,更不用说支持 CRM 的一些必需的关键技术应用了。更为重要的是,ASP 能够为企业提供服务有效的系统管理和维护,以及相关的人力资源、必要的技术资源以保证系统技术环境保持正常运转。并且托管型 CRM 因为允许企业可以用很小的投入在所需范围内使用,这就使企业可通过使用 CRM 增长自己的业务,再逐步扩大 CRM 的使用量。不止是中小企业,一些大型企业也在渐渐接纳并使用上了托管型 CRM。CRM 的 ASP 服务提供商声称,ASP 用户基本上没有必要购置任何软件和硬件,只需要一个网络浏览器和 Internet 连接即可使用到高效的 CRM 应用功能。由于采用 ASP 模式,企业客户根本无需拥有实体资源,省去了许多内部管理环节,提高了效率、降低了成本,还能够享受方便的软件升级服务和强大的再扩展性。简而言之,一个 ASP 提供的主机托管 CRM 方案要比一个 CRM 模块或是 CRM 厂商提供的一个软件包更为便宜。从价格方面来说,考虑 CRM 实施的总体拥有成本,是中小企业选择 ASP 模式的 CRM 一个关键原因。

(二) 从技术的角度分析

1. 快速实施能力

服务提供商在同样的平台上一次又一次地实施同样的产品,这使得他们在这项任务上变得非常熟练和专业,甚至可能达到使整个过程最重复的部分自动化的程度,结果使系统实施和维护需要的人力和总的所需时间大大减少。这一优势有效地满足了中小企业快速实施 CRM 的需要,同时也迎合了现今快速变化的客户需求。

对于企业而言,不需要亲自实施系统,甚至不需要专门的 IT 人员,因而也不存在实施风险的问题。

2. 可靠性和实用性

ASP 发展了成熟的技术构架,包括功能强大的服务器、广域网、操作系统和数据库软件,以及对快速、完整无线客户终端通讯的多软件包支持,使得中小企业用户能够使用高绩效的 CRM 技术和应用。除此之外,ASP 能为中小企业用户提供"24/7/365"系统在线服务,这一点是对企业关键应用系统 CRM 非常重要的承诺。

3. 良好的扩展性

随着中小企业的发展,升级 CRM 系统的需求快速增长。举例来说,企业可能需要增加 50 个 CRM 系统用户,需要增加 50 万用户数据库。ASPs 花费了大量的精力来发展可扩展的基础构架,可以满足中小企业用户日益发展的需求。这样企业可以避免正常系统升级所不可避免的一些活动,如身份证明、软件获取和给数据库服务器安装新的磁盘驱动程序等。取而代之的是,ASP 可以为企业做这一切,只要企业明确通知其新的需求。

4. 技术支持

ASP 雇佣、培训他们的员工,使之成为某一或多个 CRM 产品的专家。ASP 员工将一项 CRM 产品配置于多个用户环境,他们非常清楚产品的强项和弱点。通过在系统支持方面向 ASP 员工咨询,中小企业用户可以减少雇佣外部咨询顾问和招募企业内部专业 IT 人才的需求[42]。

正是由于托管 CRM 具有如此多的优点,满足了中小企业希望投资少、见效快、风险低的需求,才会青云直上,赢得众多顾客的青睐。就连 SAP 这样的传统 CRM 巨头也抵挡不住托管 CRM 的诱惑,在 2006 年 2 月也推出了自己的托管 CRM 软件。而其竞争对手甲骨文公司的 Oracle Siebel 托管型 CRM 软件也一直在快速推陈出新,仅在 3 年半时间里就陆续推出了 14 个新版本,Salesforce.com 则是国外领先的 CRM 应用托管服务提供商。该公司目前在全球有 15 500 个企业客户,其针对的客户市场从早先的中小企业扩大到任何规模的企业,越来越多的 CRM 厂商开始涉足该领域。拥有 1 200 万中小企业用户的中国 CRM 市场才刚刚起步,目前这一市场的普及率依然很低,因此托管 CRM 在中国的前景非常被看好。

二、使用 ASP 的 CRM 缺点

当然,某些行业专家也有着不同的见解,他们认为预置型 CRM 工具才是正统。ASP-CRM 存在以下的一些问题。

1. 安全隐忧

客户数据、知识是中小企业保持竞争性的战略资源。因此在 CRM 外包这一情形下,中小企业极有可能对数据安全问题存有顾虑。因为客户数据通常存储在由 ASP 维护的数据中心,而不是企业的内部机房里,尤其是一些拥有客户敏感数据的公司,如财务数据和健康数据,基于保密性的考虑,这些公司不愿意把这些数据泄露给第三方。对于预置型 CRM 应用而言,公司始终可以保持对系统运行和防护的全盘控制。而对托管型 CRM 工具来说,尽管大部分服务提供商在正常运行时间和数据完整性方面都处理得很用心,但依然存在没有尽力去保障系统的安全与可用性的可能。另外,可能客户还会存在另外一种形式的担忧,因为考虑到 ASP 与其客户是一对多的关系,ASP 很有可能服务于同一行业中的许多其他中小企业,也就是企业的竞争对手。这种情况下,ASP 会不会出于商业利益将一个企业的数据整合提供给它的竞争者呢?另外的一些安全隐忧可能来自对 Internet 连接及其信息传输过程,因为 Internet 上传输信息存在着一些不安全因素。

2. 个性化

企业不同,对 CRM 的要求也不同。世界上没有两家公司会采用一模一样的方式来对客户进行同样的市场、销售和服务活动。对那些需要高度定制 CRM 系统以支持企业所独有的面向客户流程的公司而言,ASP 的 CRM 则可能无法满足其个性化的需求。同传统 CRM 相比,托管 CRM 更注重通用性,提供的功能要简单得多,主要致力于满足顾客 80% 的共性需求。定制化的不足无疑是托管 CRM 相对于传统 CRM 的最大劣势,因此托管 CRM 瞄准的目标大多是中小企业市场,这些客户往往并不在意托管 CRM 在功能上是否完美。

3. 兼容性问题

同时 ASP 的 CRM 也无法提供个性化的系统整合服务,导致在与企业其他系统整合上也存在问题。当基于需求的 CRM 扩展到整个企业时,它将面临与传统 CRM 相同的挑战,不仅要确保整个企业的用户都要使用系统,还要保证系统同其他系统的兼容和整合。因为 CRM 应用被主机托管在中小企业客户公司之外,那么 CRM 应用与其他企业应用系统的集成变得非常具有挑战性。特别是对于已经拥有了许多不同的既有系统的中型企业来说,大多 ASP 无法为客户

提供像预置型 CRM 那样的灵活的自定义工具,也无法提供面向企业其他系统的接口。除此之外,熟悉 ASP 这些应用系统的专家并非企业核心 IT 成员,而熟悉企业 IT 环境的员工对 ASP 应用系统并不熟悉,这就使得集成工作更加复杂化。

4. 长期运行成本

虽然托管型应用可避免大量的初期投资,但在移动访问月费、行业特定功能、离线同步,以及额外储存等方面的成本则会相应增加。而这些特性在预置型 CRM 工具上都是成本很低的。而且 ASP-CRM 通常使中小企业客户对 ASP 产生很强的依赖性,较高的依赖性导致与 ASP 的服务绑定,在未来若商业需求发生变化,存在转换服务商而带来的较高的额外成本。中小企业商业需求的变化将会导致相应的商业应用技术的改变,由于不确定 ASP 是否能准确定位未来技术的改变,以及 ASP 是否能够响应上述技术和消费者商业需求的改变,那么就存在这样的风险:一旦现行的 ASP 服务无法满足企业的需求变化,那么消费者选择转换,或者继续享受服务可能面临着相当高的、额外的成本。

总体而言,中小企业采用 ASP 方式利大于弊,而且弊端总可以找到解决之道。比如说数据安全,ASP 和中小企业消费者可以制定服务等级协议,在协议里可以详细规定数据安全政策、服务安全措施,以及针对过错的经济处罚,这样可以大大减少中小企业消费者的数据安全顾虑。很明显,对于大多数的中小企业来说,使用 ASP 服务来实现 CRM 是一个很有吸引力的选择。

现在有些大企业,如 AMD、美国在线等也开始使用托管 CRM,但要说托管 CRM 将会成为 CRM 主流还为时过早,托管 CRM 并不会完全取代传统 CRM,毕竟它们都有对方所不具备的优点。有些企业可能适合使用托管型 CRM,而有些企业则适合使用预置型 CRM。只有对两者的区别有详细了解,并且对企业的状况经过全面的评估与详细的规划,公司才能找到最匹配自身需求的方式。

企业如何选用托管 CRM[64]

相对而言,托管 CRM 是比较廉价的,而且也比普通的应用软件更容易推销。但是如果你认为,托管 CRM 意味着你要做的事情仅仅像扳动电闸一样简单,你就错了。ResortCom 是一家为旅游资产发展商和管理商提供价值采购交易平台的公司,亚力克斯是这家公司的财务副总裁。当亚力克斯开始寻找合适的客户关系管理软件时,托管 CRM 并不在他的考虑范围内。能够为公司的销售、市场营销、客户支持、自助服务和统计分析提供服务的客户关系管理软件,是他的寻找目标。

他希望客户关系管理软件能够与公司销售和营销人员灵活多变的需求相适应,并且能够同包含客户合同、发票和财务交易数据的办公系统很好地整合起来。基于这些考虑,他把目光集中在像 Siebel、Kana 和 Pivotal 等传统的软件公司上。但是,接下来,亚力克斯看到了 RightNow 技术公司提供的托管 CRM 软件产品,这款软件产品提供了他们公司商业经营中需要的大部分功能,这些功能要求提供给用户一个友好的、个性化的使用界面。亚力克斯对这款软件的价格印象极为深刻,$125/month,而之前公司仅为一个平台的解决方案就支付了 $300 000,还不包括各个组件、网络架构和支持的费用。最后,亚力克斯和 RightNow 签订了为期 3 年的合同。亚力克斯说:"当我们做 ROI 计算的时候,这款软件是一个无与伦比的工具。"

软件系统开始实施以后,亚力克斯遇到了一些问题。他想让软件用户能够在公司原有的后台办公系统里像启动一个表格一样启动 RightNow 的应用系统,但是,离开工具箱是不能使用 RightNow 应用程序界面工具的。RightNow 公司组成了一个项目组前往亚力克斯位于圣迭戈的办公室解决面临的问题。这个问题使得项目的实施期由预计的一个月增加到了 3 个月。由于 ResortCom 进入繁忙期(每年的 11 月份到第二年的 3 月份),亚力克斯就要将部署工作延期到 4 月份。然后,亚力克斯发现,RightNow 软件的升级破坏了原来系统与办公系统的整合,所以他又不得不停止更新任何版本的软件,放弃升级带来的新的、有价值的功能。

亚力克斯只是无数个冒险采用托管 CRM 系统的实施者中的一个。托管 CRM 系统是一个正在蓬勃发展的市场,根据美国市场研究协会(AMR)的调查,这个行业的利润去年一年就增加了 105%。大公司中的中小部门纷纷购买这种软件作为更好地为客户服务的解决方式,很大一部分原因是这种软件的付费方式为按月支付,价格比那种许可软件价格低廉,那些软件的价格从几十万美元到几百万美元不等。1999 年,Saleforce.com 为托管 CRM 创建了一种成功的模式,并且在中等市场上占有了一席之地。现在,这家公司的产品的功能已经不仅仅局限在销售自动化的范畴,公司正在向更多的客户推销自己的产品。传统的 CRM 提供商,像 Sibel(现在已经被 Oracle 收购)被迫也要去建立自己的托管 CRM 解决方案。微软近来也宣布,计划不久以后就可以推出自己的托管 CRM 软件产品。

一、何时考虑托管 CRM 模型

托管 CRM 软件并不是一个新生事物,早在 20 世纪 90 年代,ASP 大量涌现,为顾客提供了基于互联网的企业软件。随着互联网泡沫破灭,很多提供商破产,置顾客于困境中,但是 Salesforce.com 将注意力集中在销售自动化的需求上,改进了自己的技术。一些中小企业需要实现销售自动化,但是又支付不起传统 CRM 软件的高昂价格,Salesforce.com 公司的产品正好能够满足这些企业的需要。随着传统 CRM 软件实施的成功率越来越低,人们倾向于将托管模式从单纯的销售自动化扩展到完整的系统中,这种系统可以为企业提供关于客户的整体视角,从而使企业更好地进行市场定位、销售商品,以及为顾客服务。

传统的企业软件销售商不久就开始反击,他们说一旦用户超过了 1 000 个,托管系统就无法升级。但事实是:托管 CRM 实施成败的因素,并不是系统的用户数量的大小,而是系统的复杂性。不论是托管式的,还是授权许可的 CRM 的模式,复杂性的加大都会使 CRM 的系统实施变得很困难。AMR 的波瑞斯说:"这与能否升级没多大关系,当你和一个超过 1 000 个用户的组织谈论 CRM 时,你们谈论的中心应该是整体系统的执行,这将涉及公司的更多领域和更多的处理流程。"

有些公司想采用一些特殊功能的标准实例,如销售自动化功能,这种公司将更有可能从托管模式的应用中获益。以 SunGard Data Systems 为例,贝蒂娜·斯露莎是 SunGard 公司全球财务副总裁,在 2002 年,贝蒂娜·斯露莎选择了托管 CRM 解决方案,对于她来讲,这是一个很容易作出的决定。虽然她要考虑公司的用户超过了 1 000 人,她打算把标准的处理程序引入全球的销售功能中。SunGard 公司分散且相互独立的销售处理,阻碍了公司获得准确、实时的企业整体销售网络的能力。SunGard 只是需要 CRM 中的销售自动化、市场营销和商业活动效果跟踪的功能,所以对于 SunGard 公司来讲,Salesforce.com 是一个不错的选择。

虽然 SunGard 选择了托管 CRM 模式,但是斯露莎认为这种模式并不是适合所有的公司,她说:"如果你需要一个能将所有的网点联系在一起的集成的系统,包括从与顾客签订订单到与财务系统联系的整个销售过程的系统,那么 Salesforce 不是你的最佳选择。"

IT 技术支持也是斯露莎考虑的一个重要因素。SunGard 的业务主要是为其他公司提供数据中心的服务,然而公司却没有一个专门为内部支持服务的中心 IT 功能。斯露莎说:"我们之前从来没想过要为内部提供一个解决方案。我们的销售网络遍布全球,响应客户申请、继续服务,以及处理香港和芝加哥客户的在线申请等管理问题一直是公司头痛的问题。此外,也没有软件产品的价格对照可供我们参考。"传统的软件每个用户两年的授予权的价格是 18 000 美元,虽然斯露莎没有向我们透露 SunGard 每月向 Salesforce 支付的价格,她只是说这个价格非常低,每个用户使用两年的价格在 1 560 到 3 000 美元之间,这其中不包括培训和实施的费用。

二、何时传统 CRM 模式是一个较好的选择

　　Qosina 是一家医药成分分销商，公司的需求同 SunGard 是相同的：通过系统能够掌握企业级的销售渠道的实时情况。Qosina 是一家小公司，每年的销售额是 2 500 万美元。公司主管格里·奎恩说：公司最后之所以选择购买许可模式，很大一部分原因是它的业务处理过程比较复杂。公司过去一直使用基于 DOS 的旧文件系统和呼叫通信管理，2003 年，公司准备用先进的 CRM 系统代替旧的系统。Qosina 主要是通过贸易展览、网站等方式销售产品，由于公司销售的是医药成分，这些成分最终是要经过加工制成药品和化妆品，因此，公司的销售周期很长。为了鼓励客户购买产品，Qosina 会把五千多种产品样品送给客户使用，频率大概是一天 300 到 500 种，在成功的销售展览后，会达到一天 1 000 种的频率，一般情况下，一份样品的成本不过 1 美分。例如，在客户研究新产品时，Qosina 可能会为它提供样品；当客户的产品获得生产批准时，Qosina 才能向客户销售大宗商品。奎恩希望找到能够支持公司特殊的营销和销售过程的自动化工具，他说："我们的过程虽然算不上是独一无二，但是也并不是随便一个系统就能实现的。"

　　奎恩曾经想过用托管 CRM 解决方式适应公司长的销售周期，最终他还是放弃了这种想法。因为公司已经有了支持传统系统的内部技术架构，公司有一个已经运行了 10 年的网站，奎恩想继续发挥原有系统里的应用程序和数据的作用。安全性一直以来都是 CRM 系统的客户关心的问题。CRM 咨询公司的创始人韦恩·赖特瑞说："客户会担心，在托管模式下，我的信息会不会泄漏？我能不能访问它？谁拥有我的信息？我的竞争对手能否看到我的客户资料？这些都是非常重要的问题，试想，你愿意把公司的财务数据和竞争对手的放在同一台服务器上吗？"有些客户对托管 CRM 服务提供商的安全措施表示满意，而一些客户则不想冒这个风险。

　　奎恩说，"我希望能对自己的信息有更多的控制，不希望像托管模式那样和别的公司共用服务器。"他听说过很多由 ASP 带来惨痛经历，如有很多供应商没有给客户任何通知就停业了，使得客户既没有了可运行的系统，也无法重建新的系统，陷入两难的境地；还有一些供应商向客户销售原有客户的数据。在了解了如今大部分的 CRM 服务提供商都比较可靠后，奎恩说："把我们公司的保密信息放在我们公司的防火墙、入侵监视和病毒扫描软件以外的地方，那么我们必须要充分信任提供服务的公司。我们可能没有大的服务提供商那么丰富的资源，但是至少我们有内部人员对这些业务负责，从而不会出现上述的惨痛经历。"奎恩研究了几家公司的 CRM 系统，像 Siebel、Saleslogix 和 Goldmine，但是最终还

是选择了微软的 CRM 系统,微软的系统能够与公司去年实施的 ERP 系统实现很好的集成。

三、焦点转向后台的办公系统

在托管 CRM 和购买许可两种模式之间选择时,前台的 CRM 系统和后台的处理系统的整合程度也是要考虑的一个重要因素。托管 CRM 供应商能够提供富有竞争力的整合工具。但是据 AMR 的波瑞斯说,整合其实是一项始终伴随软件的附加服务,因为软件的应用程序并不归你所有,而且你并不能看到程序的源代码。对于托管 CRM 软件来说,把它同后台的事务处理系统实现无缝的实时整合是不可能的,至少现在是这样。虽然正在朝这个方向努力,但是现在仅仅能够把平面文件异步地、成批地导入 CRM 系统中。伯瑞斯说,需要 CRM 系统与后台处理系统实时整合的公司,更有可能选择传统的 CRM 软件。

The 56 Group 的格林伯克说:"并不是说托管 CRM 软件不能实现整合,只是传统的购买许可的 CRM 软件的整合工具更好一些。整合的要求越复杂,使用传统软件越好。"ResortCom's Marxer 说 RightNow 的托管软件同后台处理系统的整合效果他还是很满意的,但是并不是如他所想的那样完美,他说:"RightNow 实现了我们所需要的所有整合点,他们工作也很合理。如果客户的事务在第一次处理的时候没有解决,那么,工作人员需要重新打开它,这个动作需要 10 秒钟来执行,因为要在前、后台之间进行来回的转换。这些都能很好地满足我们当时的需要,当然,这个系统还有很大的改进空间。"

迈克·戴维斯是斯图尔特信息服务公司的信息主管,同斯露莎一样,戴维斯也要考虑两个方面的问题:公司远程销货渠道和客户服务部门的 22 亿美元的保险。由于公司要求软件的用户最终会达到 4 000 到 8 000 人,因此戴维斯有可能成为 Salesforce.com 迄今为止最大的客户,但是,戴维斯最终还是购买了 Onyx's 传统 CRM 软件的许可。

戴维斯希望能把 CRM 系统与斯图尔特所有的日常处理系统整合起来,他说:"我需要的是我们的整合具有高度的灵活性,同 Salesforce 相比,Onyx 可以为此提供更简单的方案。它们可以将我们的系统和它们的产品,提供 3 个嵌入和提取信息的级别。为了使操作更容易,在我们的系统内可以使用一些代码模块。Salesforce 利用导入和导出的方式,也可以实现斯图尔特的应用程序中数据的输入和输出,但是这将要求用户人工启动导入、导出的程序,这样达不到他们无缝整合的要求。虽然也可以正常工作,但是效率较低,并且没有一个很好的用户交互界面。"

托管 CRM 的一个很主要的卖点是它实施起来相对容易,这与传统软件高昂的实施费用和较长的实施期形成了鲜明的对比。事实也的确如此,在 Qosina

微软的传统系统实施历时一年多，花费最多的是实施费用，大约 280 000 美元。而戴维斯正在实施 Onyx 的 CRM 系统，也被要求给咨询顾问加报酬。由于中途出现了一些问题，项目实施持续了 7 个月，超出了原计划，戴维斯发现还有部分销售网点的额外功能没有实现。

思 考 题

1. CRM 方案选择一般应该有哪几个步骤？
2. 在选择 CRM 产品时，若企业的资金预算宽裕，是否就应该追求功能最全面、技术最先进的产品？
3. ASP 模式的 CRM 与传统型 CRM 相比其优缺点如何？我们在何种情况下会选择 ASP 模式的 CRM 产品？

第十章

CRM 项目评估

企业需要花费大量资源来进行 CRM 实践,很多人都会有这样的疑问,CRM 投资与其他投资相比,真的可以为企业带来更多的回报吗?

CRM 的实施效果到底如何,不能靠感觉来确定,必须要有真实的评估,建立客观合理的评估体系。

在现实商业环境中,企业可以通过对 CRM 项目的总拥有成本 TCO 与投资回报率 ROI 的考察,来了解 CRM 实施的定量的成本与收益考核。TCO 测量公司 CRM 实施和对应的业务处理流程的相关成本。通过测量 TCO,企业在现在和未来都可以控制它们的相应预算。另一方面,ROI 测量 CRM 解决方案促进的绩效增长情况。

第一节 CRM 的总拥有成本(TCO)

一、TCO 简介

TCO 全名是 total cost of ownership,即总拥有成本。它是一种关于 IT 成本的整体观点,即指从客户拥有某种产品开始,直到停止使用该产品期间的所有与其相关的投入成本,通常是跨越整个生命周期。

"总拥有成本"概念的问世源于 20 世纪 80 年代后期 Garnter 公司的一项研究,当时是为了评估拥有 PC 的可见成本和隐性成本。Garnter 想要知道购买和配置、使用一台 PC 到底要投入多少成本。它们的研究结果表明,企业拥有每台 PC 的年度成本接近 10 000 美元,这个数据不仅帮助 PC 拥有者认清了 PC 整个服务生命周期中的总成本,更在财务人员和 IT 管理人员中间引起了不小的骚动。根据 Gartner Group 的调查,企业应用信息技术过程中,5 年内 PC 及服务器的软硬件采购成本仅占所有成本的 12%,那么其他的钱都花到哪里去了呢?17%是管理监督的花费,14%花在技术支持上,57%则是花在用户端操作。所有这些成本加起来就称作"总体拥有成本（TCO）"。后来 TCO 发展成为一组完整的方法、模型和工具，用来帮助企业考核、管理和削减在一定时间范围内企业与某项获得的资产相关联的所有成本，以提供更有效的管理和决策支持。这些资产可能是厂房建筑、交通工具或软件系统。TCO 可以被描述为资产购进成本及在其整个生命服务周期中发生的成本之和，即 TCO 绝不等同于资产的购买成本，它还要包括资产购进后运营和维护的费用。

在实践中，并没有普遍接受的计算 TCO 的公式，当企业在计算 TCO 的时候，一定要考虑到资产的所有关联成本。下面列出的是包含在 TCO 中的典型项目：购买成本、安装成本、财务成本、佣金、能源成本、维修成本、升级成本、转换成本、培训成本、支持成本、服务成本、维持成本、宕机成本、安全成本、生产力成本、风险成本、处理成本等。至于哪些因素应该被计算到 TCO 中，这和资产的行业用途，以及资产的自身属性密切相关（软件、计算机、建筑、汽车、设备、厂房等）。

与企业在其他领域的资产投资相比，TCO 在企业进行 IT 技术投资应用时使用得更为广泛。在实施 IT 项目的过程中，整体拥有成本已经越来越多地被人们提及，并引起广泛重视。TCO 分析的目的，就是要识别、量化，最终减少与全部计算机资产相关的成本，这能够帮助企业更好地理解 IT 成本的完整构成，并帮助企业通过成本优化改善组织绩效。

在绝大多数情形下，计算总拥有成本是一个需要持续努力的过程，它既需要考虑技术方面的因素，又要能兼顾到非技术方面的因素。想要对相关的应用软件的持续成本有个完全的了解，最好通过至少 3 年的时间范围来计算 TCO。包括软件和硬件成本在内的各项成本，加上真正上马该软件前准备工作中的咨询和有关支持成本，都是在计算 TCO 时要考虑在内的。而真正上马该软件后，随后几年的维护、升级成本，以及培训用户和 IT 支持方面的成本也是必须要考虑的。

Aberdeen Group 在一份关于制造业的企业资源规划（ERP）报告中指出，选择 ERP 软件的标准中，TCO 居第二位，仅次于软件功能。TCO 经常作为中小型企业选择 ERP 软件的关键依据，甚至有些年营业额超过 10 亿美元的大公司也很看重 TCO。也有很多报告指出，在 CRM 系统选择时，TCO 也是非常主要的考虑因素。

TCO 的突出优点是，在某个项目购进的初期人们对其将来可能要投入的成本尚未清楚的时候，提供了一种强有力的成本估算方法。然而，由于这种估算方法只看重成本，所以对于完全仰赖 TCO 的公司而言，将使这样的公司最终采取将开支减到最少的策略，而不再考虑如何最大限度获得回报的策略。为此，这些公司可能购买成本最低廉的应用软件，而很少选择那些能对公司的最低要求产生最大影响的应用软件。

二、CRM 项目中的 TCO

CRM 系统建设涉及系统的开发、使用、维护和管理等过程，是一项非常复杂的系统工程，企业需要投入各类资源，包括人力、物力和财力资源，同时还需要各种软硬件设施的支持，这一切都构成了 CRM 系统的成本。

企业如何能够管理 CRM 软件的许可证费用、维护成本与执行成本？通过规划、对内部资源进行预算，以及认识到解决方案的购买价只是一个项目总体成本中的一部分，企业就能降低 CRM 方面的总拥有成本（TCO）。

（一）CRM 中 TCO 定义

CRM 中的 TCO 是很复杂的，它涉及整体评估与包括一切的成本汇总，其中包括软件许可证费用与维护费、直接的与间接的劳动力费用、培训费、咨询费及其他开销。一般，我们可以把 CRM 的总成本分为两大部分，建设成本与使用成本。

（二）如何计算 CRM 中的总拥有成本

AMT 专家张艳根据实践认为，正确计算 CRM 中的 TCO 不是一件简单的事情，需要做一个长期的评估，而不能只针对前两年，应该涵盖整个寿命周期的整体评估。

在一项对 251 家企业的 CRM 实施进行的调查结果表明：有 71% 的企业认为已完成了 TCO 评估，这其中有 60% 的企业只计算了一两年的 TCO。很多企业在实施的头一两年计算实施 CRM 的 TCO 时，会把企业 CRM 方案的成本费低估了 35%～65%（甚至有可能 80%），一项一两年的 TCO 根本就不是 TCO，这些"短时期的成本评估"代表的是这些项目的收购成本或购买成本，而非全部成本，企业将会面临预算过低的风险。而那些创建了一个准确的 TCO 模型用来引导 CRM 项目决策的企业，其成功实施 CRM 项目的机会则会提高很多。正确计算 CRM 项目的总拥有成本 TCO，对于企业来说非常重要[65]。

CRM TCO 是对 CRM 的整个寿命周期内所有成本进行的整体评估。在创建 CRM TCO 的时候，要从两个角度来考虑成本：最初的采购成本与持续性支持费用，我们可以称为建设成本与使用成本。

1. 建设成本

建设成本指的是在项目建设初期，用于构建 CRM 项目所投入的各项资金总和。CRM 的建设成本主要体现在以下几个方面。

（1）IT 成本。

IT 成本包括在 IT 基础设施（硬件与网络设备）、数据库开发和软件方面的投资。不同的企业对 CRM 期望的功能有所不同，并且不同的企业其信息化程度也不一样，这决定了不同的企业其 IT 基础设施的成本也会不同。一般而言，

IT成本组成部分是相对固定的,主要有硬件成本和软件成本。硬件设备成本包括PC机器、笔记本、服务器、手持设备,以及所需要的网络设备等,同时还包括这些设备的维修成本。软件成本主要是软件许可证成本,包括客户端的软件、服务器端软件及第三方软件(如数据库、安全软件、集成软件等)。

(2) 咨询成本。

咨询成本可分为第三方咨询服务提供商和软件厂商的服务。第三方咨询服务提供商:包括咨询、系统集成与外包厂商所提供的所有服务方面的成本。这些服务包括技术配置,以及支持CRM行动方面的战略规划、需求提炼、业务流程咨询、培训等。软件厂商专业服务:包括由软件厂商的顾问人员所提供的所有咨询服务。这些服务包括设计复审、配置复审、技术服务复审,以及开发人员与最终用户的培训等。

CRM项目的实施是一个长期过程,不但耗资巨大,而且费时、费力,很多企业都缺少这方面的经验。而目前CRM市场的发展还不太成熟,在CRM解决方案提供商和客户之间存在着信息不对称现象。往往是CRM厂商从自己产品角度出发过分宣扬自己产品的性能,导致企业不能完全站在自己的角度来对自身需求作出准确判断,容易导致选型及实施失误。在这样的环境下,企业产生了对第三方专业咨询机构的咨询需求。CRM第三方咨询基于中立、权威的立场,专注行业CRM应用,提供战略规划、需求提炼、业务优化、项目评价等咨询服务,在帮助企业进行现代化和信息化建设中发挥了很大的作用。同时,第三方咨询也为CRM厂商提供行业解决方案、咨询培训、项目监理等咨询服务;在CRM实施中,专业的CRM咨询公司的产生和存在是必要的。

(3) 培训成本。

一个完整的CRM项目不仅仅单纯指CRM实施,还包括CRM培训、咨询等服务在内,其中培训对于CRM项目的选型、实施、上线起着至关重要的作用。以CRM项目的不同阶段和不同受众为标准,可以将CRM的培训分为CRM理念和CRM实施两类培训。前者主要是在CRM项目启动之前,针对企业的高层管理人员举办的培训。为了让企业高层管理者达成共识,理解什么是CRM,使他们对CRM有一个正确的预期,必须针对企业高层管理者进行培训,包括先进管理思想培训、CRM管理理念培训、CRM风险和机会培训等不同内容。后者是在CRM项目实施过程中,对于涉及的不同受众所组织的不同内容的CRM培训,以便让他们理解如何运作CRM系统。员工是CRM实施中的主体,CRM最终的实施成果是由企业的员工的工作体现出来,因此每一位员工对CRM的正确理解与熟练使用都是关系到CRM成效的关键。为了使员工能够充分发挥新的业务模式的优越性,保证CRM项目的顺利实施,CRM项目的实施培训贯穿于CRM项目的全过程,包括项目小组培训、用户操作培训、技术人员流程培训等，这些培训的内容主要由 CRM 厂商根据具体的项目特点和产品的功能模块来决定。

（4）集成成本。

CRM 实施的另一项开支在于它的集成成本。CRM 是一个大型的集成管理系统，包括客户管理、销售管理、决策支持等多种功能模块，数据必须涵盖于所有模块，才能保证企业呈现出一幅完整的客户"视图"。在 CRM 实施中，如果客户从桌面到后台整个系统均采用同一家公司的标准，集成成本相对低一些。但是事实上，客户往往使用多个软件供应商的多种系统，这其中任何一个的系统，都不会拥有用户所有的数据，不会贯穿着从桌面到后台整个流程。这种情况下，集成这些应用程序就很困难，会带来较高的集成成本。根据 Garnter 报告，在实施主要的应用软件包的过程中，集成成本所占的比重可以达到整个项目实施费用的 30%。

（5）人力成本。

人力成本主要包括人员招聘、人员重新部署和人员培训的费用。在 CRM 项目的实施中，人是非常重要的因素。为了确保 CRM 成功实施，企业必须要投入相应的技术人员与分析人员，以及管理人员来进行数据及流程的整理分析工作。企业在保证 CRM 实施的前提下，还要维持企业的日常运营，这就需要重新审视企业的人力资源、招聘急需的技术和管理人才、建立新的激励机制，而所有这些活动都需要成本。例如，实施 CRM 的企业需要一些统计师和分析师，他们能够进行客户细分分析、客户终身价值评价、客户获取计划，以及客户流失分析；同时，企业还需要招聘一些在直销、竞争管理和其他领域的 CRM 专家，对员工进行专业的 CRM 技能培训。

实际上，在项目实施过程中，人力成本占据总成本的相当比例，项目实际的人力成本决定了项目盈利的水平。但是，人力成本很难估算准确，为了质量和进度要求，项目执行过程中经常会不断追加人力，最后使用的人力资源大大超出了预算。因此，企业必须认真核算 CRM 项目的人力成本，以控制项目的人力资源投入。另外，在考虑人力成本时还应该注意，企业现有员工在参与 CRM 实施时，他们并不是"免费"的，他们因为参与 CRM 项目而导致原部门人力紧张，可能需要新员工来填补空缺，这导致的成本也应该计入到项目的人力成本中来。

2. 使用成本

使用成本是指项目投入使用期间，为了维持项目正常运行所消耗的成本。CRM 的使用成本主要体现在以下几方面：

（1）材料成本。

CRM 的运行离不开材料成本的消耗。从企业日常的管理，如纸张、邮寄等办公用品的开支，水、电等资源的消耗，一直到 CRM 硬件设施维护的所需材料消耗，都需要不断地有成本支出。

（2）维护成本。

维护成本是系统保持和业务需求同步增长的重要环节。为了保证CRM系统的正常运作，企业需要定期对CRM硬件设施进行维护和支持。没有维护成本，CRM系统就无法保持强壮的生命力。通常，CRM项目的软硬件费用只占到总成本的一小部分，相当比例的成本是由后期维护所引起的，尤其是业务需求改变所引起的新的维护需求。维护成本通常是该软件的定价的一个固定百分点（15%～25%），一般而言这些费用是按年支付给厂商的，这一费用可能会多于最初的软件成本。通常，服务商提供的维护包括对系统进行修补、升级，以及接入软件厂商的支持台。如果企业需要对原始软件进行定制化的话，可能就需要额外支付维护费用，因为标准的维护通常适用于标准化的系统。

另外，CRM还需要日常的数据维护。CRM需要庞大的数据来识别客户，以便描绘出他们的购买行为和偏好。数据不是一劳永逸的，它需要持续进行维护来更新。根据Gartner的观点，客户数据每个月将有2%的退化率，这样整个客户数据库每年需要改变1/4。也就是说，数据并不是一成不变的，它们需要进行不断的维护，确保数据及时更新。低质量的数据将影响CRM的实施效果，因此确保数据质量是维护成本中的重要因素。

（3）通信成本。

通信成本的支出在CRM的运行过程中是不可忽略的。互联网、电话、传真等通信方式是维系企业与客户之间良好关系的纽带，是企业内部人员进行沟通的桥梁，也是CRM建设的基础。

（4）人力成本。

CRM系统的正常运作离不开数据的支持，系统操作人员将对所需数据进行及时的收集、转换与维护，确保数据的真实、准确。CRM是一套完整的业务自动化解决方案，需要有专业的系统管理人员对整个系统进行管理和监控，以便能及时发现问题、解决问题，保证系统的安全运作。

（三）计算CRM TCO时的注意点

在创建CRM的TCO的时候，应该注意考虑以下各点来计划、管理，并降低整个CRM项目的TCO。

1. 不要立即购买所有的许可证

要按照需要进行购买，这样就可以把部分许可证的成本推迟到第二年，甚至以后的年份中去，这有助于减少项目的成本费用。

2. 咨询成本

TCO中非常大的一部分来源于服务成本，而服务成本主要是外部的咨询服务。为了降低这部分成本，企业可以考虑在整个项目期内为CRM项目配置恰当的内部人力资源，因为内部的人力资源成本是远低于外部顾问的成本。而内部人员也应该在项目早期增加，这样可以方便内部员工在项目过程中与外部咨询人员进行交流与知识转让，可以尽早地降低对外部人员的依赖。

3. 内部员工成本

有些企业在考虑 CRM 项目时，没有注意到内部的员工成本，会误以为是"免费的"，这非常危险。因为当员工把主要精力放在 CRM 项目上时，就没有时间来执行其他的任务。若该员工原有的工作任务由新员工来顶替，这就需要企业支付报酬，这也是 CRM 项目的成本之一。同时，要注意的是企业一旦"执行了"CRM 项目，你的内部员工就将不得不在项目的整个寿命周期内维护这套系统，执行系统修补、维护、升级（针对软件与硬件方面）等。这就意味着，你必须为持续性寿命周期管理做好准备，并且必须为内部员工在以后的年份中一直要"扑在该项目之上"而做好准备，企业需要为每个员工（或顾问）的全部费用做好预算，这些人员的工作就是要在第三年到第五年内执行持续性经营与维护。

4. 要意识到培训并不是一次性的工作

除了为所有员工做好最初培训的计划以外，企业还需要为持续性培训确定时间。由于员工可能会在 CRM 方案的寿命周期内离职或职位流动，所以企业应该把对"新员工"培训工作作为一项持续性成本[65]。

当 TCO 被用作分析 CRM 项目成本的评估工具时，要注意考虑在项目规划期的最初成本与持续性成本。但是 TCO 并不能作为一种单独的价值判断标准，要全面评估 CRM 项目，还必须要考虑其投资回报 ROI 方面的问题。

第二节 CRM 的 ROI 评估

一、ROI 定义

尽管投资回报中存在着很多无法量化的因素，但投资回报是一个很现实的问题，在 CRM 趋于理性时，投资回报（ROI）已经成为人们不得不考虑的关键因素。不过需要明白，CRM 投资不同于其他类型的投资，很难准确计算出 ROI，或者描绘出 CRM 项目实施后的具体收益的数据。客户关系管理中的投资回报分析是十分复杂的，存在定性和定量、长期和短期、有形和无形的问题。

ROI（投资回报，return of investment）原本是会计学概念，指企业所投入资金的回报程度，早期用来判定投资工厂或购买铁路相关的成本是否合理，现被广泛使用在各个领域。ROI 的结果通常用百分比来表示，即投入产出比，简单地说就是企业所投入资金的回报程度。

企业管理人员希望能够通过一种定量的判断标准，来了解企业在进行了一定的资源投入之后，能够从 CRM 项目上获得多少收益。ROI 表现的正是企业在整个研究期内的资金收益程度，是证明投资项目合理性的最重要因素，也是进行技术投资决策时常用的一种经济分析工具。ROI 把用户的投入及应用价值加以量化，简单地表示出项目执行的效果。ROI 值越高，表示 CRM 的实施效果越显著。

一般来讲，企业在实施 CRM 之前对 CRM 投资回报的期望值往往很高，会出现很多对 CRM 回报的定性描绘，如收入增长、成本减少、增加客户忠诚度、获得适时信息、提高职员的积极性等。定性描述企业做到不是太难，而要对 CRM 的 ROI 进行量化分析一般很困难，因为对 CRM 的收益和成本的定量考量都是一件复杂的事。

二、CRM 实施的 ROI 分析

标准的 ROI 方程为：收益/投资×100%。在 CRM 投资中，收益主要表现在成本降低和收入增长两方面，因此可以将公式变为

$$ROI=(成本降低+收入增长)/总成本$$

形式上，这个公式应用于计算 CRM 的 ROI 尤为简单，只需知道：① 你在 CRM 的投资为多少（总成本）？② 你从投资获得了多少收益（成本降低+收入增长）？③ 你所测量的时间跨度为多少？根据企业各自的需求来确定，比较简单。如果一个项目是软件服务，或者比较简单的 CRM 解决方案，这个项目需要 3 至 4 年的时间分析。如果这个 CRM 项目是一个比较大的项目，拥有许多集成和客户化定制，其设计、开发和应用需要 12 个月左右的时间，分析时间范围很可能需要 4 至 5 年。而①和②计算起来相对比较复杂，因此实际的 ROI 估算远比这个公式复杂。在建设 CRM 系统时，不但需要综合考虑长期因素（客户忠诚和品牌形象等）与短期因素（成本和收入等），还需要考虑 CRM 所带来的有形和无形的收益。因此，综合评价 ROI 也是一个挑战。

实际上，CRM 建设是一个长期过程，按其生命周期，可以将 CRM 的成本划分为建设成本和使用成本两类；从效益作用的方式和效果上，可以将 CRM 的收益划分为直接收益和间接收益两种。一般而言，在 CRM 的整个生命周期中，建设初期的成本较高，收益较低；在进入使用期后，直接和间接的收益逐渐体现出来，收益增加，使用成本保持稳定；到后期，面临 CRM 系统陈旧更新问题，其收益下降。具体如图 10-1 所示。

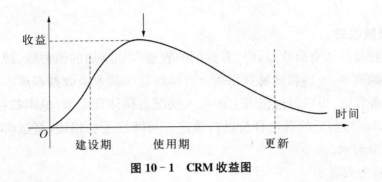

图 10-1 CRM 收益图

三、ROI 的要素分析

如何测量 ROI 并不是一个轻松的问题,因为它所涉及的成本和收益中有很多因素并不能准确测量。图 10-2 显示了一个 CRM 项目实施所涉及到的成本和收益的组成要素[41],我们将对各项衡量指标进行具体分析。

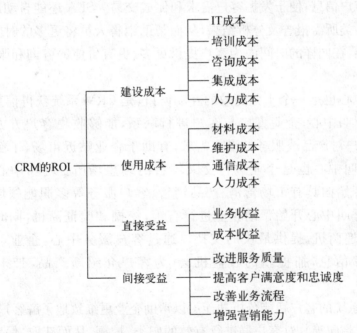

图 10-2 CRM 的 ROI 模型图

(一) 你在 CRM 的投资为多少(总成本)

关于 CRM 投资的总成本我们在 TCO 总拥有成本中已经详细讲述,一般用于 ROI 测量中的成本主要包括 IT 的软硬件的建设成本和使用成本,其具体组成如图 10-2 所示。

(二) CRM 为企业带来了多少收益(成本降低＋收入增长)

CRM 项目的收益,可以分为有形收益和无形收益两种,也被称为直接和间接收益。

1. 直接收益

直接收益是指有形收益,即"看得到的收益",如增加的销售额、减少的员工总数和节约邮寄、电话和交易费用等。直接收益包括业务收益和成本收益两个方面。业务收益,可以通过报表上的收入状况直接体现出来;成本收益,则需要通过 CRM 实施前后的对比分析进行确定。与间接受益相比,直接收益更容易以数据定量表示。

(1) 业务收益。

CRM 项目的业务收益主要来自销售收入的增长。SFA(销售能力自动化)是 CRM 的核心组件之一,CRM 系统最初的雏形就是 SFA 系统。SFA 系统能大大提高销售人员日常活动的效率,使销售人员能够利用更多的机会与更多的客户进行接触,以便企业在销售过程中,能够针对每一个客户、每一个销售机会,基于每一个人员行动进行科学的、量化的管理。销售人员可以从不同的角度获取所需的客户信息,便于发掘客户需求和促成交易。SFA 还能自动地帮助销售人员生成各类所需报告及分析结果,从而帮助销售人员将更多的时间和精力放在客户身上,在同样的时间内为客户提供更多、更有价值的咨询和服务,带来更多的订单。

呼叫中心也是一个十分高效的互动窗口,是 CRM 系统获得信息的主要渠道。通过呼叫中心,企业直接与客户进行联系,能够收集客户方方面面的信息,以及客户对产品或服务的潜在需求,有助于企业贴近市场,了解客户的需求,同时呼叫中心也是企业进行交叉销售的理想场所。呼叫中心由单纯的服务职能开始向具有市场营销、产品销售、客户服务等多职能领域深入。越来越多的呼叫中心开始帮助企业进行直销,挖掘和验证商机,同时通过分销商管理、传递商机,提供最快的支持。通过客户服务中心,企业可以及时了解市场反馈信息,捕捉新的收益机会,为客户介绍新产品,带来新的销售机会。

CRM 系统的客户智能分析功能可以帮助企业更细致地了解客户情况(如利润率、偏好、趋向等),对客户群进行有效的归类、挖掘,从而获取、保留、服务,以及提升客户来满足商业战略目标的需要。通过客户智能,企业可以分析自己在市场活动和营销策略上的收效,清楚地区分利润客户与非利润客户,对市场行为进行有效的管理和控制,最终实现企业资源最优化。客户分析结果,还可以为企业提供新的销售机会,分析各种销售信息,找出潜在客户,并对潜在客户进行目标销售。

(2) 成本收益。

CRM 项目的成本收益主要体现在交易成本的降低,以及运行成本的减少两个方面。

① 交易成本的降低。

交易成本是指交易双方可能用于寻找交易对象、签约及履约等方面的一种资源支出，包括金钱上的、时间上的和精力上的支出。根据科斯的定义，交易成本包括以下三种成本：信息成本、谈判成本、履约成本。信息成本，即搜寻交易双方信息时所发生的成本，是交易成本的核心。产生信息成本的主要因素是信息不对称，交易的一方掌握了关于交易的更多的信息，而另一方信息匮乏，只能通过一定的代价来获得期望的信息。信息分布得越不均匀，信息匮乏方获得信息的成本就会越昂贵。CRM 的实施可以帮助全方位采集客户信息，增加企业信息拥有量，降低了市场的不确定性，使自己免受或少受市场变化的不利影响，最终实现信息成本的最小化。

在合约签订方面，实施 CRM 公司和客户之间较容易形成一种长期的合作伙伴关系，这种关系中存在着相互的信任，这在一定程度上降低了双方谈判签约环境的复杂性和不确定性，减少了双方在谈判签约上所花费的人力、物力和财力，而且有利于企业与客户之间签订长期合约，避免由于不断签订中短期合约而导致的屡次谈判签约成本。

CRM 还可以对合同进行全面管理，从合同的起草到合同的签订和执行全程可以监督管理，保证了合同的顺利执行。

② 运行成本的减少。

CRM 系统的实施为雇员提供了合适的工具，帮助面向客户的员工提高工作效率，改善了服务质量，更加快速地获取客户信息，并且极大地降低了服务成本，尤其在日常办公损耗上，如纸张、邮寄费用的节约等；另外，有的 CRM 系统组件提供强大的邮件管理功能，可以自动记录客户信息，并利用自定义的模板和工作流规则能够做到针对客户请求自动回复邮件，这可以极大地降低企业通讯成本。同时，CRM 系统还可以与网络结合，在 Internet 上为客户提供自我服务的平台，这样可以实现客户自助服务，减少服务人员的劳动量和随之产生的各种费用，如客户通过自助服务可以查询 FAQS、输入订单、输入服务请求、查询订单状态等。

2. 间接收益

相对而言，不太直观的间接收益比较难以衡量，主要表现在以下几个方面：增强营销能力、改进服务质量，以及提高客户满意度和忠诚度。

（1）增强营销能力。

一个企业的市场营销功能相当于企业收入的"发动机"。通过客户关系管理使企业更加明确地了解所面对的客户数量、客户构成、消费偏好、购买动机等信息，为企业配置资源提供决策支持。CRM 系统能够帮助企业完善目标客户基本信息,通过数据挖掘对客户的构成、购买意向等进行不同角度的透视和分析,使企业多方位地把握客户需求,全面透视客户情况;CRM系统能够对各种商业活动进行追踪,通过新的渠道和业务模式(电话、网络)扩大企业经营活动范围,及时把握新的市场机会,占领更多的市场份额,如呼叫中心是进行交叉销售的理想场所。顾客呼叫"呼叫中心"后,销售人员就可以在顾客挂机之前推断出要销售的商品类型,知道顾客以往的交易习惯,增加销售成效。要有目的、有针对性地采取分层次、按类别、划区域等形式,以"呼叫中心"为纽带,根据客户的文化差异、收入水平和消费习惯/倾向开展有效的促销活动。另外,还可以通过预算营销投入和收效分析,对活动效果进行分析与评价,提高营销活动效果。

(2) 改进服务质量。

CRM系统的核心部分——客户服务自动化系统,为企业提供了一套完整的客户服务解决方案。客户服务自动化系统中重要的组成部分——呼叫中心为客户提供了交互式、专业化、集成式的单一客户服务窗口,客户无论遇到哪方面的问题,都可以与呼叫中心进行联系,由呼叫中心再对任务进行分解,决定如何解决问题,从而有效地避免了顾客要根据不同问题与企业不同部门进行联系的问题,也解决了客户无法有效判别问题所属部门而带来的困惑,也有效地避免了企业其他部门因为接待客户而带来的工作效率的损耗。另外,客户服务自动化系统还可以通过服务自动化功能,建立客户的服务档案、跟踪对客户的服务过程、了解统计客户对服务的反馈意见,及时传送到产品设计部门、生产计划和质量管理部门,以确保为客户提供高品质的服务。

在后台数据库系统的支持下,客户服务自动化系统可以不断地扩充服务及产品的知识库。该知识库可以有效地帮助客户服务人员提高服务的质量和效率,若客户的问题已经存在于知识库中,则可以直接调用答案而节约时间。同时,也可以将知识库中合适公开的问题及答案放到企业网站上,方便客户在任意时段来查询和解决问题。另外,企业也可以通过呼叫中心利用IVR(交互式语音应答)技术,以及网络技术能向客户提供全方位、全天候的服务。这对服务质量的提升也非常有帮助。

(3) 提高客户满意度和忠诚度。

客户由潜在客户变为老客户,中间有很多阶段,其中最重要的是当客户购买过一次企业产品之后,所获得满意的程度。若顾客的满意度越高,则其持续购买的可能性就越大,而老客户的持续购买会给企业带来的利润更高。决定客户持续购买背后的因素是客户的满意度,而这又与售后服务的质量密切相关,即客户的"满意不满意"很大程度上是来自服务的好坏。一个实施得不错的CRM系统,将通过以下方式让客户的满意度有所提升:通过服务案例的自动跟踪与管理,系统会自动提醒服务人员有关客户上一次电话的内容或维修历史;服务人员可以利用各种手段与客户保持密切联系,包括电子邮件、便条、电话等,以不断满足客户需求;客户同样可以自己选择联系方式(电话、传真、网络等),同企业进行交流和业务往来,极大方便了客户对所需信息的获取;系统用户可以不受地域限制,随时访问企业的业务处理系统,方便了客户信息的收集与管理;客户信息的完整性有助于服务人员对各种客户服务请求作出快速反应,根据客户的需求进行个性化交易,减少了客户等待时间。快速地响应客户的抱怨,并及时解决客户面临的难题能有效地提高客户的满意度。呼叫中心的出现,能有效地为客户提供个性化的服务,快速而直接地帮助客户解决难题,同时也帮助企业更了解客户的需求和想法。

客户满意度得到提高,可帮助企业保留更多的老客户,吸引更多的新客户。但是,客户满意度并不直接贡献于企业的经营目标,它是通过提高客户的忠诚度间接为企业带来利润的。只有持续的客户满意度才能带来客户的忠诚。CRM系统通过技术手段,从不同角度提高了客户对企业的依赖性。具体表现在:长期地、不断地培养让客户满意的经历,体现企业服务质量的一致性;利用系统所掌握的客户个人资料,在适当的时候自动提示发生一些"感性"关怀,如向重要客户发送礼品、赠送生日蛋糕等;通过 CRM 中的网络用户社区功能,让用户与用户之间产生"牢固关系",从而让企业从中受利。

需要指出的是,如果将提高客户满意度作为 CRM 项目的收益之一,就必须在 CRM 项目开始前,对客户满意度进行调查,作为比较的标准,否则将无法衡量 CRM 项目是否获得了此项收益。其他的收益也是如此,一定要将项目开始前的数据或指标进行测量,与项目实施后的相关指标进行比较[41]。

补充阅读

定性 ROI 评估:Siebel 真正的 ROI[①]

本案例引自 Nucleus Research, Inc. 公司 2002 年的调研报告 *Assessing The Real ROI from Siebel* 的一部分。案例中所调查的研究对象均来源于 2002 年以前实施 SiebelCRM 的企业,其结论也只是 Nucleus Research, Inc. 公司对 2002 年以前 SiebelCRM 产品及实施的见解。

---

① 节选自 GCCRM 评估指南 2006,文章出处及版权归属于 GCCRM。

一、Siebel 解决方案概述

Siebel Systems 提供了一个完整系列的电子商务应用软件，使多渠道的销售、营销及客服系统成为可能。Siebel 的各种解决方案包括如下方面：销售，其中包括销售管理、预测、分析、奖赏制度、移动销售等功能；营销，其中包括电子营销（eMarketing）、电子项目（eEvents）及市场分析等功能；呼叫中心及服务，其中包括呼叫中心、网络服务、现场服务、移动服务及专业服务自动化等功能；互动销售，其中包括电子顾问（eAdvisor）、电子销售（eSales）、电子设置（eConfigurator）、电子拍卖（eAuction）、电子定价（ePricer）等组件；伙伴关系管理（PRM）；雇员关系管理（ERM）；行业应用等。

Nucleus Research 针对 Siebel 软件在各公司实施的实际效益和成本进行评估，为 Nucleus 的客户提供一些如何从投资 Siebel 软件中实现实质性 ROI 的最佳实施方案。

二、调查过程

Nucleus 于 2002 年 6 月花了两周时间，根据 Siebel 公司网站提供的客户信息确定了参与此次分析的 Siebel 客户，Nucleus 并没有针对客户或 Siebel 解决方案进行过特别的选择。

同意参加访谈的客户被问及下面一些会影响 ROI 的 Siebel 软件实施方面的问题：

- 为何、何时、通过何种方式选择了 Siebel？
- 有多少用户在使用哪些功能？
- 哪些领域回报最为明显？
- 在这个项目上投资了多少，特别是在软件和咨询上花费了多少？
- 你的客户定制化及实施策略是什么？
- 你在实施中遇到的挑战是什么？

三、投资 Siebel 的效益

在其网站上，Siebel 称普通客户的收入增长了 12%，员工生产率提高了 20%，客户满意度也提高 20%。但是参照客户中，有 61% 的人不认为他们已经从 Siebel 投资中获得实质性的 ROI。从投资 Siebel 中获得效益似乎有两个要素：一是公司的使用者愿意采用 Siebel 技术；二是公司有能力将解决方案进行客户定制化，或使用其标准功能用以支持销售及客户服务活动。很多时候，公司都没有做到这两点或其中一点。实际上，将信息输入系统或从系统获取信息都存在着困难。一些个体用户从 Siebel 特定的组件中实现了实质性

ROI，不止一个客户提到他们从呼叫中心应用实施中获得了可观的回报，但购买其他的 Siebel 组件并没有带来同等的回报。少数使用 Siebel 其他解决方案而取得了可观回报的客户，采用了以具体直接的效益为目标的实施策略。从一开始 Siebel 实施时，他们就规划好了如人员精简或收入利润提高之类的目标。

1. 客户应用体验

从任何软件解决方案中取得以生产率为基础的回报的关键，是确保客户有效地使用了该解决方案。据许多 Siebel 客户反映，Siebel 解决方案使用的复杂性和困难性是影响他们获得收益的主要绊脚石。公司可以通过应用程序或界面客户化来更好地与用户或公司的惯用做法接轨，以解决软件用户的适应和培训问题。但是，对 Nucleus 采访的客户来说，进一步的研发及客户定制化需要增加时间和成本，而且不一定收到期望的利益。

2. 实施经验

另一个提高适应性及可用性的方法是，随着客户对解决方案熟悉程度的加深，可以分阶段进行功能实施，这是许多 Siebel 客户已经在他们系统实施中采用的策略。事实上，这些被采访的客户平均使用 Siebel 解决方案的年限都超过两年。但他们却认为，他们平均只使用了解决方案功能的 60%。正如一位客户所说的，"我们将一直实施 Siebel"。大多数客户购买了 Siebel 不止一个组件，许多情况下，都是因为一个组件存在难度或修改而减缓了另一个组件的实施。所以，一个更好的 ROI 最大化的策略是先实施能产生最大效益的组件，然后再评估和计划其他组件的实施。

一家公司要想从某项复杂的技术中获得实质性的 ROI，分阶段实施是行之有效的策略。但是，分阶段的功能实施可能会减慢实现利润的过程，还将增加和扩大顾问、培训及人事方面的成本。要判断分阶段实施的方式是否妥当，各公司必须考虑他们所期望的效益能否达到——而如果能达到，什么时候会达到。他们还必须考虑该项目的总体成本，以及他们付钱购买软件能否让他们取得足够的收益，从而证明其物有所值。

四、Siebel 的成本

为了计算客户进行 Siebel 实施的成本，Nucleus 对公司前 3 年内花在软件、咨询和人事上的费用进行了调查。因为各种硬件和培训的成本差别很大，Nucleus 在计算 Siebel 的平均成本时没有把它们包括进来，以避免偏差。因此，总的平均实施成本要比表中保守计算出的数字要大一些。

根据一些客户提供的数据 Nucleus 发现，Siebel 实施前 3 年的平均成本超过了 659 万美元，如表 10-1 所示。换句话说，则是每人每年至少 18 040 美元。

表 10-1 Siebel 实施的三年期成本

类别	成本	类别	成本
软件	150.1 万美元	人事	242.2 万美元
咨询	266.7 万美元	合计	659.0 万美元

在正常的企业软件实施中,可以预见头几年成本会比较高,而后随着时间的推移会逐渐降低。然而,Nucleus 访谈过的很多客户在实施 Siebel 两年多时间后,如果没有增加咨询和人事的成本的话,起码维持在原来的水平。这样,总成本不大可能在头 3 年之后戏剧性地降低。

Nucleus 对三大成本领域中的每一个——软件、咨询和人事——都进行了更为细致的分析研究。

1. 软件成本

Nucleus 发现,用于 Siebel 软件的初始许可价格是 1 009 696 美元:

● 根据实际的使用人数,Siebel 人均许可价格为 11 315 美元,其中线为人均 4 190 美元,最高 110 000 美元,最低 550 美元。

● Siebel 的年均许可维护费用则从 15% 到 33% 不等,平均为 18.2%,相当于人均 1 689 美元用于维护。

2. 咨询成本

受采访的客户中几乎所有的都使用 Siebel Professional Services 或 Siebel Alliance Partner 来帮助开发解决方案,定制、实施或测试。

用于 Siebel 实施的平均花费是 2 666 902 美元,其中最高的超过了 1 400 万美元,最少的则为零。咨询花费的中线为 90 万美元。

3. 人事成本

除了该项目的初始阶段,普通的公司有 8.1 个人用于对 Siebel 实施提供支持,或者说每个人面对 71 个用户。众多公司应该以该比例为参照,估计进行中的人事预算用途——在初始阶段数量还要大。

五、建议

Nucleus 发现很多实施了 Siebel 各种解决方案的公司花费的成本更高,而实际回报比预计的要低,其原因是可用性和客户定制化方面的问题。各家公司非常有必要审慎地考虑它们的软件实施在未来的 ROI,并对解决方案的开发和实施进行管理,以确保取得实质性的 ROI。

(1) 现在还在考虑 CRM 投资的公司应当做以下工作:

● 不仅对 Siebel,而且对其他所有可供选择的 CRM 的 ROI 进行仔细的考虑。你也许会发现,不太知名的解决方案能以较低的许可和客户定制成本提供相近的效益。

● 如果你选择购买Siebel的解决方案,一定要敢于和Siebel讨价还价。其中一种策略是以价值为基础谈判定价问题,并暂缓支付,直到确定获得预期的效益。

● 考虑一些非技术性的替代方案,它们可能会比企业级的Siebel软件实施带来更高的ROI。比如说,对主要工作人员给予更高的奖励。

● 制定分阶段实施计划,以最先可能产生回报的特定领域为目标,不要让项目拖拖沓沓,或让其他部分来阻挠效益的产生。

(2) 现在正实施或使用Siebel软件的公司应该做以下工作:

● 对比预期的ROI,迅速就你们当前的ROI重新进行评估。

● 判断在接下来的6个月中能否直接取得效益。如果可以,把所有的咨询和培训支出都限制在能够带来那些效益的阶段;如果不行,则考虑停止或推迟实施。

● 考虑在具体实施和带来阶段性效益的基础上,就进行中的维护和咨询合同重新谈判。

思 考 题

1. TCO的含义是什么?CRM项目中的TCO如何定义?
2. CRM项目中的TCO组成要素有哪些?在使用TCO模型时,要注意哪些方面的内容?
3. ROI的含义是什么?CRM项目的ROI含义是什么?
4. CRM项目实施带来的收益有哪些?

参 考 文 献

[1] 何荣勤. CRM 原理、技术、实践[M]. 北京：电子工业出版社,2006
[2] William G. Zikmund, Ramond Mcleod Jr., Faye W. Gilbert. 客户关系管理[M]. 胡左浩,贾崧,杨支林译. 北京：中国人民大学出版社,2004
[3] 陈明亮. 客户关系管理理论与软件[M]. 浙江：浙江大学出版社,2004
[4] Jill Dyche. 客户关系管理手册[M]. 杨阳,管政译. 北京：中国人民大学出版社,2004
[5] 董金祥,陈刚,尹建伟. 客户关系管理[M]. 浙江：浙江大学出版社,2002
[6] 唐璎璋,孙黎. 一对一营销——客户关系管理的核心战略[M]. 北京：中国经济出版社,2002
[7] 丁秋林,力士奇. 客户关系管理[M]. 北京：清华大学出版社,2002
[8] 舒华英,齐佳音. 电信客户全生命周期管理[M]. 北京：北京邮电大学出版社,2004
[9] Peppers D, Rogers M. 客户关系管理[M]. 郑先炳,邓运盛译. 北京：金融出版社,2006
[10] Philiph Kotler. 市场营销[M]. 北京：华夏出版社,2003
[11] 杨路明,巫宁等. 客户关系管理理论与实务[M]. 北京：电子工业出版社,2004
[12] 刘冠俊. 企业客户服务管理[M]. 北京：中国广播电视出版社,2002
[13] 王广宇. 客户关系管理方法论[M]. 北京：清华大学出版社,2004
[14] Berson A., Smith S., Thearling K.. 构建面向 CRM 的数据挖掘应用[M]. 贺奇等译. 北京：人民邮电出版社,2001
[15] 李志宏,王学东. 客户关系管理[M]. 广州：华南理工大学出版社,2004
[16] Michael J. A. Berry, Gordon S. Linoff. *Mastering Data Mining The Art and Science of Customer Relationship Management*[M]. Published by Wiley & Sons, Inc. 2000
[17] Michael J. A. Berry, Gordon S. Linoff. 数据挖掘——客户关系管理的科学

与艺术[M]. 袁卫等译. 北京：中国财政经济出版社,2004

[18] 汤兵勇,王素芬等. 客户关系管理[M]. 北京：高等教育出版社,2003

[19] 凡强,王玉荣. CRM行动手册[M]. 北京：机械工业出版社,2002

[20] 李志刚等. 客户关系管理理论与应用[M]. 北京：机械工业出版社,2007

[21] Olivia Parr Rud. 数据挖掘实践[M]. 朱扬勇,左子页,张忠平等译. 北京：电子工业出版社,2003

[22] Bryan Foss, Merlln Stone. IBM方法[M]. 郭蓓,刘学忠译. 北京：华夏出版社,2003

[23] 杰弗里·皮尔. 客户关系管理的十大关键[M]. 李欣,戴迪玲译. 北京：中国工商联合出版社,2006

[24] 管政,魏冠明. 中国企业CRM实施[M]. 北京：人民邮电出版社,2003

[25] Bryan Foss, Merlln Stone. IBM观点[M]. 郭蓓,刘学忠译. 北京：华夏出版社,2003

[26] 吕廷杰等. 客户关系管理与主题分析[M]. 北京：人民邮电出版社,2002

[27] ARC远擎管理顾问公司. 客户关系管理深度解析[M]. 北京：清华大学出版社,2003

[28] 王实,张胜,马红兵,郭为民. 银行业CRM理论与实务[M]. 北京：电子工业出版社,2005

[29] 刘俊. CRM在汽车企业中的实施. 硕士论文,武汉理工大学,2007

[30] 朱爱群. 客户关系管理与数据挖掘[M]. 北京：中国财政经济出版社,2001

[31] 郑顺杰,孙晓莹. 论价值管理在企业客户资本管理中的作用[J]. 价值工程,2006,(11)

[32] 白长虹. 西方的顾客价值研究及其实践启示[J]. 南开管理评论,2001,(2)

[33] 王扶东,李兵,薛劲松等. CRM中客户关系分析评价方法研究[J]. 计算机工程与应用,2003,(31)：201～204

[34] 涂振涛. CRM项目失败原因研究[J]. 企业经济,2004,(3)

[35] Vavra T G. Aftermarketing how to keep customer for lift through relation marketing[M]. *Irwin New York*, 1992

[36] Peppers D, Rogers M. The one to one future：building relationships one customer at a time. *Currency/Doubleday*, 1997

[37] Pepper D, Rogers D. Is your company ready for one-to-one marketing. *Harvard Business Review*, Oct, 1999

[38] 刘红. CRM的战略评价与控制. 硕士论文,东南大学,2004

[39] 杜建楼. 客户关系管理环境下的业务流程再造研究. 硕士论文,东北财经大学,2005

[40] 蒋一. ZC公司客户导向型业务流程再造研究. 硕士论文,重庆大学,2002
[41] 陈之茵. CRM的投资回报模型及其应用研究. 硕士论文,合肥工业大学,2006
[42] 尹开国. 中小企业客户关系管理系统托管模式研究. 硕士论文,武汉大学,2004
[43] 陈明亮. 客户生命周期模式研究[J]. 浙江大学学报(人文社会科学版),2002,(06)
[44] 胡少东. 客户细分方法探析[J]. 工业技术经济,2005,(07)
[45] 徐静. 走出对电信客户生命周期认识的误区[J]. 通讯世界,2006,(12)
[46] 朱浩刚,戴伟辉. 分析型CRM的供应链化框架模型研究[J]. 合肥工业大学学报(自然科学版),2003,(S1)
[47] 王群. 基于客户生命周期的资源型渠道——渠道发展新方向[J]. 数据通信,2006,(04)
[48] 孟晓娜,杨连贺,孟俊娜. 基于客户关系管理的数据挖掘技术的应用[J]. 企业技术开发,2005,(03)
[49] 陈卫华. 数据挖掘与客户关系管理[J]. 科技管理研究,2005,(07)
[50] 郭风,秦惠林. 基于数据挖掘的客户关系管理[J]. 商场现代化,2006,(34)
[51] 何祖银,李静,马宏伟. 面向CRM的数据挖掘应用[J]. 物流科技,2006,(09)
[52] 于涤,王建宇. 面向供应链的客户知识管理[J]. 科技进步与对策,2005,(03)
[53] 左臻. 浅谈客户关系管理[J]. 科技情报开发与经济,2005,(10)
[54] 张燕欣. 信息时代的客户关系管理[J]. 创新科技,2005,(12)
[55] 沈池俊. 对数据库营销功能的战略思考. http://www.globrand.com
[56] 曾智辉. 理解一对一营销. http://www.ctiforum.com/technology/CRM/2002/04/crm0414.htm
[57] 一对一营销策略的实战秘径. http://e.chinabyte.com/60/2349560.shtml
[58] 沃尔玛弃一体适用策略细分顾客群调整商品种类. http://www.singtaonet.com/fin/t20060908_324409.html
[59] 武兴兵. 客户关系管理的销售自动化. http://topoint.com.cn/Html/e/xxaq/hyfx/20050118_theory_4331.html
[60] 胡俊. 成功实施CRM的四个步骤. http://www.cyberway.net.cn/bbs/bbs-2.htm
[61] 管政. CRM项目规划不可小视. http://www.amteam.org/k/CRM/

2002-6/446089.html

[62] 管政. CRM 投资回报(ROI)分析. http://www.amteam.org/k/CRM/2002-6/446650.html

[63] 托管型与预置型 CRM 工具有哪些性能差异？ http://crm.ctocio.com.cn/askexperts/178/8035678.shtml?ticket=ST-26444-ksFhZFokuMhTEsv0XJP

[64] 企业如何选用托管 CRM. http://cio.ccw.com.cn/research/qiye/htm2006/20060511_13NYF.asp

[65] 张艳. CRM 项目中的总拥有成本 TCO. http://www.amteam.org/k/CRM/2004-7/479118.html

图书在版编目(CIP)数据

客户关系管理/吴清,刘嘉编著. —上海:复旦大学出版社,2008.8(2014.7重印)
(复旦卓越·21世纪电子商务系列)
ISBN 978-7-309-06222-9

Ⅰ.客… Ⅱ.①吴…②刘… Ⅲ.企业管理:供销管理 Ⅳ.F274

中国版本图书馆 CIP 数据核字(2008)第 118995 号

客户关系管理
吴 清 刘 嘉 编著
责任编辑/李 华

复旦大学出版社有限公司出版发行
上海市国权路 579 号 邮编:200433
网址:fupnet@ fudanpress.com http://www.fudanpress.com
门市零售:86-21-65642857 团体订购:86-21-65118853
外埠邮购:86-21-65109143
大丰市科星印刷有限责任公司

开本 787×1092 1/16 印张 13.75 字数 262 千
2014 年 7 月第 1 版第 6 次印刷
印数 22 501—26 600

ISBN 978-7-309-06222-9/F·1404
定价:25.00 元

如有印装质量问题,请向复旦大学出版社有限公司发行部调换。
版权所有 侵权必究